近代火葬の民俗学

林 英一 著

佛教大学研究叢書

法藏館

はじめに

平成十三年（二〇〇一）八月。葬送儀礼や地蔵盆の聞き書きのために滋賀県坂田郡米原町（現米原市）米原を訪れた。京都市・宇治市をまわっての帰りである。台風が近畿地方に接近しており、雲と雨の動きを気にしつつ、米原で、地蔵盆の準備のために設営された屋形に腰掛けながら、女性（大正十五年生）から話を伺った。葬送儀礼についての話を本書で紹介しているが、彼女は最後に「なぜ、葬式のときに神棚を覆ってしまうのでしょうか。神さんは助けてほしいときに助けてくれないのですね。肝心なときに何もしてくれないのですね」と著者に問うた。著者はこの言葉に強いショックを受けた。葬送儀礼の調査を、実見を含めていくつか行ってきて、葬式のときには神に「忌」がかからないように神棚をはじめとして、お札などを封印することが当たり前と思っていた。そして、そのことをまったく疑ってはいなかった。自分の家の葬式でも当たり前のように神棚を半紙で覆った。

神は「死」を嫌う。本書でも死の忌が問題となっているが、このことをそのまま受け入れていた。福井県小浜市下根来では、葬列（野辺の送り）が鎮守の前を通過するときには鳥居の前に男が二人で筵を立て、これで神を目隠しするといわれている。また身内の死によって生起した忌がかかっている間は神社に足を踏み入れることができなかったり、祭りに参加できなかったりする地区が多く確認できることは今さらここで述べるまでもない。

すると確かに「神」は身内の死という、人が一番つらい状況下で隠されてしまい、何もしてくれないことになる。話を伺った女性は真宗の家の方なので、神よりも仏の存在の在り方が意識の中で優位にあるかもしれない。上の女性は真宗の門徒として、「神」の存在を強く望んでいるわけではない。話のニュアンスから、「だから仏でなければならない」との感じが得られた。ということは、もし「神」が「肝心なときに助けてくれる」存在であったら、たとえ門徒であっても、もっと「神」を意識していたかもしれない。彼女にとって、仏も神も現在する自分自身の問題なのである。

しかし、「何故か」の問いに著者は何も答えることができなかっただけではなく、この「神は肝心なときに助けてくれない」という言葉が、私の心に重くのしかかり、帰路の新幹線では、我々にとっての「神」の意味について深く考えさせられた。私は、キリスト教的であれ、イスラム教的であれ、日本的であれ「神」の存在には懐疑的である。いずれも「神」は我々の存在を説明する哲学の一表現である。つまり、人間が作り出したものと思っている。したがって、著者が「神」を考えることは、生き方を考えることになる。

民俗学は民俗を研究の対象とするが、「民俗」として捉えられる対象の中には、研究者自身が含まれているはずである。人間、しかも生活圏を同じにする人々の生活から研究者一人が自由であることはない。対象化を試みる研究者自身もまた民俗の一員であることはいうまでもない。すると、民俗を対象化することは、自分自身を対象化することにもなる。

著者が民俗学に足を踏み入れた動機は、自分とは何か、また自分が含まれる人間および社会とは何かとの問いによる。その点、いたって哲学的な動機である。そのために、私は対象化した民俗のなかに、自分を照射する。その照射は共感・同化・融合・背反・対立・否定という形で自身にもどってくることになる。

そして自分の存在にこだわればこだわるほど気になるものがある。それは「死」である。著者は小学生の頃から「死」の恐怖にさいなまれてきた。ただし、死ぬことそのものが怖かったのではなく、「死」後に、自分の意志とは無関係に無限に時間が経過していくことに恐怖を覚えていたのである。幸いにも、大人になるまで、身内の「死」と直面することがなかったので、「死」そのものの実感はなかった。とにかく、「私」という主観とは関係なく物理的に時間が経過し、時間を感じることができないという恐怖に怯えていた。今から思えば、「現世」への執着と呼べるものかもしれない。しかも漠然とであり、自己中心的な観念に基づいたものである。

高校時代までは、著者は完全に理系人間であり、関心は地球物理学にあった。成績の傾向もあるが、それは、非人間的なものを対象として選んだことにもある。中学時代に人間不信に陥り、人間以外の、人間の力の及ばない自然界に目を向けた。しかし、それはあくまでも非人間であるからという理由であり、結局のところ、人間から自由であったわけではない。逆に、人間の存在にこだわった結果であり、間接的には人間を強く意識していたといえる。したがって、その後研究対象を「人間」とするようになることは著者の中では必然であった。

民俗学の視点から人間（自分）を見るようになって、関心の的となったのは、やはり「死」をめぐる問題である。我々は「死」をどのように捉え、どのように処理してきたのであろうか。人間の本質として「死」を捉えるためには、葬送儀礼をみる必要がある。そこで、葬送儀礼の聞き書きや、実際の葬儀への参列から、「死」に対する我々の観念を探ろうとした。

現在において、葬式は一般的に仏教式・キリスト教式・神道式などで行われ、故人の遺志あるいは個々の家の選択によって行われる。葬式の形式は任意によるものとなっているのである。中にはどの宗教にもよらない無宗教での葬式も見受けられるようになっているだけではなく、その形式も「お別れ会」「音楽葬」など多様化している。

個を強く意識した葬式の形式が多くなってきたということであろうか。それが可能になったのは、従来地縁的組織を背景に行われていた葬送儀礼が、葬祭業者の介入により、金でいかような葬儀も可能になったためと考えることができる。故人の意識の多様化を満たすためには第三者的機関（業者）の存在が必要である。

著者は仏教式はもとより、キリスト教式・神道式いずれの葬式にも会葬した経験がある。中でも高校時代にお世話になった方の葬式は寺院で行われ、仏教式ではあったが、彼が趣味で作り、アマチュアながら指揮までしていた高松交響楽団（香川県高松市内にある市民オーケストラ）の有志により本堂で読経が行われている中、境内で彼の好きだった曲を演奏した。そのために仏教式葬儀との複合的な音楽葬となった。当時、著者は学生で東京に住んでおり、連絡を受けて、楽器（ヴィオリン）を持って飛行機に乗った。もう二十年以上も前のことである。会葬者の焼香に合わせて寺院の境内でオーケストラ演奏を行った。ただし、そのときにどの曲を演奏したかはまったく覚えていない。これは、多様化した葬式の一例である。

井上治代によると、現在は「葬式ブーム」であり、「一九九〇年代から、お墓について考える市民グループや新しい形態のお墓に集まる人々の会が続出した」［井上　一九九三　八一］ということである。ここでの井上の指摘は、「墓」を中心としたものとなっているが、葬法においても従来の形に縛られることなく、個人（＝故人）の遺志を尊重しようとの動きもあり、平成三年（一九九一）十月五日には、市民グループ「葬送の自由をすすめる会」によって、戦後初公開で散骨が行われた。神奈川県三浦半島沖の相模灘に遺骨を撒いたのである［井上　一九九三　二〇九］。その頃にはまだ散骨は一般化していない。我々の生活知識および認識として、散骨は現在確認できる伝統的なものではなかったのである。民俗学の報告書においても、散骨の事例は見当たらない。民俗学の基本資料は聞き書きによるものであり、基本的には直近の過去が資料化される。その民俗資料の中でも散骨の事例が見つからないということは、少なくとも現在する人々にとって散骨は異例のことだったことが推察される。したがって、上で紹介した散骨の実践は一般の人々には衝撃的であったに違いない。実際に大きな反響をよび、国も当時の厚生省・法務省が行政的な立場から見解を出している。この見解については、井上が紹介しているので、そのまま引用する。厚生省生活衛生局企画課は、「墓地・埋葬等に関する法律は、海や山に遺骨を撒くという想定がないので法に触れない。この問題は国民の宗教的感情にかかわるため、行政が方針を出す性質のものではないと考えており、一般的な葬法として受け入れられるのかを見守っていきたい」と述べている［井上　一九九三　二一〇］。本書で墓地・埋葬に関する法律は後に紹介するが、確かに散骨に対しての規定はない。また、法務省は「刑法一九〇条の規定は、社会的習俗としての宗教的感情などを保護するのが目的だから、葬法のための祭祀で、節度をもって葬法の一つとして行われる限り問題ではない」との正式見解を出している［井上　一九九三　二一〇］。

法務省見解にある刑法一九〇条とは、「死体・遺骨・遺髪・又ハ棺内ニ蔵置シタル物ヲ損壊、遺棄又ハ領得シタル者ハ三年以下ノ懲役ニ処ス」（『注釈刑法（4）各則（2）』）というものである。板倉宏はその「注釈」において、「本罪は、死者に対する社会的風俗としての宗教的感情を保護しようとするもの」［板倉　一九六五　三五八］という。また「「遺骨」とは死者の祭祀・記念のために保存し、または保存すべき骨骸をいう」［板倉　一九六五　三五九］と解説する。散骨は遺骨を「死者の祭祀・記念のために保存」するものではないが、「葬法のための祭祀」であり、「葬法の一つ」と解釈されたことになる。法的には問題がないとはいえ、慣習として直近の過去に散骨が行われた事例がないということ、また大きな反響をよんだことから、「遺骨」に対しての民俗的意思を垣間見ることができよう。「遺骨」は一つのまとまりとして祀られるべきものとの観念がみられるということである。したがってその普遍化は一般に受け入れられるかどうかが今後の課題となる。しかし、現在ではさまざまな会が啓蒙的に活動し、少しずつは認知されるようになっている。ちなみに、世田谷区立奥沢図書館においても、『自分らしいサヨナラをする方法』（新しい葬儀を考える会）、『超葬儀　「私流」34人の死への旅立ち』（平龍生・佐東京子）、『［増補改訂版］〈墓〉からの自由』（葬送の自由をすすめる会）が蔵書されている。そして、井上治代も『いま葬儀、お墓がかわる』の「あとがき」で、「葬送の自由の実現に向かって今後も活動を続けて行きたいと思う」［井上　一九九三　二七一］と述べ、一部の人々やグループが積極的に啓蒙活動を行っている。その成果によるものか、または現在という時代が自立および自律した個人の存在の意識の高まりを迎えているためか、実際に葬儀の自由の希求に向かって動き出している。

散骨は「遺骨」を撒くということから、火葬を前提とするものである。したがって、火葬が一般化しなければ普及することはなく、死体処理法としての火葬の延長上に位置付けられ、論じられるべきものである。いずれにしても、現在における我々をめぐる生死の問題として、従来の形にとらわれない葬法の希求、そしてそれが個人意識を背景として選択されるようになってきたということができよう。近年は「自分らしさ」の演出を徹底するために生前葬も増える傾向にあるようだ。「自分らしさ」を演出する、あるいは「故人らしさ」を演出するような葬儀は確かに増加している。平成十八年（二〇〇六）に知人の葬儀があったが、無宗教での葬儀で、終始「ハワイアン」が流されていた。ハワイアンは故人が好きだったとの説明が喪主からあった。そして会葬者の中から、このような葬式はよかったという声がかなりあった。

以上は意識の問題であるが、葬送をめぐる現実的な問題も生じている。たとえば墓不足があげられる。綾瀬市寺尾では、ミョウ（一族）ごとに墓をもっているが、「分家が多くなりミョウの墓地が足りなくなった人が」市営墓地に申し込んでいるようだ（『寺尾の民俗』）と報告されている。墓不足は、寺尾のような分家の増加や人口増加などを要因としていることが考えられるが、遺骨をロッカー式にして預かる寺院も最近では登場しているようである。遺骨の処理（祭祀）の仕方は我々の死後を思う感情と関連する。だからこそ先のような散骨の実践が大きな反響をよぶのである。墓不足は今を生きる我々にとっても深刻な問題である。

墓のもつ意味として、先祖祭祀の象徴的装置機能をあげることができる。故人の命日や盆になると墓へ参る。かつては盆に墓へ先祖を迎えに行ったという習俗が全国的に確認できる。たとえば、東京都田無市（現西東京市）では、「昔は麦殻で六尺位の松明を作り、墓から火をつけて盆様といっしょに帰った」（『田無のむかし話』）とあり、また著者が講師を勤める東京都小平市の白梅学園高校の生徒（埼玉県川越市在住）の母方の祖母（埼玉県所沢市けやき台〈旧緑町〉在住）の話として、盆のときには、ご先祖さまの通る道を作るために玄関を開けて迎え火を焚き、「南無妙法蓮華経」と題目を唱えながら火が消えるのを待つというが、「本当はお墓へ行って、ご先祖さまを迎えるもの」と言われているとのことであった。本書からはずれるが、迎え火および送り火を焚くときに火をまたぐという。このような習俗も何人かの生徒から確認できた［林　二〇〇五］。なお、上の所沢市在住の方はもともとは渋谷区神宮前に住んでいたということであり、迎え火や送り火をまたぐのも東京の習俗として認識しているという。

盆に「迎え」に行くことからも、墓に先祖の存在が認識されていることは明らかである。そこに実際に埋葬あるいは埋骨されている場合には当然の心理かもしれない。ただし、これとは別に仏壇に位牌が祀られており、位牌も故人の象徴となっている。このことはヨルン・ボクホベンの『葬儀と仏壇　先祖祭祀の民俗学的研究』［ボクホベン　二〇〇五］に詳しい。

ここで問題としたいのは、墓における先祖認識ではなく、先祖の継承である。著者の家の墓は江戸時代中期からのものが確認されているが、三ヵ所に分散されている。一ヵ所の墓地であっても固まっていないだけではなく、数も多い。そのために、継承者である著者自身、すべてを把握できていないのが現状である。著者の怠慢であるが、遠方で生活していると、墓＝先祖は身近な存在ではなくなってしまうことはやむを得ないのではないか。このような問題を解決する手段の一つとして、寺院あるいは霊園側に永代供養を頼むというものがある。ただし、「永代」の代償には多額の金が必要となる。このように、末代まで永続的に先祖を祀ることに困難が生じている。祀り手がいなくなってしまうために生じる問題である。柳田国男は『先祖の話』の中で、「人が死後には祭つてもらいたいといふ念願は一般であつた」［柳田　一九七五　八］といい、「先祖の祭りは子孫の義務」［柳田　一九七五　八］と述べている。このような観念の存在は、祀り手にとって負担となり、筆者のように遠方に居住している場合や、子がいない家では大きな問題となろう。平成二十一年（二〇〇九）九月七日、NHKの首都圏で放送されている「ゆうどきネットワーク」で、第一生命ライフデザイン研究本部の研究員小谷みどりさんが招かれ、現代の墓事情について紹介された。その中で、平成十九年度（二〇〇八年度）の改葬件数は七四〇〇〇件にのぼるといい、改葬の理由として、遠くて墓参りができないために、近所に墓を移すというものがあげられ、根底に「墓参りしないと無縁仏になってしまうから」という考えがみられるということであった。また「個人の墓はいらない」として、合葬式墓地にしたり、ビルの中で納骨箱を管理し、カードにより、納骨箱が出てくるという寺院もできているという。これらは現在の我々の「墓」に対する観念を示すものであり、先祖供養の問題と合わせて考えるべきものであるが、先祖供養の在り方の大きな形式的変化（著者が直接調査したものではなく、番組の中で実態が紹介されただけであるが）を見て取ることができよう。

以上のように、墓・葬法・先祖をめぐる環境が大きく変わってきていることを感じる。我々はいずれ死ぬ。したがって、以上のことは現在的な問題であるだけではなく、未来的な問題、最後は、自分自身の問題として帰結する。

さらに、死の周辺の問題として、とくに近年において、「脳死」の問題も大きくクローズアップされている。脳死の問題とは、それが本当に人の「死」といえるのかという問題であり、このような命題が提出され、多く論議されている。「脳死」は臓器移植という必要性およびそれを可能にした医療の発展から生じた問題であり、その意味ではいたって物理的（無機的）である。医療行為の一つとして捉えられるためである。しかし、その処理をめぐり、「脳死」を判定される人の「存在」、および臓器の提供を心待ちにしている人々の「存在」を考えるとき、「脳死」はいたって哲学的・倫理的な問題として我々に問いかけてくる。長谷川匡俊は『宗教福祉論』で「『いのちの私有化』の危機」［長谷川　二〇〇二］として、現代に警鐘を鳴らしている。論議は両者、つまり医療の現場、臓器移植により助かる人を助けようという立場と、人の「死」をいかにして捉えるかという自己（人間）存在との連関として考える立場とのせめぎあいとなっている。

また、高齢社会を迎えて、認知症をかかえての「死」や終末ケアも問題となってきている。私の祖母は認知症で、晩年は学習能力が著しく欠如した。それまで培ってきた、人間としての成長が退行してしまって最期を迎えたのである。

我々は「死」をどのように捉えていたのであろうか。哲学的思考は普遍性をもとめ、さらに啓蒙的な性質をもつが、それ以前に、我々は我々自身の精神的な基盤を知る必要があろう。その上での啓蒙ではないか。先にみた墓・葬法・先祖として祀られることを含めて、我々が捉えてきた「死」を見つめる必要がある。ここに、民俗学の学問的な意味がある。もちろん、民俗学の意味は「死」をめぐる問題にかぎるものではない。民俗の論理は思考ではなく、経験則により形成され、代々しみついたものであり、ある部分では感情をも支配する。そのために、現在叫ばれている福祉の問題にしても、また脳死問題・環境問題など、自分たちの生活に直結し、人が自らの力で解決しなければならない問題の前提としての役割を民俗学が担う必要があるのではないか。著者はこのような考えから、「民俗における「地域」の形成の様相——地域福祉研究の前提研究として——」を著した［林　二〇〇一a］。これは地域福祉をなすにあたって、空間的な意味においての「地域」ではなく、機能的な意味としての「地域」を捉え、その中で福祉を考える必要があるのではないかとの立場から、「地域」がどのように形成されるかについて論じたものである。「地域」の形成システムを無視しては福祉政策は成り立たないと考える。ただし、福祉の在り方にまで言及することはできなかった。あくまでも「前提」にとどまるものであり、民俗学からのアプローチは今後の課題として残されたままとなっている。なお、本書で用いた史料や聞き書きにおいて、差別的用語が使われている場合がある。本書では、歴史的事実を鑑み、改変や削除をしていないが、けして差別を助長するものでないことを、あらかじめご理解いただきたい。

近代火葬の民俗学＊目次

近代火葬の民俗学

序章　本書の課題と方法

第一節　課題と方法

葬送儀礼は我々が直接「死」と向き合ったときに行われる儀礼である。それは単に、人生の通過点を記念する人生儀礼としての性格を持つだけのものではなく、遺された生者が直面した他者の「死」を克服するために用意された儀礼的装置ということができる。遺族は身内の死を、現実のこととして認識することになり、また、遺族だけではなく地縁的な関係者にとっても、「死」そのものの認識だけではなく、人の死によって生起した忌を払うために儀礼は必要となる。とするならば、葬送儀礼は死者を送る側の論理によって成立するということになる。ここに死後の魂の問題も生じる。それは魂呼ばいの習俗などから、「死」は肉体から魂が抜け出た状態として認識されていたことがわかる。死後、死者の魂と生きている側の人間がどのように向き合ってきたのかという問題である。

葬送儀礼を分析することによって、我々の死生観および祖霊観が明らかとなるが、「生」が「死」によって強く意識されることを考えれば、葬送儀礼は人生観をも包含して成立するものということができる。葬送儀礼の研究の意味はここにある。「死」と向き合う「生」を捉えることによって、我々の「存在」の在り方を問うということである。そのために、すでに多くの先学が調査・研究を行っており、多大な成果をあげていることはここで今さら述べるまでもないであろう。ただしそのアプローチは民俗学に留まらない。宗教学的な側面からの検討もなされている。たとえば蒲池勢至は「真宗の葬送儀礼」［蒲池　一九九七］において、真宗や禅宗の僧（教団）の立場から葬送儀礼の在り方を具体的に論じている。しかし、本書はあくまでも民俗を対象とするものである。葬送儀礼は教団と民俗と両方があってはじめて成り立つものであるが、本書では受け入れの側としての様相を検討する。ただし「民俗」とは何かという問題が生じる。千葉徳爾は「民俗と呼ばれるものの実態は、これをささえる地域社会に則してみるならば、種々雑多な機能とその程度を持ち、生活構造の中に位置づけることができる」［千葉　一九七六　一一七］と述べる。千葉は「構造」を集合的に把握する。そしてその集合「体」（数学の集合論では「体」とすると き、それは閉じている）を形成する部分集合による関係性に位置付けられるとする［千葉　一九七六　一一八］。また倉石忠彦は「民俗学の研究対象は民間伝承であ」り「民間伝承は伝承母体とも呼ばれる集団において保持」されてきたもの［倉石　一九九〇　二九三］と明確に指摘する。「民間伝承」とは生活者の行為・認識・価値観である。また、神島二郎は「ある程度時間的濾過に堪えてきたもの」［神島　一九七五　二二］とし、大森志郎は「現代の「生活のなかにある歴史」」と位置付ける［大森　一九七五　五九］。神島と大森は「民俗」に歴史性を付与する。「歴史性」とはここでは一回的な過去の問題ではなく、時間軸に基づく周回的な事象を意味している。このように民俗学は一つの「地域」あるいは「共同体」で周回的（伝承として）に行われる営為の研究を目的とする。また柳田国男は「女性生活史」の中で「弘く前代人の生活を知り、それがどういう風に変遷して、今日の状態になつたか」を探ることを目標とする［柳田　一九九〇　五一二］と述べるように、「現在」を起点とした「過去」、つまり「現在につながる過去」をもとめようとしたことの延長線上にあると考えられる。しかし、どの時代にも人は「存在」した。その生活全般を捉える作業が民俗学であると著者は考えている。そのために民俗学の方法（聞き書き）

が及ばない近世の民俗についての論考も著者はまとめている［林　二〇〇一b］。また逆に、明治以降地域（「生活構造」が体として捉えられる）が瓦解し、「個」が重視しはじめられた。従来の民俗学では地域が明確につかめる領域を研究対象の前提としてきた。しかし、このような社会においても生活者は存在する。そこで著者はかつて「「民俗」とは何か――その「存在」をあらためて問う試み――」で「民俗」を捉えなおす作業を行った。その中で「「民俗」とは、結局は研究者の主題意識の中に埋没」し、「実在しないもの」［林　二〇〇八　四七］とした。民俗学が対象とする民俗は研究者の恣意的な設定によるものであり、空間的にも時間的にも限定されないとした。どの時代にも人々の生活があると考えるためである。

ところで、「はじめに」の中で個人主義的概念に基づく個別化された現在的な葬法希求の様相について述べたが、葬送儀礼は近年大きく変化している。しかし歴史的に捉えるならば、明治時代にはすでに変化が生じている。本書のテーマとなる火葬の受容は昭和になり、とくに顕著なものとなっている。その昭和時代は現在（平成二十一年・二〇〇九年）からすれば約八十年から二十年ほど前までのことであり、この時間的範疇の中で、葬送儀礼も大きく変化した。しかし岩本通弥によれば、民俗学においての対象は「なるべく古くから変わらずに続いていると思われるものが優先・選択されるのが必然」［岩本　一九九八　二八］という。岩本の指摘は、民俗学が近代を扱えなくなった理由としてなされたものであり、そのような民俗学の反省の意味をこめている。岩本によれば、現在の民俗学では「近代らしくないもの」が民俗学の研究対象として捉えられているために、近代的な事象を研究することができないということである。岩本の論は「近代」が主題になっているが、先に述べたように柳田は「現在」を説明するために過去を求めるという態度であり、柳田の時代の「過去」は前近代的な要素が強かったことが考えられる。民俗学は柳田が中心になって形成された学問である。したがって前近代的「過去」にこだわることは民俗学の宿命でもある。先にも紹介したように、どの時代にも人は生きていたのである。岩本の言葉を借りれば「近代らしくないもの」が民俗学の研究対象となっているということになるが、著者は「民俗」はどの時代にもあったということで、時代性にはあまりこだわらないことは先に述べた。そして本書では一応「近代」に属する動きを対象とする。確かに、民俗学は我々の眼前で変化したものに対しての関心は低い。これは柳田の呪縛ともいえるだろうが、自身がその変化の中にいるためでもあろう。客観的に対象化できずに主観的問題となるためといえるからではないか。

それでも近年は、最近に生じた「民俗の変化」への関心も高まりを見せており、たとえば長野県民俗の会では、平成九年・十年度（一九九七・一九九八年度）の二年にわたり会の研究テーマとして「民俗の変貌」が取り上げられ、学会規模でこのテーマに基づく調査・研究が行われた。そしてその一環として、平成九年（一九九七）の総会では、宮本袈裟雄が「民俗の変貌と変化について」と題した記念講演を行っている［宮本　一九九八］。また平成十年度の総会では、「民俗の変貌」をテーマにしたシンポジウムが開かれている（『長野県民俗の会会報』二一に掲載）。さらに、日本民俗学会でも会報の特集として取り上げている（『日本民俗学』二一〇、一九九七年）。著者も「変化」をテーマとした小論および報告をしている［林　一九九〇a・一九九一］。

ただし、「変化」を論ずる場合、とくに近年の高度経済成長に伴う生活を前提にすることにより論理が構築され、その実際性についての検証はなされていない。つまり、変化と高度経済成長との因果関係が検証されていないままに高度経済成長によって変化が生じたとの論理化がなされていることである。高度経済成長期に民俗の変化が集中してみられる。しかし、民俗学において高度経済成長の意味付けがなされぬままに、それを変化の前提として捉えることには疑問が残る。このことは、古家信平も長野県民俗の会の平成十年度（一九九八年度）シンポジウムにおいて、「戦後の高度経済成長が特に大都市の近郊農村に急速な勢いで都市化をもたらし生活環境を変えていって、それと連動する形で民俗の変化が生じてきているとの捉え方、これは大摑みにはそれで正しいと思われますが、ただ、それがいつ変わったのか、どのように変わったのかというもっと具体的な点について見ていきますと、これでは不満が残る」［古家　一九九九　二］と述べている。古家の見解は一部の研究者の間では、「現代」における「変化」の追究がなされるようになったとはいえ、それは表象的であり、その具体相を詳細にもとめる必要があるというものであろう。

ところで、本書のテーマは明治以降の火葬受容の在り方にある。葬送儀礼は高度経済成長期に大きく変化しているる。その変化とは土葬から火葬へという流れである。しかし、実際には明治時代にすでに変化が始まっているのである。そして、その変化を表層的に捉えてしまうならば、葬法の変化の実態を見逃すことになろう。

本書では、土葬から火葬へと変化するにあたり、具体的に葬法の変化の在り方を捉え、その上で死生観などの観念的な変化が見られるのかという問題を取り上げる。「土葬」「火葬」を葬法の違いとして捉えるならば、そこに死生観にも変化が見られる可能性を指摘できる。問題は、葬法の変化と死生観の変化との連関の在り方である。

そこでまず、明治以降に火葬がいつ頃、どのような理由で受け入れられたのかをみる。本書のタイトルに「近代」を用いたように、明治以降の変化を捉えることは、「近代化」との関連をも視野にいれるということである。具体的に火葬の受容時期と理由が明らかになったならば、それを「近代」の枠組みの中で位置付ける必要がある。そのためには、「近代」とは何かという点を明らかにしておく必要がある。

火葬が日本にもたらされたのは明治になってからではない。文武四年（七〇〇）にすでに火葬が行われた記録がある。その後、しばらく天皇の火葬が続くが、このことは、古代には火葬が行われていたことを示している。「近代」における火葬を捉えるということは、「近代」の様相を相対化する必要がある。そこで、「古代」「中世」「近世」の火葬の状況と死生観を抽出する作業を行った。ただし、ここでの「古代」「中世」「近世」という区分は、それほど意味をもたせていない。本書で問題となるのは、あくまでも明治以降の様相であり、明治以降とそれ以前の対比ということで、便宜的に区分したにすぎないことをことわっておく。

さて、明治新政府はそれまでの江戸幕府の政策を大きく転換した。本書で直接関係するものをあげるならば、火葬禁止令とその解除をめぐる動きがある。江戸時代から続けられていた火葬が禁止されるのだが、禁止の施行期間は短く、人々はその「禁止―解除」により、振り回されることになる。とくに都市部では火葬禁止令の解除と同時に土葬禁止となり、土葬地区での外的圧力による火葬化がなされることになる。しかし、だからといって「はい、そうですか、わかりました」という具合にはいかなかった。火葬と土葬という葬法の違いによる、葛藤が生じるのである。

また、火葬を行うためには、火葬場が必要であるが、火葬場の建設をめぐっても問題が生じている。設備が現在のようによいわけではないので、異臭を振りまくという大きな問題があり、これは昭和四十年代には公害として訴訟まで起こされている。以上のことから、「火葬」がどのように受け止められていたか捉える作業を行う。土葬から火葬への変化を葬法の変化として捉えるとするならば、具体的に葬送儀礼の在り方にも何らかの変化が生じることが考えられる。この仮説を確かめるために、幕末から大正時代にかけて綴られた日記から葬送儀礼の時間的な変化の様相を追ってみた。社会情勢の変化が葬送儀礼に反映されていると考えたためである。利用した日記は東京都青梅市に伝わる『市川家日記』、横浜市鶴見区に伝わる『昼間家日記』である。『市川家日記』では土葬から火葬への変化は見られなかったが、当時の葬送儀礼の変化の様相が見て取れた。また、『昼間家日記』は『市川家日記』よりも少し時代が新しいもので、社会構造の変化が葬送儀礼への反映をみることができた。

また、一つの地域を細かくみていくと、かならずしも土葬ならすべての家が土葬、火葬ならすべての家が火葬になっているわけではない。混在しているのである。その背景として、特定の条件と葬法が結びついていることがあげられる。葬法に社会的な意味が付与されているのである。このことは、葬法の変化が社会的な制約として働くことを意味する。

以上のような背景の中で、具体的には葬法はどのように変化してきたのであろうか。著者は今までに、いくつかの葬式に参列している。中でも埼玉県児玉郡神川町渡瀬、岐阜県加茂郡白川町切井、香川県坂出市府中町西福寺での葬式は、親戚・身内としての参列であり、葬式を内側から見る機会となった。とくに坂出市府中町西福寺では、著者は地元住民ではないにもかかわらず二度喪主を勤め、聞き書きをしながらの葬式の執行となった。

切井では葬送儀礼に関する聞き書きをした後に実見する形になった。当時の著者の問題意識から、聞き書きは古形をもとめて土葬による儀礼の在り方を中心としたものであったが、実際に参列した葬儀は火葬によるものであった。意図したわけではないが、同一地域での時代差のある葬送儀礼を対比する機会を得たのである。両者の大きな違いは、土葬・火葬という葬法に基づくものであり、その点では、変化と観念との関係をみるには絶好の機会ということになる。ここではさらに興味深い事例をみることになった。切井では葬式の前に火葬を行う。これより以前、静岡県浜北市（現浜松市浜北区）中瀬を訪れたときに、葬式前に火葬をするとの話は聞いており、そのようなやり方もあることは知識としては持ってはいたが、実際に葬式前に火葬が行われた葬送儀礼を目の当たりにしたときの驚きを今でも覚えている。それまでに参列した葬式は、式後に霊柩車で棺が火葬場へ向かうものであったためである。中瀬での聞き書きは実感がなかったのであろう。やはり、実体験のインパクトは大きい。

その後、渡瀬に住む祖母が他界した。渡瀬での葬送儀礼は孫として通夜から参列することとなった。ここでも祖母の遺体は葬式の前に火葬された。岐阜県と埼玉県という遠く離れた二つの地区での二度の実体験と、中瀬での聞き書きにより、火葬が葬式の前に行われることが特殊な事例ではなく、かなり広い範囲で行われていることを経験的に知った。

これらの地区での共通点は火葬が「近年」になって導入されたということである。つまり、近年まで土葬が行われていたのである。このことから火葬の受容に際し、ある一定の共通する意識が働いていたのではないかと考えるに至った。一ヵ所からの伝播ということが考えにくいとすれば、当然の見方であろう。そして、このような考えから「葬送儀礼の変容とその様式」[林　一九九三a]をまとめ、土葬から火葬へと変化する動きについて論及した。その中で、「火葬の導入は、死体処理の実質的な部分を「火葬」に割り当てることによって行われ、形式的には変化が認められるが、新しい葬送儀礼群の群としての体系は、旧来の群の体系の中で形成されている」[林　一九九三a　七五]と結論付けている。そしてなぜそのような形式になるかの追究を今後の課題とした。

著者は自らに課した課題をしばらく棚上げしていた。その後、長野県松本市の福澤昭司が土葬地域での火葬化における火葬の意味についての論考を発表した[福澤　二〇〇〇]。福澤は葬式前の火葬は松本市では当たり前であり、葬式時に祭壇に遺体が安置されていると「ギョッとしてしまう」[福澤　二〇〇〇　六六~六七]という。しかし、著者の感覚はまったく逆であり、火葬は葬式の後に行うもので、祭壇には棺が安置され、その前で焼香するのが当たり前と感じていた。そのために、切井で葬式時に火葬からもどってきた遺族が祭壇に骨壺を安置したことが、大きなカルチャーショックであり、異質な感じがしていたのである。

福澤の論考に刺激される形で、死の周辺をめぐる問題を民俗学的に捉えるべく、再度の論考を試みようとの気になった。かなり多くの地区で、火葬が式前に行われる。すると、著者が当たり前と思っていた、式の後に火葬する地区に対して、式前の火葬は特異なものとして捉えることはできないということであり、両者の違いは何に起因するのであろうかという問いが生じてくることになる。このことは、日本において、火葬を受容するに至った観念の在り方を知る重要な問題となるのではないかと考えられるためである。

人は死から逃れることはできない。死は現世からの消失であるために、現在する人間にとって恐怖は計り知れないものがある。「死」の克服は容易ではないのである。そのために、先にみたように、今日的問題としての葬法・葬制がある。その中での、葬送儀礼の変化は何を意味するであろうか。葬法・葬制が「死」の処理のために成立するのであれば、その変化は何らかの観念の変化を前提とするか、あるいは引き起こすかを考えることができよう。あるいは、観念変化を伴わずに形式だけが変化したのであろうか。「死」は「存在＝生」を意識する前提である。「死」に触れることは「生」への意識を強めると考えられる。葬制の変化は、現在の我々の存在の在り方、生き方の変化を表していると捉えるならば、その研究は「存在」研究へと繋がっていくはずである。

火葬の導入に視点をおくとき、葬送儀礼の変化はとくに明治以降に顕著である。火葬化率についての具体的な数値は第一章第二節で示すが、近年に向かって火葬の導入が大きくなっている。土葬と火葬とでは死体処理法が大きく異なるため、とくに土葬地区で火葬を受け入れることは、「死」をめぐる観念にも大きな影響があった可能性を指摘できる。明治時代は歴史的には近代化の時代として捉えられる。すると、明治以降の顕著な変化は近代化の所産としても捉えられる可能性がある。葬法の変化を近代化の中で位置付ける必要があろう。

第一章「火葬の受容年代と受容理由概観」では、明治以降の火葬の具体的な受容年代と、その理由について概観する。

第二章「火葬の歴史的展開」では、明治以前から行われていた火葬がどのようなものであったかみる。それと明治以降の受容との違いをみることによって、明治以降の火葬受容の在り方をみる検討資料とする。

第三章「火葬をめぐる葛藤」では、火葬を受容するにあたり、人々がどのような意識をもったかについてみる。葬制の転換ということを考えるならば、そう簡単には受け入れられなかったのではないか。明治期の史料や聞き書き（報告書を含む）から、火葬に対しての否定的な意識が、受容にブレーキをかける。その構造を捉えることにより、受容に伴う意識をより明確に捉えることができよう。

第四章「火葬と土葬の社会的区別化」は、火葬と土葬が共時的に行われている地区において、火葬の社会的特化の様相について概観する。前章でみた火葬受容における葛藤の背景として捉えることができる。

第五章「日記にみる葬送儀礼の形式」では、日記史料から、幕末から大正期にかけての葬送儀礼の様相を確認する。本章で取り上げた日記はかならずしも火葬への移行の様相を示すものではないが、「近世」末期から「近代」と呼ばれる時代の流れの中での葬送儀礼の記録から、「近代」に向けて葬送儀礼がどのように変化したかをみる。

第六章「火葬受容の個別地域的展開の様相」では、特定地域の中で、火葬が具体的にどのように受容されたか、施設の面も考慮しつつ捉え、歴史的に火葬受容がどのように展開されたかを把握することになる。

第七章「火葬受容の形式――火葬導入による葬送儀礼の変化――」は、拙論「葬送儀礼の変容とその様式」［林一九九三ａ］を発展させたもので、火葬が受容された後の儀礼的形式を捉えることにより、火葬がどのように捉えられ、受容されたか検討する。自らに課した課題へのアプローチである。

第八章「火葬と埋葬の時間的関係」では、第七章までで検討してきたことを踏まえ、遺体を「焼く」という行為がどのような形で受容されたか検討することで、火葬受容の背景および、葬法変化の在り方の問題をみる。

第九章「近代における火葬の受容――まとめに代えて――」では、前論「葬送儀礼の変容とその様式」では、火葬導入の形式を中心に捉えたが、本論では前論を踏まえつつ、近代においての火葬がどのように受容されたかをみる。その際の葛藤および歴史的経緯をおさえつつ、我々のもつ火葬に対しての意識や観念を明らかにする。

第二節　研究史

葬送儀礼は死後観・祖霊観・先祖観など「死」の向こう側にある観念だけではなく、反面的に「生」の意味をも問い掛けてくるものであるために、多くの問題を提示する。そのために多くの先学がさまざまな角度から研究を行い、すでに多大な成果があがっていることはここで今さら述べるまでもない。ここでは本書に関係する部分、とくに「火葬」に関する研究史を概観する。

山田慎也が「かつてのいわゆる伝統的な葬制については詳細に把握しているが、現代の大きく変化しつつある葬制の動態についてはあまり注意を払ってこなかった」［山田　一九九五　二一三］と指摘するように、葬送儀礼の研究は旧来の形式の追求と分析を中心とするものであった。このような葬送儀礼研究の方向性は井之口章次が『日本の葬式』の「あとがき」で、「それぞれの習俗がもつ意味、以前もっていた意義を探しもとめ、その推移変遷のあとを知ろうと、こころみてきた」［井之口　一九七七　二二三］と述べていることからも理解されるように、あくまでも「古い」と思われる形式の追求に主眼がおかれているのである。柳田国男は、「葬制の沿革について」の中で、「儀式には寧ろ改正の機會が少なく、従つて土地々々の昔を保存し易かつたのかと思はれる。其中でも凶事には計畫がなく、家の者は通例其指揮に任じ得ないから、勢ひ何人も責任を負うて、古い慣習を改めなかつたのである」［柳田　一九六三　五〇〇］と指摘し、さらに「古風の尋ぬべきものがあるのでは無いかと私などは思つて居る」［柳田　一九六三　五〇一］と述べる。このような考え方が後の研究の方向性を決めたと考えられよう。このような立場は従来の民俗学の立場に立つものであり、「近代」を問題にするならば、先に紹介した岩本通弥の見解がそのままあてはまるものとなる。従来の葬送儀礼研究は「本質」の追求と分析とに主眼を置き、その対象を「古いもの」としていたといえるのである。死生観・祖霊観・人生観は我々の「存在」に関わる根源的テーマといえ、自己存在とその本質性を問うとき、このような視点をとることは当然の帰結であろう。前提として、「変化」が少ないとしているためである。しかし、葬法は時代とともに大きく変化しているのが現実である。

最近では「変化」に着目することが多くなったが、それでも葬送儀礼の変化については、「変化」の実態を記述するだけにとどまり、分析するところまではいっていないのが現状である。とくに、近年になって受容された火葬の研究はほとんどないといってよい。

近年になって受容された火葬をテーマとした研究としては、葬制の「変化」に主眼を置いたものだが、村上興匡の「大正期東京における葬送儀礼の変化と近代化」［村上　一九九〇］があげられる。大正時代の東京での葬送儀礼の変化を追究し、その中で、火葬の近代化について言及している。村上のいう火葬の近代化とは、「死を荘厳し、包み隠し、密閉して、火をもってケガレを消（焼）去する。極めて短き時間のうちに荒々しい生（ナマ）の死は制御可能な加工された死へとかえられる」［村上　一九九〇　五六］とする。「死」が自然のものから、人間が操作することができるようになったということである。「火葬」の導入はケガレの消去の方法として捉えているが、その方式が近代化によるものであるとの見解を示している。ここで、興味あるのは「死は制御可能な加工された死」との指摘である。それが、近代化によるものと述べている。村上の論にしたがうならば、制御可能な死とは、「死」を遺された人間の側からアプローチし、自然のものから、人工的に死が操作されるようになったということになる。

しかし、その制御により「火をもってケガレを消（焼）去する。極めて短き時間のうちに荒々しい生（ナマ）の死」を「加工された死」とするならば、江戸時代にも行われてきた「野焼き」も近代化の所産という論理に帰結してしまうのではないか。近代化が「ケガレを短時間で消去した」との考えには疑問が生じる。

山田慎也は「葬制の変化と地域社会――和歌山県東牟婁郡古座町の事例を通して――」［山田　一九九五］で、古座という地域での土葬から火葬へ葬制が変化したときの葬送儀礼の在り方について論考する。これは、火葬がどのように受容されたかをテーマにするものではないが、近年においての葬制変化、とくに土葬地区での火葬が受容されて旧来からの葬送儀礼がどのように変化したかをみたものであり、近年的な火葬の受容の在り方が理解されるものとなっている。本書としてはとても興味深いものである。

また森謙二は、近代においてどのように火葬が受け入れられたかという、本書と同じテーマを扱っている。明治以降の火葬受容がどのように行われるようになったか、葬送儀礼の意味の問題にまで踏み込んでおり、本書にとって大いに参考となるものである［森　二〇〇〇］。

国立歴史民俗博物館民俗部会が、『死・葬送・墓制資料集成』［国立歴史民俗博物館民俗部会　一九九九（東日本編１・２）、二〇〇〇（西日本編３・４）］をまとめている。これは全国の各都道府県内のいくつかの調査地での一九六〇年代と一九九〇年代の比較を通して、葬送儀礼の定点的変化を捉えようとしたものである。第一章第二節で参考とするように、火葬の導入時期も報告されている。具体的な変化に視点を置いているために、火葬の導入前後の様相が具体的に確認できるものとなっている。また、最後に火葬場の建築年代など、施設に関連した問いも用意され、火葬の受容背景を検討する上で参考になる。ただし、調査者によって関心のあるところが異なり、報告にばらつきがみられるだけではなく、火葬に対する関心が著しく低い調査報告も見受けられる。また、調査者によって書式もまちまちで、いくつかの地区を比較しようとするとき、とても扱い難いとの欠点がある。

近代以降の火葬受容の在り方についての論考としては、他には先にあげた著者の「葬送儀礼の変容とその様式――埼玉県児玉郡神川町渡瀬の事例を中心として――」［林　一九九三a］、福澤昭司の「土葬から火葬へ――火葬にする時期をめぐって――」［福澤　二〇〇〇］、畑聰一郎の「葬儀と葬制の変化――愛知県日間賀島における両墓制の崩壊・火葬の受容――」［畑　二〇〇二］などがあげられるが、どれも火葬の受容を包括的に捉えたものではなく、特定の地域で、火葬が式の前に行われることに着目し、その背景について考察したものである。著者は上の論考において火葬の導入にあたり、葬送儀礼がどのように変化したかみることによって、火葬が旧来の儀礼の中でどのように位置付けられるかみた。福澤は葬式の前に火葬を行うことの意味を松本市の事例によって捉えた。畑は日間賀島での葬送儀礼の変化の一環として、受容された火葬に着目し、それがどのような流れに位置付けられるか検討している。

尾崎彩子は「洗骨から火葬への移行にみられる死生観――沖縄県国頭郡大宜味村喜如嘉の事例より――」［尾崎　一九九六］で、火葬の受容の実態を具体的に報告している。さらに、加藤正春は、「焼骨と火葬――南西諸島における火葬葬法の受容と複葬体系――」［加藤　二〇〇一］において、奄美・沖縄での火葬の受容の様相を事例とし、それをめぐる社会的動きから、葬法の体系を論じている。尾崎や加藤の論考は、その関心の所在や問題意識において、本書のテーマに添う論考であり、大いに参考となるものである。

葬送文化研究会は『葬送文化論』［葬送文化研究会　一九九三］をまとめ、現在の火葬場の運営状況だけではなく、火葬場をめぐる歴史的な展開が述べられている。『葬送文化論』の「序論」の中で、八木澤壮一は「現代の多角的な人間関係のなかで、故人にふさわしい葬送のあり方が問われていると思う。それをささえる施設としても、故人が住み続けてきた場所に近く、こころをこめて送り出せる葬儀場、死を直視し生の価値をみつめ直せる火葬場、故人の足跡と、それと対話できるような墓など、現代生活に根ざした葬送文化を創造していく必要を感じている」［八木澤　一九九三　一二］と述べているように、あくまでも現在の問題として葬送儀礼を捉えている。現在では、とくに火葬が一般的になっているので、当然のことながら、火葬についての論究が中心となっている。『葬送文化論』は民俗学的な視点ではなく、「現在」そして「未来」への現実的な方向性を視野にいれての論考となっている。その点では、明治以降の様相を窺う本書としては興味深いものがある。

ところで現在では、火葬するには建造物としての火葬場で行われる。このような視点からの報告は数少ない。火葬場そのものをめぐる研究としては、浅香勝輔・八木澤壯一『火葬場』［浅香・八木澤　一九八三］をあげることができる。これは火葬場を建築学的な視点から捉えただけではなく、火葬場の歴史や行政の対応、地域住民の認識などの視点から論じたものであり、現在の火葬をめぐる民俗を捉えるとき、その前提的空間の研究として貴重な論考である。

火葬の歴史研究に目を向けるならば、古代の火葬についてはいくつかの論考がみられる。堀一郎は『民間信仰』［堀　一九五一］の中で、古代の火葬や近代以前の火葬について言及する。ただし、堀の視点は火葬にあるのではなく、両墓制との関係の中で火葬を捉えているが、古代に火葬が導入された理由に言及する。

塩入伸一の「葬法の変遷――特に火葬の受容を中心として――」［塩入　一九八八］は、古代の火葬の在り方について論究したものである。これは火葬の受容についてテーマをしぼって論考しており、古代・中世にどのように火葬が行われたかが具体的に示されている。

新谷尚紀の『日本人の葬儀』［新谷　一九九二］も、古代の火葬について論及しているが、新谷の視点は火葬だけにあるのではなく、葬送儀礼の一つとして火葬を捉えているが、古代だけではなく、日本における葬送儀礼を歴史的に整理し論考したものである。

さらに、高取正男は簡単にではあるが、「貴族の信仰生活」［高取　一九八三］で、九世紀の貴族が火葬のときにどのようにしていたかを述べている。いずれにしても、天皇家・貴族・僧についての記録であり、一般の民衆と火葬との関わりについては論及していない。

近世については、鯖田豊之が『火葬の文化』［鯖田　一九九〇］で、世界の火葬文化について論じている中で、日本の江戸時代の江戸や京都での火葬に関する記録を紹介している。さらに、現在に至るまでのヨーロッパと日本の火葬の方法や、受け入れ方について比較しており、日本の火葬が世界的な位相の中に位置付けられている。

また、森田登代子は「近世京都の葬儀風俗――「岡田家不祝儀文書」にみる生活文化――」［森田　二〇〇〇］で、不祝儀文書から近世都市京都での葬送儀礼を紹介している。ただし、その視点はサブタイトルにあるように、「生活文化」全般であり、火葬そのものについて論及したものではない。しかし、当時の京都での火葬の実態がみえる史料が紹介されている。

近世にすでに火葬が定着していた地区として、真宗地帯があげられる。ただし、真宗ゆえにかならず火葬であったわけではなく、第四章第一節で例示するが、香川県仲多度郡多度津町奥白方では、真宗と真言宗の家が混在するが、火葬は真言宗の家が行い、真宗の家は土葬であったという。しかし、江戸時代の記録に真宗地帯であることが、火葬を行う十分条件的にみられていた記述も見受けられ、真宗と火葬の結びつきは一般化して捉えられていたようである。真宗地区の火葬による葬儀の様相については蒲池勢至が「真宗の葬送儀礼」［蒲池　一九九七］で明らかにしているが、個別地域での様相を明らかにしたものではなく、真宗としての葬送儀礼の様式を宗教学的意味において、具体的に説明したものである。そのために真宗や禅宗と葬儀との関わりあいは具体的に述べられているが、民俗の「火葬」受容についての論考は、真宗の教義の中でしか捉えられていない。また蒲池は『真宗民俗の再発見』［蒲池　二〇〇一］で、真宗地帯での葬送儀礼について簡単に説明している。

橋本鉄男は「ムシロヅケノ溜――真宗門徒火葬習俗覚書」［橋本　一九九三］で、滋賀県内の真宗地区での火葬を一つの習俗として独立的に捉えている。

さらに、宮本常一は実家のある山口県大島の葬送儀礼について記録しているが、その中で昭和二十一年から二十七年にかけての土葬と火葬の個数についての度数分布を紹介している［宮本　一九九七　三一三］。この分布表は、火葬の受容の時代的動きをみる上で大変興味深いものであり、本書第六章でも引用する。

宗教者と火葬との関係として注意しなければならない存在がある。三昧と呼ばれる下級宗教者である。高田陽介が「三昧聖――畿内惣墓地帯の集団――」［高田　二〇〇〇］において、近世の三昧と火葬との関係を論じている。聞き書きでは、火葬は地域の互助組織で行われたとすることが多いが、実際にはオンボーと呼ばれる専門家の存在によることも多い。

以上が「火葬」をめぐる研究の概観である。先にも述べたように、とくに近代になってからの受容を直接のテーマとした研究は非常に少ない。今までの研究の成果ではほとんど捉えられることのなかった、火葬受容の実態ではなく、どのような背景をもち、それがどのような形で導入されたかが、本書の課題となる。

そこで、まず二つの問題に留意する必要がある。一つは「近代」をどのように捉えるか、一つは「近代」火葬とそれ以前の火葬との違いはどこにあるのかという点である。これらを留意しつつ論をすすめていくことにする。

第一章　火葬の受容年代と受容理由概観

第一節　民俗の近代化

明治以降に時代を限定した理由は、近代と近世という時代的な問題を見据えたためである。堀江俊一は「明治末期から大正初期の「近代的家族像」——婦人雑誌からみた「山の手生活」の研究——」の中で、「明治の初年以来、日本の近代化にかかわる出来事は大きなものだけを拾っても、明治二二年の帝国憲法の発布、二七年から二八年の日清戦争、三七年から三八年の日露戦争などをあげることができる」［堀江　一九九一　四二］と述べ、さらに、「「近代」とは、今我々の周囲に広がっている現代そのものということになる」［堀江　一九九一　七〇］という。堀江は近代を形成する契機となる事件を捉え、この事件が「近代化」の動力となったと捉える。ある時期にいきなり「近代」が始まるのではなく、徐々に形成され、それが現在に整合的に連続するという。その始源が明治にもとめられるということである。しかし、事件と「近代」との結びつきについてまでは論及していない。

永井秀夫は第四十四回日本民俗学会年会の記念講演「北から見た日本の近代化」の中で、「近代化という言葉のなかには、工業化とか都市化とかあるいは、中央集権化とか民主化とかいろいろな内容を込めて近代化と呼ぶわけですが」［永井　一九九五　三］と述べている。堀江が契機となる事件を取り上げたのに対し永井は、「近代」は明治以降の社会システムによるものと捉えている。永井の捉える近代社会システムは包括的であり、システムそのもののの説明が必要であろう。

一方、岩田重則は第四十九回日本民俗学会年会シンポジウム「「近代」と民俗」に、パネラーとして「民俗学と近代」と題して発表し、その中で、「日本の場合、近代という時代はいつごろからかというと、教科書風に言えばペリー来航からであるが、もう少し溯り、天明年間（一七八二～八九）から寛政年間（一七八九～一八〇一）くらいに、その萌芽を認めることが出来るのではないだろうか。この時期は、国内的には天明の大飢饉、打ちこわし、寛政の改革、対外的にはラクスマンの来航など、幕藩体制は急速に動揺をはじめ、新しく近代社会の胎動が起っている」［岩田　一九九八　七］と述べ、内的動機の存在を捉えている。岩田は政治体制に主眼を置く。いずれにしても、「近代化」というキーワードにより、明治以降とそれ以前（江戸時代）とを区分することができることになる。

ところで、和歌森太郎は「民俗学の立場から明治史をみれば、資本主義の発達にからんで、同族団とか本家・分家結合とかいわれるものが急速に崩壊し、いわば家世帯が個々に社会に放り出された時代である」［和歌森　一九六九　八三］とする。和歌森の「近代」は資本主義の導入を前提とするが、「民俗学の立場」からみるならば、それがおよぼした生活様式の在り方に基づいて捉えたものとなっている。和歌森の捉える近代は社会学的でもある。時間軸を意識しながらも、「近代」という概念を想定している。その意味ではいたって歴史学的である。

日本の近代について鋭い分析をした富永健一は、社会の近代化として、「家族の近代化」「村落と都市の近代化」「組織の近代化」「社会経済の近代化」「社会階層の近代化」「国家と国民社会の近代化」の六つに区分する［富永　一九九〇　四五～四九］。和歌森の指摘した部分をこれに当てはめるならば、「家族の近代化」に相当し、富永によれば、「家父長制家族から核家族へと、家族の構造変動が進行していく」ことが近代化という［富永　一九九〇四六］。なお、日本の近代化は西洋からの伝播によるものであり、その可能性は領域ごとに異なるという［富永 一九九〇 五九］。そのような一つの例として、田口洋美は「狩猟」の近代化を具体的に、明治六年（一八七三）の地租改正条例発布を基盤としている［田口 二〇〇〇 三四］と指摘していることがあげられる。

葬送儀礼としては、村上興匡が「大正期東京における葬送儀礼の変化と近代化」の中で、「明治期から大正にかけて東京市域の近代都市としての性格が顕著なものとなり、特に震災以後になると職場と住居が分離するなど居住様式の変化がすすみ、生活形態、および生活意識も変化してくる」［村上 一九九〇 五七］と述べている。村上も明治期から大正にかけての生活変化を近代の所産と捉えており、「近代化」が我々の生活様式にそれまでとは異なる様式を与えたことを示唆している。村上は、生活様式の変化を「近代」と結びつけているが、その根拠については個別の事例からある程度の理解ができるものとなっているだけで、きちんとした定義付けまではなされていない。そして、葬儀の「近代化」による変化は時代的には関東大震災を境にしているという。葬儀の近代化についての村上の見解は、序章第二節のところで触れたように、いささか疑問が残るものである。

民俗学における「近代」の扱いは研究者によって一様ではなく、とくに個別事象を扱う場合には、総合的な意味での「近代」そのものの定義は曖昧のまま論をすすめざるを得ない。「近世」「近代」を民俗の時代として時間軸に位置付けることは容易ではないということである。これを民俗学的に捉えるためには、まずそれぞれの時代の相異を導き、比較する必要があると考え、先にも述べたように、どの時代にも人々の生活（「存在」）があるとの立場から、「近世」の民俗を時代的独立性の中で捉える試みをなした［林 二〇〇一b］。江戸時代後期の史料を利用して、当時の民俗の様相を体系的に捉えたものである。しかしこれは「近世」を江戸時代と便宜的に区分したにすぎず、「近世」とは何かというところまでは論及していない。まず江戸時代の様相を取り出し、それを現在確認できるものと比較したにとどまっている。

さらに「近代化」の意味をめぐる大きな問題がある。富永は「近代化とは多次元的な概念であって、産業化と民主化と自由・平等・合理主義の実現は、それぞれに近代化の部分システム」［富永　一九九〇　九］であると述べ、「戦前の日本の政治も社会も文化も、近代化ではなかった」［富永　一九九〇　九］と指摘する。「民主化を実現しようとする運動は、反政府運動として「下から」起る以外には起り得ない」［富永　一九九〇　一八三］というのが論拠である。富永の論にしたがうならば、明治政府は近世の封建制度とは異なる組織を築いたが、政府の施策として西洋化を進めたということで、明治時代は真の意味での「近代」とはいえないものであったということになる。このように「近代」を捉えるならば、本書は「近代」という言葉を用いることができなくなる。しかし、明治以前の封建社会の脱却および西洋化をめざした政府が成立し、殖産興業をスローガンとした産業資本主義が導入されたことから、明治以前と以後の社会には質的差異が認められるはずである。先の和歌森の指摘によれば、「近代化」の一つは、資本主義導入によって生じたことになり、「近代化」の前提に資本主義導入があげられている。富永も日本においては、すべての「近代化」に産業主義が先行すると論じている［富永　一九九〇］のである。ただしこれが民俗に与えた影響および民俗の近代化という問題として捉えるならば、もっと検討が必要である。

本書では、「近代」をそれ以前とは質的に異なる新しい政治体制のもとでの支配と産業革命による経済構造の転換がみられる時代として位置付ける。その時代が明治期以降ということである。戦前は富永によれば「近代」とは捉えられないことになるが、「近代化」課程の原初的形成期として明治から戦前までを考えることにする。

第二節　火葬の受容年代

表1は著者の聞き書きによる調査資料および報告書などの記述から、火葬を受容した年代が明確な地区を抽出し、年代・理由を表化したものである。参考資料の中心は『日本民俗地図Ⅶ（葬制・墓制）解説書』であり、その他いくつかの報告書・論文を参考としている。

ここで注意しなければならないことがある。表1で抽出された地区での様相をそのまま空間的・時間的「分布」として取り出して扱うことである。

第一に、表1の中心資料である『日本民俗地図』そのものの問題がある。『日本民俗地図』は青森県から沖縄県までの多くの地点を取り上げ、社会生活や年中行事などさまざまな習俗の分布を捉えようとしたものであり、地図上にドットで示した分布図とその解説がなされたものである。その目的としては広い「分布」を捉えることにある。そのために、スケールが大きくなりすぎ、大雑把になってしまっている。さらに、多くの習俗を一度に捉えようとしているために、地点抽出の意味が曖昧になってしまっている。

第二に、『日本民俗地図Ⅶ（葬制・墓制）解説書』以外に参考とした報告書の地域的な偏りが大きくなっている。これは、著者の活動圏によるためである。

第三に、『日本民俗地図』の解説や報告書は、調査者および執筆者の意識により記述にばらつきがみられる。全国的な規模で報告書からの同一視点によるデータの収集は困難なものとなっている。明治以降の火葬の受容は、理屈の上では後年的変化であり、より古いと考えられる民俗を追求しようとする態度において、取捨されるものと

表１　火葬の受容年代とその理由

地区	受容年代	受容理由	出典
秋田県河辺郡雄和村戸米川	明治初年		『日本民俗地図Ⅶ　解説書』
山形県山形市高沢	明治５年頃		『日本民俗地図Ⅶ　解説書』
山形県西田川郡温海町鼠ガ関	昭和23・24年頃		『日本民俗地図Ⅶ　解説書』
山形県酒田市本楯	大正初め頃		『日本民俗地図Ⅶ　解説書』
山形県東置賜郡高畠町時沢	昭和40年代後半		『死・葬送・墓制資料集成』
岩手県宮古市千徳	昭和40年代		『宮古市史（民俗編）』
宮城県牡鹿郡女川町出島	昭和33年		『死・葬送・墓制資料集成』
福島県相馬市大坪	昭和57年		『死・葬送・墓制資料集成』
茨城県那珂湊市和田町	大正半ば		『日本民俗地図Ⅶ　解説書』
栃木県大田原市若草町	昭和30年代		『死・葬送・墓制資料集成』
群馬県吾妻郡吾妻町大柚木	昭和40年		『死・葬送・墓制資料集成』
埼玉県児玉郡神川町渡瀬	昭和35年頃		著者調査
東京都保谷市上保谷坂上	昭和30年		『上保谷の民俗』
東京都武蔵村山市岸	昭和30年代後半		『武蔵村山市史』
東京都武蔵村山市	昭和40年代後半		『武蔵村山市史』
東京都武蔵野市吉祥寺	昭和23年頃		『武蔵野市史』
東京都調布市	昭和36年	土葬禁止条例	『調布市史』
東京都葛飾区水元飯塚町	昭和７年	東京市に編入	『日本民俗地図Ⅶ　解説書』
東京都江戸川区長島町	大正初め頃		『日本民俗地図Ⅶ　解説書』
東京都大田区大森・蒲田	昭和７年	東京市に編入	『大田区市』

東京都世田谷区下馬	昭和初年頃		『せたがやの民俗』
東京都世田谷区奥沢	昭和初期頃		『せたがやの民俗』
東京都世田谷区喜多見	昭和36年	土葬禁止条例	『せたがやの民俗』
東京都世田谷区大蔵	昭和10年		『せたがやの民俗』
東京都世田谷区鎌田	昭和45年	衛生上の問題	『せたがやの民俗』
神奈川県綾瀬市吉岡	昭和45年		『吉岡の民俗』
神奈川県綾瀬市深谷	昭和52年		『深谷の民俗』
神奈川県綾瀬市小園	昭和40年代後半		『小園の民俗』
神奈川県大和市深見	昭和30年代後半		『死・葬送・墓制資料集成』
神奈川県大磯町黒岩・西窪	平成初年頃		『国府の民俗(一)』
神奈川県大磯町月京・生沢・寺坂	昭和40年代後半		『国府の民俗(二)』
神奈川県大磯町大磯・東町・高麗	昭和10年代		『大磯の民俗(二)』
神奈川県山北町谷峨	昭和35年頃		『足柄の民俗(Ⅲ)』
神奈川県山北町神縄・世附	昭和40年代		『足柄の民俗(Ⅲ)』
神奈川県松田町大寺	昭和50年頃		『足柄の民俗(Ⅱ)』
神奈川県松田町宇津茂	昭和30年頃		『足柄の民俗(Ⅱ)』
神奈川県小田原市鬼柳	昭和52年以降		『県西部の民俗(Ⅲ)』
神奈川県小田原市谷津	昭和46年以降		『県西部の民俗(Ⅲ)』
神奈川県小田原市栢山	戦後		『県西部の民俗(Ⅱ)』
神奈川県南足柄市三竹	昭和49年以降		『県西部の民俗(Ⅱ)』
神奈川県藤沢市西俣野	昭和53年頃		『境川流域の民俗』

神奈川県藤沢市江ノ島	明治末以降	場所が狭い	『藤沢市史』
神奈川県鎌倉市台・玉縄・腰越・津	昭和45年頃以降		『鎌倉の民俗』
長野県塩尻市洗馬地区小曾部	昭和40年代		『塩尻市誌　第四巻　塩尻の民俗』
長野県下高井郡野沢温泉村平林	昭和40年		『平林民俗誌稿』
長野県松本市	昭和53年		『死・葬送・墓制資料集成』
長野県長野市安茂里小市	昭和30年代		『死・葬送・墓制資料集成』
新潟県東頸城郡松之山町天水越	昭和初め		『日本民俗地図Ⅶ　解説書』
新潟県直江津市西横山	昭和30年	直江津市に合併	『日本民俗地図Ⅶ　解説書』
新潟県北蒲原郡笹神村湯沢	明治初頭		岩野「湯沢の葬送習俗」
富山県中新川郡立山町芦峅寺	明治30年代		『日本民俗地図Ⅶ　解説書』
石川県鳳至郡柳田村国光	明治初年		『日本民俗地図Ⅶ　解説書』
石川県門前町黒島町	明治中頃		『日本民俗地図Ⅶ　解説書』
福井県三方郡三方町向笠	大正11年	墓地が狭い	『日本民俗地図Ⅶ　解説書』
岐阜県吉城郡神岡町下之本	大正年間		『日本民俗地図Ⅶ　解説書』
岐阜県高山市松之木町	明治40年頃		『日本民俗地図Ⅶ　解説書』
岐阜県養老郡上石津村	昭和初年頃	埋める場所の不足	『日本民俗地図Ⅶ　解説書』
静岡県島田市	明治末頃		『日本民俗地図Ⅶ　解説書』
静岡県磐田郡豊岡村	戦後		『豊岡村史』
静岡県浜北市中瀬	昭和50年頃		著者調査
静岡県天竜市石神	昭和63年		著者調査
愛知県豊田市千足	昭和６年		『日本民俗地図Ⅶ　解説書』

三重県飯南郡飯高町宮本	戦後		『日本民俗地図Ⅶ　解説書』
三重県鈴鹿市旧椿村・庄内村	昭和42年	鈴鹿市に合併	『民俗採訪』
三重県鳥羽市松尾町	昭和50年頃		『死・葬送・墓制資料集成』
奈良県磯城郡三宅町伴堂	昭和20年		『死・葬送・墓制資料集成』
奈良県生駒市小倉寺	昭和35年		赤田『祭儀習俗の研究』
奈良県生駒市乙田	昭和41年		赤田『祭儀習俗の研究』
滋賀県東浅井郡上草村鍛治屋	明治16年	火葬場ができた	『日本民俗地図Ⅶ　解説書』
滋賀県野洲郡守山町赤野井	昭和４年		『日本民俗地図Ⅶ　解説書』
京都府長岡京市	昭和30年頃	新興住宅地	『長岡京市史』
和歌山県日高郡南部	明治40年頃		『日本民俗地図Ⅶ　解説書』
和歌山県西牟婁郡白浜町朝来帰	昭和40年代		新谷『日本人の葬儀』
和歌山県西牟婁郡中辺路町近露	昭和60年		『死・葬送・墓制資料集成』
和歌山県東牟婁郡古座町	昭和40年代後半		山田「葬制の変化と地域社会」
兵庫県城崎郡竹野町	昭和40年代		『竹野町史』
兵庫県三木市口吉川町	平成初年		『死・葬送・墓制資料集成』
鳥取県鳥取市美和	明治31年頃		『鳥取の民俗』
島根県能義郡広瀬町	昭和40年		『死・葬送・墓制資料集成』
岡山県井原市大江町佐古	昭和30年頃		『死・葬送・墓制資料集成』
広島県因島市土生町箱崎	明治後期		『日本民俗地図Ⅶ　解説書』
広島県尾道市原田町梶山田	大正年間		『日本民俗地図Ⅶ　解説書』
山口県小野田市高千帆	明治以降		『日本民俗地図Ⅶ　解説書』
山口県長門市俵山湯町	昭和30年頃		『日本民俗地図Ⅶ　解説書』

山口県萩市大井土井	昭和以降		『日本民俗地図Ⅶ　解説書』
香川県小豆郡土庄町豊島家浦	昭和28年頃	火葬場ができた	『日本民俗地図Ⅶ　解説書』
香川県仲多度郡多度津町見立	昭和49年から	墓地が狭くなった	著者調査
香川県三豊郡詫間町生里	昭和58年以降		『死・葬送・墓制資料集成』
愛媛県新居浜市大島	昭和33年	旧庄屋が率先して火葬を行った	『日本民俗地図Ⅶ　解説書』
愛媛県西宇和郡瀬戸町	昭和40年代後半		『死・葬送・墓制資料集成』
徳島県鳴門市瀬戸町堂浦	戦後		『日本民俗地図Ⅶ　解説書』
徳島県小松市櫛淵町	昭和以降		『日本民俗地図Ⅶ　解説書』
徳島県小松市和田島町	昭和初年		『日本民俗地図Ⅶ　解説書』
徳島県那賀郡羽ノ浦町	大正５・６年頃		『日本民俗地図Ⅶ　解説書』
徳島県阿波郡市場町切播	明治30年頃	墓地が手狭になった	『日本民俗地図Ⅶ　解説書』
徳島県海部郡由岐町木岐奥地区	昭和37年		『死・葬送・墓制資料集成』
福岡県前原市井原	昭和10年頃		『日本民俗地図Ⅶ　解説書』
福岡県浮羽郡浮羽町田籠	昭和10年頃		『日本民俗地図Ⅶ　解説書』
福岡県三池郡高田町開	昭和以降		『日本民俗地図Ⅶ　解説書』
福岡県北九州市小倉区道原	大正期以降		『日本民俗地図Ⅶ　解説書』
福岡県三井郡善導寺町善導寺	明治33年	火葬場ができた	『日本民俗地図Ⅶ　解説書』
佐賀県西松浦郡有田町有田	大正末		『日本民俗地図Ⅶ　解説書』
大分県大分市徳丸	大正初年	火葬場ができた	『日本民俗地図Ⅶ　解説書』
大分県東国東郡安岐町下山口三郎丸	昭和40年頃		『死・葬送・墓制資料集成』

なったようである。実際に、『日本民俗地図Ⅰ　解説書』にある「民俗資料緊急調査（基礎調査）要項」の「Ⅱ調査の方法」で、「調査の時点は、できるだけ古い時代に置き、伝承者が過去に体験し、または記憶にあるもの（父祖等の経験の見聞）を採集すること」［文化庁　一九六九　四四］とあり、新しく導入された火葬についての記述は調査意図からしても、考慮外のものとなることは必然といえる。そのために、近年的変化による火葬についての具体的な報告はなく曖昧なものとなっている。また調査者によって火葬の取り扱いそのものにばらつきがみられるのである。このようなことは、他の報告書でも同様であり、とくに「変化」に着目しないかぎり、古形である土葬や古形としての火葬の記述が中心となっている。

以上から、表1でもとめられる空間的「分布」に厳密性が問えないのである。したがって、本書では空間的な「分布」には言及しない。

また、第四の問題として時間的な問題をあげることができる。報告書に火葬の受容年代が記述されたとしても、その年代に具体性がないことと、その事実性をどこにもとめるかという問題である。たとえば、表1に「明治初年」「大正半ば」などとする地域がみられる。これは報告をそのままに引用した表記であるが、それは具体的にいつをさすのか。後述するように、特別な例を除いて、火葬はある時点からいっせいに行われるようになったのではなく、一つの村の中でも順次広がっていったのが現実である。つまり、受容から定着までに、かなり時間がかかった地区が多いのである。記述された年代はそのどの部分をさしているのであろうか。はじめて行われた年代なのか、またはほとんどの人が火葬されるようになった年代なのか。そのために時代的な厳密性を問うことはできない。

さらに、記述された年代は話者からの聞き書きによるものであろうが、昭和後期のように記憶がまだ明確な場合はともかく、明治から昭和初期にかけての時間的曖昧さは、話者の印象（記憶）の曖昧さにも一因があると考えられる。話者の記憶・伝承の時代的な曖昧さは記憶が特定化された「時代＝事件」との結びつきによるためと考えられる。その特定化された「時代＝事件」とは、たとえば大きなものとしては、関東大震災や第二次世界大戦があげられ、このような事件を核とする先後関係によって「主観的な時代」が形成されるということである。そして、このような大事件に認識的「時代」が収斂し、それと事象とが結びつくことにより、記憶の時間が具体性を欠いていくことが要因の一つとして考えられる。調査を行うと、話者が事件とからめて時代を説明するという経験がよくある。朝岡康二が「民俗学的な資料としての「モノ」とその記憶」で「語られる事柄は、拾い出された一連の記憶になんらかの形式的脈絡を着けて整理した連合物であ」り、「これを統合する脈絡は、個別記憶の存在とはまったく無関係のさまざまな要因によって作りあげられた形式をもつ」［朝岡　一九九九　六六］と指摘するように、事象と絶対的な時間の関係に厳密性をもとめることは難しいといえる。

以上の理由から、時間的な「分布」も厳密な意味において、抽出することが困難である。具体的な時間は曖昧な「時代」の中に埋没することになるためである。とくに明治から昭和初期にかけては大きな幅をもつことを認識しておく必要があろう。ただし、だからといって、著者はこのような時間の曖昧性に基づく時代概念を否定するものではない。これは民俗の時間認識の在り方としてとても大事なものであり、著者にとってもとても興味深いことである。現在する話者にとってその「時代」ということに意味があるためである。本節では厳密に何年何月何日から火葬が行われたかを問うものではなく、その背景を明確にするために受容年代を捉えるものであり、だいたいの時間的な展開がわかれば十分である。ある程度の長さをもった時間および主観的な時間の枠組みの中で系列として捉えることは可能であると考える。以上の問題点に留意しつつ、以下、明治以降に受容された火葬の時代と理由について検討する。

表1より、各地区での火葬の受容年代を概観すると、明治元年から平成初期までの約百二十年間に散らばりをもって捉えることができる。このような散らばりは、何らかの強力な理由や外的な圧力が働くことにより、土葬地区で火葬を受け入れざるを得なかったというものではなく、それぞれの地域でのいたって個別的な事情によるものであることを示している。

ここで火葬の受容年代をもう少し詳しく捉えることにする。表2―1は表1をもとにして、明治・大正・昭和・平成の年号に対応させて火葬受容の件数を捉えたものである。これから、昭和になってからの受容が大半を占めることがわかる。平成になって受容したという二例を除き、表1の全一〇四例中七七例が昭和時代であり、これは全体の約七四・〇%にあたる。史料の偏りや厳密な意味での時代的曖昧性が大きいとはいえ、火葬の受容が昭和以降に顕著な展開をなしているといえる。

表2―1　火葬受容時代別件数

明治時代	15
大正時代	10
昭和時代	77
平成	2

ただし、明治・大正・昭和の各時代の長さはいうまでもなく異なっている。期間が長いほど件数が多くなるのは当然のことである。表2―1から、単純に度数分布の割合をもとめると、明治時代が約一四・四%、大正時代が約九・六%となっている。しかし、各時代の期間的長さを考慮すると、異なる結果が得られるのである。明治時代(一八六八～一九一二)が約四十四年間、大正時代(一九一二～一九二六)が約十五年間、昭和時代(一九二六～一九八九)が約六十三年間の長さをもつことから、それぞれの時代ごとの年間受容割合をもとめるならば、明治時代が約〇・四〇、大正時代が〇・六七、昭和時代が約一・二二という結果となった。年間受容割合は度数を期間で割ったものであり、その時代の火葬受容の平均速度を表している。ただし、もとめられた数値そのものに意味はなく、また、史料の確実性が低いために、相対的な比較をするにしても不安定さは免れない。それでも「明治」「大正」

「昭和」という大雑把な枠組みで時代を捉えることは可能であろう。そして、これだけ顕著に数字的な特徴がみられたことから、ある程度の傾向は読み取ることはできる。昭和時代の受容速度は他の時代にくらべてとくに大きくなっているといえ、明治以降、時代の推移に従って火葬の受容が加速度的に大きくなっているといえる。

明治・大正・昭和という時代区分はあまりにも大雑把すぎる。そこで、時代区分をもう少し細かくして、受容件数を捉えてみた。表2―2である。なお、表1にある「明治以降」「大正年間」「大正以降」「昭和以降」と記述された年代についてはこの区分の中に取り込むことができなかった。そのために、表2―2の数値は先の母数とは異なるものとなっていることをことわっておく。

表2―2では、明治時代を前・中・後期に、大正時代を前・後期に、昭和時代を元年～九年・十年代・二十年代・三十年代・四十年代・五十年代・六十年代、平成初期に分けて捉えた。昭和は十年ごとに区分したが、明治・大正は曖昧なまま区分している。つまり、この時代区分は特定の指標の設定により、一定の長さで区分したものではないということである。先に述べたように、明治から昭和初期にかけての記録（記憶）は曖昧であるのに対し、戦後、とくに昭和三十年以降の記録（記憶）は時代が最近（調査時からみて）のことであるために、比較的明確である。記録（記憶）の精度の差から、このような区分を便宜的に取らざるを得なかった。

なお、表1の「初期」「初年頃」は、明治・大正は前期に、昭和は元年～九年にカウントした。大正時代は比較的短期間で

表2－2　火葬受容時代別件数

明治前期	4
中期	2
後期	8
大正前期	4
後期	3
昭和元年～9年	9
10年代	4
20年代	8
30年代	19
40年代	23
50年代	9
60年代	2
平成初期	2

表3　時代別火葬受容割合

明治前期	0.27
中期	0.13
後期	0.53
大正前期	0.57
後期	0.42
昭和前期	0.65
大戦後	0.80
高度経済成長期	1.60
50年代以降	0.47

あるので、「初期」は前期ということになろうが、明治・昭和は期間が長いために、「初期」の認識がはたして上の時代区分に合致するかどうかは確証がない。とくに昭和は第二次世界大戦という大きな事件があり、「戦争」に時代認識が収斂するならば、「初期」の認識およびイメージは、大きく戦前ということになるかもしれない。さらに「戦後」とは具体性がないが、昭和二十年代に含め、「大正半ば」は大正後期としている。このような曖昧性を承知で、あえて上のような度数分布をもとめてみた。

表2―2より、昭和四十年代がもっとも受容件数が多く、次いで昭和三十年代、そして昭和五十年代、昭和元年～九年となっていることがわかる。昭和元年～九年の度数の多さは、「初期」という感覚的時代軸を含めているからかもしれない。しかし昭和四十年代に比べて昭和五十年代には急激に度数が減少する。これは、昭和四十年代に大半の地区が火葬化を済ませており、土葬がそのまま行われている地区がわずかになっていたためと考えられる。鯖田豊之によれば、日本の火葬率は昭和五十年に八六・五％、五十五年に九一・一％となっているとのことであり［鯖田　一九九〇　二七］、昭和五十年代にはほとんどの地区が火葬となっていることが統計的に確認できる。

さて、表2―2をさらに詳しく読んでみよう。表3は、明治前期・中期・後期、大正前期・後期、昭和前期（戦前・戦中）、大戦後（二十年代）、高度経済成長期（三十年・四十年代）、五十年代以降（五十・六十年代、平成元年～十年）に区分して受容割合をみたものであり、便宜的にではあるが、明治は十五年ごと、大正は七年で区分し、度数を年数で割った数値をもとめてみた。昭和三十年・四十年代は高度経済成長期にあたることから、一つの時代として捉えてみた。すでに数字的に示されているように、この時代の受容割合は飛び抜けて高くなっている。このことは、この時期に受容環境が整えられたということになるが、それが「高度経済成長」とどのように結びつくかまでは、これだけからは読み取ることはできない。

さらに、表3から興味深いことがわかる。明治・大正・昭和の各時代の前期が比較的に数値が高くなっている。これは、認識・イメージによるものであろうか。たとえば、「明治になってから」が「明治前期」に収束していった可能性を考えることができるのである。しかし、この問題は、先にも指摘したように、火葬受容の問題ではなく、資料論の問題となる。

第三節　火葬受容理由の概観

表1より、火葬を受容した各地区の理由を概観する。土葬を行っていた地区が、何を理由にして火葬に転換していったのであろうか。

あまり多くの史料が得られなかったが、それでも次のような理由がもとめられた。

①土葬禁止
②合併（編入）
③埋める場所の不足（墓地が手狭）
④庄屋が率先して行った

⑤火葬場ができた
⑥衛生上の問題
⑦新興住宅地ができた
⑧時代遅れ感覚
⑨近所への遠慮

次に、①～⑨の内容を具体的に検討する。

① 土葬禁止による受容

法的に、それまで行われていた土葬が強制的に禁止され、火葬へと葬法転換せざるを得なかった地区がある。その一つの例として、明治時代の東京での火葬の受容の実態についてみることにする。
東京府では明治八年（一八七五）七月二日付で、次のような布達を出している。

自今火浴ノ者ハ朱引内葬地へ廃埋ヲ許ス
市在各区
区長
戸長
火葬ノ儀ニ付本年第八拾九号公布及内務省第八拾号達之趣有之ニ付テ自今火葬之分ニ限リ朱引地内従前之葬地

ヘ廃埋不苦旨同省ヨリ為相達ニ付此旨各区無洩可相達事
明治八年七月二日　　東京府知事　大久保一翁
東京府達書

（『府県史料』一三二頁）

「第八拾九号公布」とは、明治六年（一八七三）七月に出された「火葬の儀、自今禁止候条此旨布達事」（太政官布告第二五三号）を解除したもの、つまり火葬禁止解除の公布であり、また内務省「第八拾号達」は「第八拾九号」を受けて内務省が「焼場」についての制限を設けたものである。これらの法令および火葬禁止の具体的な動きについては第三章にて検討する。

明治七年（一八七四）当時には、市街地一般の土葬が禁止され、「青山墓地・谷中墓地・雑司ケ谷墓地・染井墓地・亀戸墓地・橋場墓地」のみ共葬墓地として土葬が許されていた（『東京百年史　第三巻』［東京百年史編集委員会一九七二　七三二］）。これによると、東京ではもともと墓地＝埋葬地が法的に限定されていたことになる。上の墓地だけが例外的に土葬が認められていた。ところが、火葬禁止が解除されると、遺骨であればそれまでは埋葬（土葬が前提であったため）が禁止されていた「朱引地」内でも、上であげた共同墓地以外の墓地への埋葬が許されることになる。それが上の「東京府達書」の内容である。この布達および、その後の政府の政策による市井の様子が平出鏗二郎の『東京風俗志』（下）［平出　二〇〇〇　一〇九〜一一〇］に記録されているので紹介する。

そもそも都下の寺院は、概ね墓地を有して檀家の葬埋扱ひ来りしが、明治六年八月、官、衛生上の必要より朱引内の墓地に埋葬することを禁ぜり。爾後人口は益々増加し、新市街はいよいよ形成せらるるがため、更に二十四年八月、警察令を以て墓地及び埋葬取締細則を発布し、市内にては青山、谷中、浅草橋場町の共葬墓地、旧朱引外の墓地にして、千坪以上の面積を有し、隣地の境界より五間以上を距り、警察署の認可を受けたる区域内を除くの外は、総て埋葬することを禁ぜしかば〔火葬の焼骨、及び明治七年八月以前に死したる配偶者の墓地に合葬する者は、この限りにあらず〕、火葬を厭う市民は、市外の寺院に託するか、或は共葬墓地にて営むこととなりたるより、市内の寺院は、為に自家の衰微を慮り、陰にこれが解禁に力めて、斡旋懈らず、これ所謂市内墓地問題の時々沸起する所以なり。（〔　〕内は割注）

紀田順一郎による「解説　蘇る明治の世相風俗」によると、『東京風俗志』（下）は明治三十二年から三十五年（一八九九〜一九〇二）にかけて執筆されたものであり［紀田　二〇〇〇　二七七］、「東京庶民生活に関する最初の体系的記録」［紀田　二〇〇〇　二七八］であるという。また平出は文部省の役人でもあり［紀田　二〇〇〇　二七九］、政府内部の人間の目を通して庶民生活を見ていたことになる。しかし、紀田が指摘するように、明治半ばの東京における民俗の様相を詳細に記述され、記述内容だけではなく、さまざまな統計や図が掲載され、資料的価値が高い。葬送儀礼に関する記述も、葬具・葬列（仏教式・神葬式）・火葬場・墓地の図が挿入され、家の者が死んでから法要に至るまでの儀礼的な形式が、死者への対応・知らせ・通夜・湯灌・納棺・葬儀・葬列・参会者・火葬場・骨あげ・墓地・法要というように、我々が葬送儀礼の報告書を記述する場合と同じような視点から詳細に記述している。

『東京風俗志』（下）によれば、都下の寺院は墓地を持ち、死者の埋葬を引き受けていたとある。そして、明治六年八月に「衛生上の理由」より「朱引内」への埋葬が禁じられたとある。その理由が「衛生上の必要」とされていることが重要である。その中でも土葬が認められた墓地が『東京百年史　第三巻』に記録された墓地であろう。さらに、明治二十四年（一八九一）八月の警察令によって、「朱引内」だけではなく、市内での共葬墓地以外での土葬が禁止され、火葬骨のみの埋葬がみとめられることになる。それでも『東京百年史　第三巻』にある従来からの墓地には引き続き土葬が許可されていた。このことは火葬禁止の解除後においても、土葬が行われていたことを示す記録として捉えられる。

上の資料から、当初は土葬が行われていた（公的に火葬が禁止されていたため）が、火葬禁止解除とともに、「朱引地」内の土葬が禁止され、さらに明治二十四年の警察令により、「朱引地」よりも広い範囲（市内）での土葬が禁止されたということになる。

これは土葬禁止地区の拡大を意味する。そのためにもし、どうしても土葬したければ共葬墓地か市外の寺院へ埋葬しなければならなくなった。しかし、市内の寺院は、このままでは衰退してしまうことから、相変わらず斡旋していた。これが市内墓地問題の時々起こる理由となっていると『東京風俗志』（下）では述べている。『東京風俗志』（下）にみえる明治二十四年の警察令とは警視庁警察令第十二号「墓地及埋葬取締細則」であり、鷲見金三郎による『現行　警視庁東京府令規全集　第三綴』「第十七類　衛生　第六章　墓地、埋火葬」の中に収録されている。その「第二章　埋葬」の「第七条」には、「左ニ掲ケタル墓地ノ外東京市及八王子市内ノ墓地ニハ死屍ト遺骨トヲ問ハズ総テ埋葬ヲ為スヘカラス、但火葬ノ焼骨及明治七年以前ニ死シタル配偶者ノ墓所ニ合葬スルモノハ此限ニアラス」とある。「左ニ掲ケタル墓地」とは具体的には、

一　市区改正ノ設計ニ依リ定マリタル青山共葬墓地及谷中共葬墓地

二　浅草区橋場共葬墓地
三　旧朱引外ノ墓地ニシテ千坪以上ノ面積ヲ有シ隣地ノ境界ヨリ五間以上ヲ距リ警視庁ノ認可ヲ受ケタル区域内但隣地カ他ノ墓地又ハ寺院境内地ナルトキハ之ニ接続スル他ノ土地ヲ隣地ト看做ス
四　私有墓地又ハ特別ノ由緒アル墓地一人ノ所有ニシテ一区域一萬五千坪以上ノ面積ヲ有シ隣地ノ境界ヨリ十間以上ヲ距リ警視庁ノ許可ヲ受ケタル区域内

〔鷲見　一九二〇　第十七類　一三四〕

のことであり、かなり厳しい条件がつけられていることがわかるが、面積や隣接地との距離が問題とされていることは衛生観念に基づいたものといえよう。

以上のことから、東京市では法律という外的な要因（圧力）により火葬が選択されたことがわかる。時代的にみて、明治後期に火葬受容割合が大きくなっている要因の一つが法的規制であるといえるだろう。しかし、上の『東京風俗志』（下）からの引用の中に興味深い一文がある。それは、「火葬を厭う市民は、市外の寺院に託するか、或は共葬墓地にて営むこととなりたる」と記された一文である。つまり土葬が禁止されたのではなく、葬法を「選択」することが可能であったということである。ただし、土葬を選択する場合には、埋葬地に制限が設けられていた。また『東京風俗志』（下）の一文から火葬は人々に受け入れられなかったことがわかる。あくまでも「衛生上」の問題による外的要因に基づいているといえる。

ところで、東京府は明治十一年（一八七八）に公布された郡区町村編成法を受けて、それまでの大区小区制を廃止し、府内を十五区六郡とした（『東京百科事典』〔東京学芸大学地理学会30周年記念出版専門委員会　一九八二　六一〕）。それに伴い、町村名の改称がなされる。そのために、「朱引内」とされた地区が改称により変更が起きたため、明治十一年（一八七八）十二月四日に「乙第四十二号」として「土葬許可区域」が公布された。

土葬許可区域

乙第四十二号　十二月四日

墳墓地土葬許否ノ儀ハ、嘗テ朱引ノ内外ニ依リ区域相定リ居候儀ニテ、今般改正郡区ノ経界ニ拘ハラス、従来ノ朱引経界之通タルヘキは勿論ニ候得共、自然郡区改正ノ際、随テ土葬区域モ変換候様相心得候者有之候テハ不都合ニ付、心得違之者無之様、郡区内へ可申示置。為念個此旨相違候事。

――明治十一年東京市府達全書――

（『東京市史稿　市街篇　第六十一』［東京都　一九六九　八五〇～八五一］）

この法令は、地区の改称にともない、土葬禁止区域がさらに広がったことを示しており、それまで土葬が許されていた地区でも、地区改編にともない、土葬禁止区域に囲い込まれたことを住民に確認させるものといえる。この史料から地区の改編があっても、従来土葬が許可されていた地区では、そのまま土葬が続けられていたことがわかり、火葬化の意識の低さを示している。その後、先にみたように警視庁警察令第十二号により、土葬禁止地区は拡大する。

さらに東京都下では昭和三十六年（一九六一）に土葬禁止令が出されている。昭和三十六年に都内で全面的に土葬が禁止されたのではなく、この場合も土葬制限地区の拡大において、引っかかった地区があるということである。昭和三十六年の条例は、昭和二十三年（一九四八）十二月に出された東京都規則第二百八号を改正したもので、それまで土葬が行われていた地区が、改正によって土葬禁止となったために火葬を受容せざるを得なかったのである。この昭和三十六年の規則は次のようなものである。

東京都規則第百十九号
墓地、埋葬等に関する法律施行細目の一部を改正する規則
墓地、埋葬等に関する法律施行細目（昭和二十三年十二月東京都規則第二百八号）の一部を次のように改正する。
第十条第一項を次のように改める
第十条特別区、八王子市、立川市、武蔵野市、三鷹市、青梅市、府中市、昭島市、調布市及び小金井市の地域内の墓地には、法令に別だんの定めあるものを除き、焼骨のほかは埋蔵してはならない。
付則
この規則は昭和三十六年九月一日から施行する。

これは、昭和三十六年（一九六一）八月十九日の『東京都公報』に掲載されたものである。表1中の調布市では、土葬禁止により昭和三十六年から火葬となったとあるが、それはこの「東京都規則第百十九号」によるものと考えることができよう。

現在では、条例第一二五号「墓地等の構造設備及び管理の基準等に関する条例」（昭和五十九年十二月二十日、改正平成十二年十月十三日条例第一八六号）および規則第一七号「墓地等の構造設備及び管理の基準等に関する条例施

行細目」（昭和六十年三月一日、改正平成十二年十二月二十七日規則第四二四号）に基づく行政が行われている。そして「墓地等の構造設備及び管理の基準等に関する条例施行細目」には現在の土葬を制限する区域が制定されている。具体的には「第六条」であり、

条例第十四条第一項の規定により知事が指定する土葬を禁止する地域は、特別区の存する区域並びに、八王子市、立川市、武蔵野市、三鷹市、青梅市、府中市、昭島市、調布市、小金井市、小平市、日野市、東村山市、国分寺市、福生市、狛江市、東大和市、羽村市及び西多摩郡のうち瑞穂町並びに大島町の区域とする。

となっている。

ここに記された「条例第十四条第一項」とは「知事は、公衆衛生その他公共の福祉を維持するために土葬を禁止する地域を指定することができる」というものである。つまり葬法の決定権は知事に委ねられているということになる。そして、この「条例第六条」では、墓地の設置場所として、具体的に、河川・海・湖沼から墓地までの距離はだいたい二〇メートル以上、住宅・学校・保育所・病院・事務所・店舗からの距離がだいたい一〇〇メートル以上、高燥で飲料水を汚染する恐れがない土地であることを条件としてあげている。この制限は「衛生観念」を基底にしたものである。このような衛生的意図による土葬禁止は、先にみた明治六年（一八七三）八月以来の政策となっているということができ、その政策は近代化との関係で捉えることができる。国および地方公共団体が、住民の「衛生」を統轄しているといえるためである。とするならば、埋葬に関する近代化は、少なくとも行政的には明治の初期には起こっていたということになる。

昭和四十年代には都の規制ではなく、都の規制が掛からない市町村でも、市町村レベルで土葬禁止を働きかけるようになった。そのことを示す記事が昭和四十六年（一九七一）六月六日（日曜日朝刊）の朝日新聞に見られる。新聞記事は、新聞社の意見が反映されることが多い。それは明治時代も現在も変わらない。現在では憲法改正に賛成する新聞社と反対する新聞社があり、それぞれの立場から記事が書かれている。そのために新聞記事を資料として用いるときには、その新聞の記事の意図をまず十分に汲み取る必要がある。

さて、ここで紹介しようとする昭和四十六年六月六日（日曜日朝刊）の朝日新聞の記事には「土葬も葬られる」とのタイトルがつけられている。洒落ているタイトルをとったつもりなのか、なんでもかんでも「近代化」されることへの警鐘なのか、判別は困難である。時代的にはちょうど高度経済成長の時期である。しかし、昔ながらの土葬の様相をまじえながら、火葬化が進む現状を記してはいるが、その論調は、多摩ニュータウンを建設しながら、生きている人の施設は作ったが、「死者」の出ることを想定していなかったことを批判的に取り上げたものであり、目の前の早急な「近代化」への警鐘記事とみることができるかもしれない。ここでいう「近代化」とは、ニュータウンという地方からの流入民住居施設の建築をさす。それがサラリーマン世帯を対象とするものであり、産業主義を支える人々の生活の場を創出したためである。したがって、火葬化促進のための啓蒙記事ではない。それでも、現実問題として、都の規制がかからない地区でも、土葬をやめて火葬にしようとする動きがあることがわかる記事として興味深い。それだけ火葬が一般化しつつあるといえるためである。長い記事であるが全文を紹介する。

カネを打ち鳴らしつつ、しめやかに野辺送りする昔ながらの葬式が、いよいよ都内から姿を消そうとしている。土葬の風習が残る多摩地区の四市がそろって全面禁止の態度をきめ、住民との話合いにはいるためだ。このほか、土葬は奥多摩、桧原などの一部町村にも残っているが、火葬への切替えで問題となってきたのは、既設の火葬場がどこも手いっぱいなこと。新設しようにも、喜んで受入れる土地がない。火葬場新設プランをもたない多摩ニュータウンにしても「保育所つくって、ホトケを忘れている」と、批判の声がきかれる。

土葬については、「墓地・埋葬等に関する法律」に基づく都の施行細則で、禁止地域が定められている。現在、禁止が明文化されているのは、二十三区のほか、八王子、立川、武蔵野、三鷹、青梅、府中、昭島、調布、小金井、小平、東村山、狛江、福生の各市と、羽村、瑞穂町。

町田、国立、国分寺、田無、保谷、日野の各市は、禁止地域の適用をうけていないが、新住民の増加、宅地化で実質的にはほとんど火葬だけになっている。

つまり市部では、清瀬、東久留米、東大和、武蔵村山だけで伝統的な土葬が行われており、この地域でも住民がなっとくすれば、都に禁止地域の適用を申請する。

×　×

東大和、武蔵村山地区で平均的な土葬の風習をみると、次のようなものだ。

飛脚＝死者があると、部落の世話役が二人一組となって親せき、知人へ通知に走る。これを「沙汰（さた）に行く」という。

穴番＝集落には「穴掘り帳」が備えてあり、その順番で葬儀の役割がきまる。穴番（五―六人）は葬儀の中心人物。葬式当日、「穴番」の人たちは早朝、葬家へ出向き、親族なみの待遇で朝食などの接待をうけ、そのあと棺を埋める穴を掘りに墓地へ行く。

出棺＝坊さんの読経なかばに「寄せ鐘」がたたかれ、人々が野辺送りに集る。ついで、出棺近いことを知らせる二番鐘、最後に三番鐘が鳴って、いよいよ出棺。

葬列＝棺をかつぐのも穴番の人たちだ。もっともいまでは棺をリヤカーに乗せるところがふえた。先頭に麦わらで作ったタイマツ、ついで僧侶（りょ）、位牌、カネ、さらに、霊をしずめるための五色の旗が四本、おぜん、花輪の列が続いて、そのあとから棺、参列者が歩く。墓地までの辻（つじ）々にはロウソクが立てられる。先頭から棺をかつぐ人まで、わらじをはいて、野辺送りの行列は行く。

×　×

ところが、これらの四市でもわらじを作れる人がいなくなった。いまは代用のぞうりをはく。そればかりか、集落内にも新住民がふえて、「穴番だよ」と連絡に行くと、「へ？」という顔をされる。

これら市に昇格したばかりの役所は「環境衛生の面からも土葬の存続は好ましくない」と考え、東大和市は「火葬奨励金」として一件三千六百円を支給しているほどだが、禁止のあとはいずれも、立川市営火葬場、多摩火葬場の借用を考えている。

しかし両火葬場とも、すでに使用している各市の需要だけで手いっぱい。このため東村山など一部の市では火葬場新設を考えているが、ゴミ焼却建設以上に住民の反対がでる建物だけに、新設はおいそれとは運びそうにない。

近く多摩、瑞穂町も市に昇格、当然、土葬禁止の方向をとる。そうでなくとも多摩ニュータウンの造成で火葬の需要はのび、立川への使用申入れはふえる。「ニュータウンの計画には火葬場の配慮がない。当然、考えておくべきなのに……」と立川市はいっている。

この記事にしたがえば、都の条例に抵触しない市が、土葬禁止の方向をとろうとすることがわかる。土葬禁止の名目は「環境衛生の面」ということで、これは火葬化推進の理由としてあげられたものであり、それを基底とした政策となっている。この記事によるならば、土葬が環境的にのぞましくないために、「火葬奨励金」をも支給するという体制をとっている。かなり積極的な行政の対応であるといえよう。また新興住民の増加による、旧来の風習が途絶えてしまっているということも火葬化に切り替えるちょうどよい機会と行政は受け取っているようにもみえる。いずれにしても、行政の政策的な方向性の中で、火葬化が推進されている例として捉えることができる。

年代が明確ではなかったので、表中には入れなかったが、香川県坂出市府中町西福寺でも、五十年（平成十五年調査時）ほど前に市の条例により、土葬から火葬に変わったという。ただし、坂出市役所に問い合わせたところ、土葬禁止の条例は出ていないとのことであった。しかし、住民は「条例により」との認識をもっていることから、戦後何らかの形で行政側からのアプローチはあったのではないか。西福寺地区での葬送儀礼についてはすでに『民俗と内的「他者」』［林　一九九七　四七〜六九］で報告したが、また近年的変化を踏まえて本書でも具体的に第七章第三節で取り上げる。当地は「条例が施行」される以前は土葬であった。墓地は集落の中心部、民家のすぐ前にあったが、火葬は離れた場所で野焼きを行っていたという。山から木を取ってきて組む。その上に座棺をのせて同行の人により焼く。同行はドウギョウであり、この地区の葬式の互助組織のことである。骨が拾えるようになるまで焼くが、火力が弱くてなかなか大変であったという。火の具合が悪いと焼け残ってしまうのである。そこで、経験者が指示を出して、完全に骨になるようにしたという。また「葬式は順延なし」といわれ、滅多に遅らせるものではないと考えられている。そのために、雨であっても火葬は行ったということである。野焼きの場所には庵が建てられており、雨が降っても大丈夫であったという。現在では庵もなく、その場所には何もない。痕跡も残っていない。

これらの記事および事例で興味深いのは、行政レベル（認識的問題を含めて）での「火葬化」の推進であり、住民の内的な要請によるものではないということである。そして、理念が先行し、火葬を行うために必要な施設（火葬場）の建設が追いついていない。そのために坂出市での事例のように野焼きを行っている地区も出てくるのである。土葬禁止、火葬促進の行政的立場から、火葬場の新設に踏み切った地区もあるが、この件に関しては第六章に紹介する。

② 合併（編入）による受容

合併（編入）による火葬の受容は、火葬禁止地区の拡大により、法的な強制力によって火葬を取り入れざるを得なかった事情によるものである。その意味では①の土葬禁止による受容と本質的に同じである。本資料で合併（編入）によって火葬を行うようになったとする地区は、新潟県直江津市（現上越市）西横山、三重県鈴鹿市旧椿村・庄内村、東京都葛飾区水元飯塚町、大田区大森・蒲田である。このうち、東京都下での合併（編入）の事例は、昭和七年（一九三二）の東京市域の拡大に伴うものである。東京市域の拡大により、葛飾区水元飯塚町や大田区大森・蒲田などの周辺地域が東京市に編入されることになる。東京市への編入により、それまで土葬を行っていた地区では、上でみたような埋葬地に対する制限が課せられることになる。それでも、土葬にこだわるのであれば、それは可能であった。しかし、資料からみるかぎり、従来の土葬をすて、火葬を採用したようである。

土葬を選択する場合、『東京風俗志』（下）にあるように、特定の共葬墓地か、あるいは市外の墓地に埋葬するしかない。すると昔からの墓地は過去の記念的空間となり、現在的な意味を消失することになる。墓地は墓地として生活空間の中に意味をもって形成されていることが考えられる。『大田区史』をみると、七月十三日の夕方に先祖の霊を迎えるために、墓参し、家の門口で迎え火を焚くが、そのときに、先祖の霊は墓地から来て、墓地に帰るとの意識がみられることが報告されている［大田区史編さん委員会　一九八三　二〇〇～二〇二］。この報告が具体的に区内のどの地区でのことであるかは記述されておらずわからないが、本項で問題とする大森・蒲田を含む区の報告であることから、少なくとも大森・蒲田かその近隣地区で、墓地と先祖とが直接的に結びついている観念をみることができる。このことを重視するならば、墓地は生活空間と密着し、そこには先祖が埋葬され、以後系譜的に継承されるべきものと考えられるのであり、そのためには墓地を維持する必要がある。上のような法的な規制がなされ、法を遵守しようとするならば、墓地を維持する手段としては、火葬に転換するしかない。つまり、ここでの選択は、葬法としての選択ではなく、「墓地」の選択であったということができよう。つまり、かならずしも法的な規制が、意識変化を引き起こしていたわけではないということになる。

ただし、『大田区史』によると、原則として土葬であったが、僧侶とか伝染病の死者、あるいは他所者が当地で死亡した場合は火葬され、また小林の金剛院の檀家（原・安方・小林などの地域）では火葬の最初が昭和四年（一九二九）であり、これは桐ヶ谷斎場で行われたという。さらに大正四年（一九一五）にも桐ヶ谷（品川区）まで座棺を担いで火葬にした例があるようである。また昭和七年以前に、川崎市高津の火葬場に遺体を運んだこともあったという［大田区史編さん委員会　一九八三　二四七］。すると、大田区での火葬受容の動きは、大正時代にすでにみられるが、東京市編入によって加速されたということになる。

③　埋める場所の不足による受容

表1に取り上げた、藤沢市江ノ島・福井県三方郡三方町（現若狭町）向笠・岐阜県養老郡上石津村（現大垣市）や香川県仲多度郡多度津町見立、また徳島県阿波郡市場町（現阿波市）切幡では、墓地が狭くなったことが、火葬の受容理由としてあげられている。墓制の問題が火葬の受容と密接な関係にあるといえる。この理由による火葬の受容について具体的にみる前に、いくつかの地区での埋葬の様相についてみる。墓制と葬制との関連を捉えるためである。

〈事例1〉大阪府泉南郡岬町上孝子（『日本民俗地図Ⅶ（葬制・墓制）解説書』）

上孝子は和泉山脈の山村である。墓地が狭くなったので、約一〇分の山間地に別の埋葬地を作った。

事例1では、報告からは、具体的な埋葬の仕方についてはわからないが、「墓地が狭くなる」ということから、空いている地点に次々と埋葬していったことが推察される。その結果、墓地の空きスペースがなくなってしまい、別の場所に新しい墓地を作ったということであろう。この事例1のように、狭くなったからといって、墓地を次々と作ることができれば問題はない。

しかし、先に紹介したように、明治以降、墓地に関するさまざまな制限が設けられている。狭くなったからといって、勝手に墓地を新設することができないのである。たとえば、「府県史料」の埼玉県の明治六年（一八七三）の項に、「七月卅日墓地設立ノ条則ヲ布達ス」とあり、これには、「正院第三百五十五号墓地設定ノ御達シ有之候上ハ以来妄リニ墓地取設候儀ハ不相成付テハ永久墓地ト定メ候場所左ノ心得ヲ以テ取調可申候事」とあり、その「左ノ心得」は次のようになっている。

一、墓地ハ従来寺院境内ニ有之墓所ヲ以テ可相定候事
一、寺院境内ノ墓地区域狭小ニ及ヒ候者其隣比私有地ヲ買請墓地相広メ候儀不苦候事
一、私有地ヲ買請候儀ハ其墓地ニ相葬候面々ヨリ買請候儀ト可相心得事
一、都テ墓地ヲ設クルハ必ス其村民ノ便宜ヲ得候様致スヘシ若シ不便相生シ候時ハ祖先ノ祭祀終ニ相怠リ自ラ孝道ヲ欠候様可相成故ニ必ス便宜ヲ得候様可致事
一、村民ノ便宜ニヨリ新ニ墓地相設候共不苦新ニ相設候者ハ墓地区域相広者ト同様可相心得尤伺出ノ上許相受可申事
一、従来屋敷内或ハ耕地山林荒野等墓地ニ無之場所へ埋葬致シ候者有之右者墓地相定リ候上改葬可致事
一、墓所ハ除地税地ニ属シ区費差出シ候ニ不及候事
一、村民ノ便宜ヲ以テ墓地相定メ候共必ス妄リニ不相成様注意可致事
右ノ条々各区々務所ニ於テ取調永久墓地ト相定候場所ノ図面相添可伺出候事
（「府県史料」一二四頁）

墓地は原則としては従来の寺院境内の墓所によって定めるが、寺院境内の墓地が狭くなってしまった場合には、村民の便宜により、私有地を買い請けて広げることは可能であるとする。ただし、その場合には許可が必要とし、必ずそこに埋葬すること、また村民の理解を得ることがもとめられた。つまり勝手な墓地の新設、あるいは不許可

地への埋葬はできないとされたのである。さらに、「右ノ条々各区々務所ニ於テ取調永久墓地ト相定候場所ノ図面相添可伺出候事」とあることから、墓地が固定的な空間とする意図が見て取れる。とくに所謂屋敷墓などの禁止が定められ、「墓地」としての空間が強く意識されたものとなっている。その上で「祖先ノ祭祀」を滞りなく行うことがもとめられている。それを「孝道」と表している。富永健一は『日本の近代化と社会変動』の中で、水戸藩による『大日本史』の編纂が、「儒教規範を拠り所としつつ、その歴史観の中身において儒教にはない独自の要素、すなわち大和朝廷いらいの万系一世の皇室を顕彰することを目的として構築された」［富永　一九九〇　三七九～三八〇］と指摘する。水戸藩のこのような思想的背景が明治維新の思想的原動力の一つになる。「孝道」儒教的観念であるが、このような思想が明治政府の中に取り込まれていたのである。そのために祖先祭祀と墓地との直接的な関係付けが強く打ち出されることになる。このような「心得」として「布達」が出されたことは、墓と祖先祭祀とが必ずしも直接的な関係をもっていなかったことを示している。しかし先に紹介した『大田区史』では両者の直接的関係概念がすでに浸透していたことを表している。

埼玉県ではこの布達に先立ち三月に「埋葬地ノコトニ弊習アリ因テ之ヲ論達ス」が出されている。

埋葬地ノコトニ弊習アリ因テ之ヲ論達ス

元来墓碑ヲ建ツルハ銘々祖先以降ノ生霊ヲ祭リ死去ノ年月ヲモ彫刻シテ基本ニ酬ント思フカ故ナレハ古へハ地ヲ相トシテ葬ル皆是レ墳地ヲシテ頽壊ナラシメン為メ建表シ候儀ヲ墓石ハ寺院境内等へ建置埋葬地ハ除地或ハ貢租適宜ノ地ニ一穴ヲ設ケ旧習ニテ其村ノ数十戸親子兄弟自他ノ分チナク死尸ヲ投捨ルハ犬猫ノ体骨ヲ捨ルモ同シ取扱ニテ実ニ人情ノ忍ハサル所ナリサレハ昔野蕃ノ人民死スルモノアル時ハ其親ト雖モ埋葬セスシテ山

野ニ棄テシカ他日其場ヲ過シニ狐狸ナト集リテ其肉ヲ食ヒ鳶鳥ナト群リテ其骨ヲ啄ミ実ニ見ルモ哀レナレハ己カ袖ニテ顔ヲカクシ額ノ汗ヲ拭ヒシトイフ是山野ナレハ人ノ見ルヲ耻タルニアラス心中ヨリ愁傷セシナリ依テスクニ我家ニ帰リ有合ノムシロナト持来リ其死体ヲ覆ヒ陰セシトソ是レ葬礼ノ始ナリ異国ノムカシサへ葬婚ハ如此故ニ人倫ノ尤重シトシ愁喜ノ情ヲ尽シ貧富分ニ応シテ式ヲ厚フスルユエンナリ曩ニ火葬厳禁ノ御布達モアリ然ルヲ右様麁末ノ取扱至候者畢竟親子兄弟ノ情ニモトリ野蕃ノ所意ヲ免レサル悪風ニテ今開明ノ御仁政ニ浴シナカラ此旧垢ヲ洗除セスンハ御政体ニ相触レルノミナラス人倫ノナスへキ道ナラネハ貧富分ニ随テ木石ヲ撰マス埋葬ノ地ニ墓シルシヲ建尊敬追祭シ決テ前ノ如宜シカラサル執行致ス間敷事

（「府県史料」一二四頁）

「府県史料」では三月となっているが、第三章第一節に見るように火葬禁止令は明治六年（一八七三）七月十八日付である。しかし、上の「論達」には「曩ニ火葬厳禁ノ御布達モアリ」との一文が見える。すると、これは三月ではなく、七月三十日に出された「墓地設立ノ条則ヲ布達ス」の直前に出されたものであることが考えられる。「論達」では、旧習をして一つの穴に遺体を投げ捨てること、埋葬せずに山野に遺棄することは、「野蕃」な行為であり、「人倫ノナスへキ道」ではないとする。火葬も同様であるとする。火葬については後述するが、ここでは「埋葬ノ地ニ墓シルシヲ建尊敬追祭」することがもとめられている。この「論達」から、墓地を祀る風習がみられない地域の存在、そしてその地では一ヵ所に投げ捨てたり、遺棄したりとの形であったことがわかる。このような場合には墓地空間が不足することは起こり得ない。すると、政治的な意図をもって墓制を確立したことによって、逆に墓地不足を招くことになる。なお、このような火葬禁止を含めて、葬制・墓制への政治的介入は、「人倫の道」という思想的背景をもったものということができる。

ところで、神奈川県は、明治十三年（一八八〇）五月三日に出した布達甲第七十六号「墓地規則左ノ通相定条此旨布達候事」の「第三章　第一章二章ニ関スル取扱方」第三条において、「許可ヲ経ルニ非レハ墓地ヲ新設シ或ハ区域ヲ広ケルヲ許サス」［神奈川県　二〇〇一］とする。このように、行政として、墓制の確立を図るだけではなく、祭祀空間として墓地の固定化が図られた。なお、神奈川県のこの条文は追加されたもので、欄外に「十四年七月甲第百十三号にて追加」と記され、条文が手書きで書き加えられたものである。墓制はここで指摘するまでもなく、地域差が大きいものである。しかし明治政府による中央集権的国家体制の中で、政府の望むような形式ができあがっていったといえる。

以上のように、墓地は行政の許可なくして勝手に新設および拡張することはできないとされた。それでも、事例1は新設された事例であるが、それは岬町上孝子が山村であり、埋葬地となる空間に不自由していなかったからであろう。しかし、このような条例が出されたことからも、明治以前には墓地の新設は比較的自由に行われていたといえる。墓地が無い空間では、適当な土地に遺棄すればよく、墓標も建てられていないことが埼玉県の「論達」からわかるが、すでに墓地が確立していた地域であっても、その空間がいっぱいになれば、新たなる墓地が設けられたということである。

いずれにしても、明治の初期には行政的に墓制が定められたのであり、その後の民俗に大きな影響を及ぼしたことが推察される。実際に、墓制の法的規制による大きな変化を具体的にみることができる。

〈事例2〉静岡県天竜市石神（著者調査［林　一九九〇b］）

石神は天竜川と天竜市二俣で合流する阿多古川の約五キロメートル上流に位置する山村である。現在では、ノバ（埋葬墓地）と呼ばれる共同墓地が、檀那寺の曹洞宗正法寺の裏山の中腹にある。また各家の畑の隅にも「先祖代々の墓」があり、ノバに埋葬した後に、ノバの土を和紙で包み納める。

石神のノバは家ごとに地割りされている。正法寺には明治三十一年に板に墨書された地割表があり、穴掘り役はこの地割表をもとに葬家の地所を確認して穴を掘っていたという。明治の後半には地割りが画定していたことがわかる。

さらに、地割りされた土地は二分割されている。交互に掘ることにより、比較的新しい骨を掘り返さないようにするためということであるが、それでも、以前に埋めた骨が出でくる。そのときには新しい遺体とともに埋めるということであった。

ここでは墓制のみに着目したい。石神では、両墓制がみられる。新谷尚紀は天竜川流域では明治の墓地条例によって両墓制が成立したという［新谷　一九八六ａ　八］。調査では確認できなかったが、石神は天竜川の支流である阿多古川支流の集落であり、新谷が指摘するように明治以降の政策の中で両墓制をとるようになったかもしれない。その条例とは、たとえば先に見た埼玉県の「墓地設立ノ条則ヲ布達ス」（明治六年七月三十日、「府県史料」）にあるような、「従来屋敷内或ハ耕地山林荒野等墓地ニ無之場所へ埋葬致シ候者有之右者墓地相定リ候上改葬可致事」というものであろう。この布達では、元々の埋葬地からの改葬までも指示している。すると元々の埋葬地とは別に新しい墓地（共同墓地）が形成され、二つの墓地観念が成立することになる。この場合、両墓制へと移行する可能性を考えることができるのである。前田俊一郎は「両墓制の再検討」の中で、いくつかの事例をあげ、近代の政策的産物による両墓制の成立が確認できる地域を指摘している［前田　二〇〇一　五一～六二］。共同墓地を作る動きは全国的に確認できる。たとえば広島県比婆郡東城町（現庄原市）塩原では、自宅に古い墓地があったが、明治三十年頃に新しく作られた共同墓地に埋葬するようになり、旧墓地は火葬骨だけが埋葬を許可されたという（『日本民俗地図Ⅶ（葬制・墓制）解説書』）。また、福島県西白川郡矢吹町三城目・東白川郡矢祭町内川では、昔は各氏ごとに別々に墓所を持っていたが、明治初年に共同墓地になったという（『日本民俗地図Ⅶ（葬制・墓制）解説書』）。所謂屋敷墓から共同墓地への転換が明治期に各地で行われたことがわかる。そして、それが行政的な強制力によるものであることが推察される。すると、これらの事例は行政力による民俗の変化の一例を示すものとして捉えることができよう。

〈事例3〉静岡県浜名郡庄内村呉松（『日本民俗地図Ⅶ（葬制・墓制）解説書』）

庄内は浜名湖東岸の農村で、戸数は二〇三となっている。明治以前は一門によって埋葬する場所が決まっていたが、明治四年（一八七一）頃には、一門の戸数が増加したため、埋める場所に困り、地区の北側にあたる丸山を共同墓地とした。

この共同墓地でもそれぞれに埋める場所が決められているわけではなく、墓地の隅の方から老若男女を問わず、死亡した順に埋めたために、だいたい二〇年くらいで墓地がいっぱいになってしまった。墓地がいっぱいになると墓地を焼き払って同じように埋めていく。

〈事例4〉和歌山県西牟婁郡白浜朝来帰（［新谷　一九九二　二五八］）

埋葬墓地（ハカ）は海岸近くにあり、ハカに死体を埋葬すると小さな小石をたくさん積み上げておき、ていねいにそこに墓参りをする。

七年目になるとコツアゲといって埋葬地点を掘り起こし、骨を集めてハカの入り口近くに設けられたコツツボと呼ぶ穴に納める。コツアゲしないと埋葬墓地がいっぱいになってしまい、次の死者の埋葬のための余地がなくなってしまうためという。

事例1では推察にすぎなかったが、事例3・事例4では明らかに埋葬地は個人に専有されている。つまり、一人が一つの墓に埋葬されるということである。これが、近世よりの形式であるのか、あるいは明治期の行政指導によるものであるのかは不明である。いずれにしても、空間が限定された中での被埋葬者の増加は、空間の使用率の増大を示す。そしてこのような埋葬方法をとる場合、時間の経過とともに、埋葬する場所がなくなってしまうことは当然の成り行きである。

事例3でははじめは墓地を新設したが、それでも足りなくなってしまい、「墓地を焼き払う」ことによってリセットを行い、事例4では、リセットではなく、墓地を死後の存在観念における経過点とすることにより流動的に利用できるようなシステムが考えられている。

事例3の呉松の事例では、墓地がいっぱいになるのに二十年しかかからなかったという。墓地の広さや人口にもよるが、かなりのスピードである。仮に、明治初年頃に条例により共同墓地が設けられたとするならば、明治の後半には埋葬場所に不自由することになる。とするならば、明治以前より共同墓地であった地区ではどのようにしていたのであろうか。墓地が手狭になるたびに新設していたのか。あるいは、事例2～事例4のような方策により、墓地の拡散を防いでいたのであろうか。前者である場合、墓地空間に対する認識は薄く、日常に対し否定的な空間として捉えられていなかった可能性を示唆し、後者の場合には、墓地空間が特別の空間として固定化すべきとの観念が背景にあったことになる。いずれにしても事例3・4のように、リセットを繰り返すということは、「個人」の墓地という観念の薄さを示しているといえる。墓地が固定化されるべき空間としての観念があったにせよ、それは「墓地」という全体的空間に対してであり、「個人」の点としての埋葬地ではない。

一方、事例2の石神では家ごとに埋葬地点が固定化されている。共同墓地でありながら、家ごとに区画が決まっている。これは埋葬空間の拡散を防いだといえるが、共同墓地が作られる以前の家を単位とした墓地形態がそのまま共同墓地に持ち込まれたものということができるかもしれない。なおこの場合は、埋葬地点が個人ではなく家に対応することになる。個人が家の先祖に収斂する可能性を示唆するものとなっている。その意味においても石神では明治以降に両墓制が成立したことが推察される。

さて、墓地が手狭になり、しかも行政的圧力により、あるいは墓地空間に対する観念により、墓地の拡張および新設が難しいとき、火葬はそれらを解消する一つの方法となる。先の神奈川県布達甲第七十六号の「第一章死亡及流産届規則ニ係ル者取扱方」第一条で、土葬の場合、「一棺方四半坪ヨリ縮減スルヘカラス」とあり、埋葬する広さに規定が設けられている。しかし、第二条で「火葬ノ穿壙浅深等ハ喪主ノ適宜タルヘシ」とある。火葬での埋葬は土葬に比べて狭い範囲ですむのである。

〈事例5〉香川県仲多度郡多度津町見立《みたち》（二〇〇一年著者調査）

墓地は共同墓地であり、埋める場所は喪主が自由に決めることができた。埋葬した場所はだいたい三年もしたら落ちるので、その後に墓直しをしたらいつでも石塔を建ててもよいことになっていた。それでも七回忌後

多度津町町営火葬場

に石塔を建てるのが普通であった。新たに埋葬する場合には、このような石塔や、まだ石塔は建っていない埋葬地の空いている場所を選んで埋めた。ただし夫婦は同じ場所に埋める。

なお、穴掘りは講中と呼ばれる地縁的な互助組織で順番にまわされた。一つの講中は二十軒前後である。喪主が決めた場所を穴掘りが掘る。

このような形で埋葬していたところ、埋める場所がなくなってしまった。そこで火葬が行われるようになったということである。見立ではじめて火葬が行われたのは昭和四十九年（一九七四）のことである。そして、火葬が普及すると、家ごとに墓石を作るようになったという。

事例5は事例3・事例4と同じく、墓地空間内の任意の場所に個々に埋葬していた例であるが、墓地の埋葬可能空間の消失に対して、墓をリセットするのではなく、火葬を導入することにより、限定された空間を有効利用しようとしたものといえる。いつ頃に共同墓地が形成されたかは確認できなかったが、呉松（事例3）のように、二十年程度で墓地がいっぱいになってしまうことを考えると、比較的新しく作られたか、あるいは以前の形式は現在確認できる形と異なっていたことが考えられる。

いずれにしても、本項で問題となるのは、火葬導入が墓地拡散の回避を目的として行われたことである。また、千代延尚壽によれば、島根県波子町（現江津市）付近でも、「火葬はまだ多くは行はれず、大抵は土葬である。町家等は墓地との関係と他国の人の多い」［千代延　一九三三　一四二］と報告し、「町家」や「他国」の人が火葬されていたことがわかる。「町家」の人が火葬されたのは「墓地との関係」とあることから、墓地は過密状態であったことが推察される。また他国の人があるということは、そもそも自分の墓地がないということで、そのために火葬により容積を減らしたということも考えられる。波子町は昔より栄えた漁港であり、他国の人の流入も多かったことが考えられる。

また、現在確認できる状況以前に同様の問題が生じたとしても、火葬が受容されなかった例は、それだけの環境が整っていなかったということになろう。多度津町では昭和三十九年（一九六四）四月二十四日に町営の火葬場が新築完成されている。多度津町見立では、この火葬場を利用することで火葬が行われるようになった。町営の火葬場があったために、火葬は比較的にスムーズに取り入れられたといえる。ただし、見立からこの火葬場まではかなりの距離がある。それでも火葬場まで行ったという。施設としての火葬場が近くになく、またそこへ行くことが嫌であるならば、条例にしたがうかぎり、野焼きする以外に方法はない。その例が先にあげた坂出市府中町西福寺である。しかし見立での最初の火葬は昭和四十九年からといい、火葬場ができたことが、火葬受容の理由ではないことはすでにみたが、火葬受容に際し、施設としての火葬場がすでにあったことは、火葬受容に少なからず影響を与えたようである。

次に興味深いことは、火葬の導入によって埋葬地の家ごとの固定化を招いたということである。土葬では個人墓が基本であったが、見立では火葬の導入により、家墓が造られるようになったという。表1にある福岡県北九州市小倉区道原でも、火葬が導入されて先祖累代の墓が建てられるようになったことが報告されている（『日本民俗地図Ⅶ（葬制・墓制）解説書』）。このことは、墓地が個人単位から家単位へと移行し、その理由として火葬受容があったことを示している。

ただし、火葬によって家ごとの墓を建てるようになったことは、近代以降に火葬が導入された場合にかぎった傾向ではなさそうである。堀哲は三重県の墓制調査を通して、土葬単墓は個人墓が主となり、火葬および土葬両墓制での石塔の碑文は「先祖代々之墓」「〇〇家の墓」となる（ただし真宗火葬地帯は例外）ことを指摘している［堀　一九七八　二五七］。堀哲の指摘にしたがうならば、このような石塔は家の系譜観念を物象化したものといえるかもしれない。土葬単墓では、埋葬が個人的であり、また永続的ではないために、系譜意識を表現することが困難であったものが、火葬の導入により、一ヵ所に遺骨を集めることが物理的に可能になったために系譜的意識が高まったということができるであろう。しかしこのような動きは火葬が導入されてはじめてみられるようになったという論拠に乏しいのである。先祖観念と墓制については後に再度検討するが、土葬から火葬への葬制の展開が家の系譜観念を生起させた直接的要因として捉えることは難しいと思われる。

米原町米原の野焼き場の跡
「南無阿弥陀仏」の石碑の後ろ側に
ビニールシートがかけられている。

また、蒲池勢至によると、真宗地帯では無墓制、あるいは共同納骨所としての惣墓を持つ形が多いという［蒲池二〇〇一　二一八］。無墓制は火葬後に遺骨の一部を本山や手次寺に納骨するだけで墓を持たない形態であり、惣墓の場合には一括して遺骨を納める。したがって、どちらの場合にも、当然のことながら家ごとの墓はない。ただし、「日本における仏教の展開と墓・祖先祭祀とは強い歴史的結びつきがあり、「真宗の墓」は真宗信仰と民俗信仰とのせめぎあいの際に成立している」［蒲池　二〇〇一　二一九」と述べ、真宗では基本的には墓を造らないが、先祖信仰との関連で造られることを述べている。滋賀県坂田郡米原町（現米原市）米原では戦前には墓地の一角で野焼きしていた。その場所には「南無阿弥陀仏」と刻まれた石碑があった。昔は一部を骨壺に入れ、四十九日が過ぎて本山に納めたという。そして残りは火葬場にそのままにしておいたという。混ぜてしまえば土と混ざるということであった。平成十三年（二〇〇一）八月に著者が訪れたときには、「南無阿弥陀仏」の石碑の裏、つまり野焼きの火葬場の後にはビニールのシートがかぶせてあったが、それ以外の場所は家ごとの石塔墓群となっていた。墓地のまわりの小高くなったところにも石塔が多く建てられており、かつてはもっとこぢんまりしていたことが推察される。第二章第四節でも述べるが、無墓の家も多かったが、遺骨の一部を埋骨して石を置く家はあったらしい。以上のことから考えるならば、家の系譜観念の墓地での表象は、火葬と直接的に結びつく、つまり、火葬だから家観念が生起した、あるいは逆に、家観念の発達が火葬を受容させたというものではないといえよう。近代の歴史的な流れの中で、家観念の生起と火葬の受容とが時間軸において重なっていたということかもしれない。そして、それが火葬を導入するにあたり、墓地においての表象が技術的に可能になったということか。それでも少なくとも米原では近年になり「先祖代々の墓」が建てられるようになった。本山への納骨だけでは「供養」という点では不十分という意識が出てきたと考えられる。このことは近年になり、系譜的意識が強まってきたためとも考えられるが、その点については、もう少し検討が必要である。真宗地域は他宗とは異なる点が多い。そのため、いちがいに系譜意識を論ずることに無理があり、そもそも「系譜意識」をどのように捉えるかという点を明らかにしていかなければならないだろう。

いずれにしても、墓が家と固定的に結びつき、系譜的象徴機能を負うようになったことは、少なくとも上であげた事例では明らかであり、墓地空間は「家」の数が増加しないかぎり、安定することになる。

④　庄屋が率先して導入したことによる受容

この理由による火葬の受容は、愛媛県新居浜市大島の一例だけであった。旧庄屋の村上家が率先して火葬を行ったところ、伝染病死ではなく普通死の場合でも火葬を行うようになっていることが『日本民俗地図Ⅶ（葬制・墓制）解説書』に報告されている。大島でなぜ昭和三十三年（一九五八）から旧庄屋が火葬を率先しなければならなかったかは報告になく不明であるが、ここで興味深いのは、火葬の受容が観念的にというよりは政治的な力、しかもその力は国のような大きなものではなく、村という小さな範囲の中での政治的な力によって広まっているということである。このような力は条例とは異なり、強制力をもつものではない。しかし庄屋が率先することで、火葬が広まったということは、村での政治力が、人々の観念に優先したということであろう。

なお、伝染病による死者を火葬する地区は多い。後述するが、そのために火葬を嫌がる地区が認められる。火葬されることは異常死を意味するためである。その中で、大島の事例のような旧庄屋の持つ力の意味は本書の趣旨ではないが、村人を引っ張るだけの力があることがわかる。

⑤　火葬場ができたことによる受容

表1において、火葬の受容理由として、火葬場ができたことをあげた地区がいくつかみられる。たとえば、香川県小豆郡土庄町豊島家浦では土葬であったが、昭和二十八年（一九五三）頃に火葬場ができ、一部の者が利用したという（『日本民俗地図Ⅶ（葬制・墓制）解説書』）。これによると、家浦では火葬場ができたからといって、いっせいに火葬へ移行したわけではなさそうである。家浦でどのような経緯から火葬場が造られたかはわからないが、か

ならずしも地域的な総意ではなさそうである。仮に、ここでの「一部の者」が庄屋的存在であれば、④のようになる。

火葬場ができても、火葬の意思がなければ「箱」だけということになる。火葬を受容することは、火葬を行うだけの背景が整っており、火葬場ができたことは、その二次的な展開ということになろう。先にみた多度津町見立では、火葬の普及は町営の火葬場建設とは直接には関係が認められず、内的理由が起き、外的な環境として火葬場の存在が捉えられるものとなっていた。

⑥ 衛生的問題による受容

平出鏗二郎の『東京風俗志』（下）の記録から、明治六年（一八七三）八月に衛生的観点から朱引地内への埋葬が禁止されたことはすでにみてきた。また、先に紹介した東京都条例第一二五号「墓地等の構造設備及び管理の基準等に関する条例」の第六条・第十四条でも、衛生の問題から土葬が制限されている。この第六条の条文は大正六年（一九一七）七月に出された東京府令第四十四号「墓地設置及び管理規則」の第三条にもみえる。「墓地設置及び管理規則」の第三条には「墓地の新設又ハ拡大ハ左ノ制限ニ従フヘシ」とあり、

一　国県道其ノ他重要ナル道路、鉄道、河川ヲ距ルコト十間以上人家ヲ距ルコト六十間以上ナルコト

二　高燥ニシテ飲料水ニ関係ナキ土地ナルコト

三　前二号ノ外風教及公衆衛生上支障ナキ土地ナルコト

［鷲見　一九二〇　第十七類　一三四ノ二］

となっている。これは昭和五十九年（一九八四）の東京都条例第一二五号「墓地等の構造設備及び管理の基準等に関する条例」と内容的に同じである。これらのことから、明治の初期から土葬が行政的に「衛生」の問題として捉えられ、行政指導の根幹に置かれていたことがわかる。

さて具体的に、衛生上の問題として火葬の受容が確認された例としては、世田谷区鎌田において、多摩川に水道施設を造るにあたり、衛生上の問題が起きて火葬が導入され、川から離れた地区では火葬化が遅れたことが『せたがやの民俗』［世田谷区民俗調査団　一九七九　一三六］で報告されている。『せたがやの民俗』の鎌田地区は、明治三十三年（一九〇〇）生まれの方が話者となっている。『せたがやの民俗』では、火葬は話者の父親が最初ということで、近隣の吉沢や喜多見の人たちは、幡ヶ谷の火葬場へ行ったという。ただし火葬場は多摩川の対岸の川崎市の市営火葬場が近かったが、行政の問題があって行けなかったと報告されている［世田谷区民俗調査団　一九七九　一三六］。対岸に行けなかった行政的問題についての報告はなく詳細はわからないが、ここでは土葬は飲料水に関係のない土地でなければ行えないことが条例で制限されていることが問題となる。支障がないために川から離れた地区では土葬がそのまま続けられたということであろう。しかし明治以降の火葬化において、「衛生上の問題」が大きな柱となっていることがわかる。そして先にも指摘したように、これが火葬受容の外的要因（圧力）として働いているのである。

⑦　新興住宅地の建設にともなう受容

京都府長岡京市友岡では新興住宅が多く建ち始め、墓地周辺の新興住宅の人たちが土葬を嫌がり、火葬を勧めたことがきっかけとなり、火葬が急速に増えたという（『長岡京市史　民俗編』［長岡京市史編さん委員会　一九九二　二五三〕）。新興住宅の住民はその土地の習慣とは無関係である。彼らは土葬に対する否定的な感覚を持っていた。そのために現実的な方向をとったということができよう。

⑧　時代遅れ感覚に起因する受容

表中の理由にはあげられていないが、土葬が「時代遅れ」として認識され、火葬化が推進された記事がある。朝日新聞の昭和四十四年（一九六九）十月二十四日付の朝刊に、茨城県の話として、「やっと土葬追放へ」との記事がある。このタイトルから、朝日新聞が「土葬」をよしとしない立場をとっていることがわかる。新聞の立場はどうであれ、この記事は行政が火葬の普及のために努力している様子を記している。全文を引用する。

死んだ人を、火葬にしないで、カンのまま埋葬する土葬の風習が、茨城県下では、相変わらず根強い。開発が遅れ、昔から墓地になる山林原野が多かったことも、そうした未開の風習を残してきた大きな要因だったようだ。

ところが、最近、首都圏に近い下館、結城など県西部の市町村では、開発が進み、工場や住宅がどんどん建設され、墓地も敷地難。「もはや土葬の時代ではない」と、近くの市町村が共同でデラックスな火葬場を建設したり、納骨堂の設置を検討するなど、土葬の風習の追放に、重かった腰を上げているところが多い。

茨城県の場合、死者のうち火葬にする割合は三〇％で、全国平均の七三％の半分以下。これは全国で最低だ。つまり、死んだ人は三人のうち二人が土葬にされている計算になる。真壁郡大和村のように十人のうち九人が土葬という町村も少なくない。

なぜか、というと、火葬場がなかったり、あっても不便で、実際には活用されていなかったためだ、と下館保健所は指摘する。県西七市町村の十六万余人の地域に火葬場はわずか三カ所。そのうち下館市と真壁町は老朽化し、下館市の火葬場では、焼くのに時間がかかりすぎるため、その日に骨拾いができず、隣の結城市の火葬場まで運ぶ人が多く「これでは仏も浮かばれない」と苦情も強かった。

先の大和村の場合は、近くに火葬場がないため、ほとんどを土葬にしている例だ。各部落に共同墓地があり、一戸当り二平方メートルを借りているが、埋葬体が完全に土になる前に、新しい仏がでて埋葬に困るという例も出ている。その他の市町村でも、住宅地が墓地近くまで広がり、臭気や井戸水が汚染するなどの〝公害騒ぎ〟も起きている。

このため、七市町村は筑西火葬場組合（管理者松岡竜雄下館市長）を作り、いま下館市川島の鬼怒川べりに火葬場を建築中だが、建物は鉄筋コンクリートの合掌作り、待合室にはシャンデリア、庭には噴水池のある優雅なムード。同火葬場から一番遠く、二十キロ離れた大和村も同組合に参加。二千円の火葬料は村負担で、火葬を援助するという。

この記事から、茨城県西部の市町村では「もはや土葬の時代ではない」との認識から、火葬場新設に踏み切ったことがわかる。ここで興味深いのは、「土葬＝前時代的、火葬＝現代的」との図式がみられ、葬法に時代的価値が付加されて認識されていることである。そして、その背景には、全国平均に比べて、火葬率が極端に低いこと、土葬墓地の近くまで住宅が広がり、臭気や井戸水の汚染が起こるという公害問題化しているところにある。しかし後に述べるように、ちょうどこの頃、都会では火葬による臭気が公害問題化している。

ところで、この記事から葬法をめぐる認識が、昭和四十年代半ばに、時代感覚を背景として転換したことを示していることが読み取れる。その「時代感覚」とはまさに「近代化」意識と呼べるものとなる。この記事にしたがえば、「時代感覚」とは世間やマスコミの問題であり、地元の住民には無縁のものであった。だからこそ、土葬がなくならなかったといえる。そこでとられた方策が、シャンデリアを待合室につけ、火葬場らしからぬ建物にしたということであるが、これは第三章に述べるように火葬場に対する負のイメージを払拭するためになされたとも考えられる。そして火葬料を行政が負担することで、火葬を増やし、とにかく前時代的な地域イメージから脱却しようと行政努力していることがわかる。

⑨　近所への遠慮による受容

地縁的な互助組織への遠慮から火葬を行うという地区もある。

〈事例6〉岐阜県加茂郡白川町切井（一九九〇～二〇〇三、著者調査）

岐阜県東南部の山間農村であり、戸数は約三百。現在でも土葬は可能だが、土葬をお願いするのは葬式の地縁的互助組織であるツリハンに申し訳ないという。ツリハンは葬式の一切をまかなうが、中でも穴掘りはとても大変な作業だといわれている。

切井では穴掘り役はノカタ（野方）と呼ばれ、とくに大変な仕事である。かなり大きな穴を掘らなければならないだけではなく、石神の例でもあげたが、以前に埋めた骨が出てくるので気分はよくないとのことである。そのために土葬をお願いするのに気がひけるということであった。穴掘り役が大変な仕事であるのは、切井にかぎったことではなく、神奈川県綾瀬市では穴掘り役はタイヤクと呼ばれ、本膳の際には僧と並び床の間の前の正座に座らせるだけではなく、引き物も二人分渡されたという（『深谷の民俗』［綾瀬市秘書課市史編集係　一九九四　二六四］）。

また上杉妙子によると、長野県立科町では現在でも土葬は不可能ではないが、「土葬は元来、五人組、講、クルワなどの互助組織により行われてきたのであるが、給与生活者の増えた現在、穴掘となるとわざわざ休暇をとってもらわなくてはならず、頼みづらくなった」［上杉　二〇〇一　一五三］ということであり、生活状況の変化が土葬を維持しづらくしていることがわかる。また穴掘りは精神的にも負担が大きい。先にも見たように、安易に墓地を広げることができない。ということは、新たな墓地は古い墓地の上に作ることになる。したがって、穴を掘っていると、前に埋めた人の骨が出てくるという。

ここでの事例では、社会に対する遠慮により、土葬ができなくなっているということであり、共同体に対して負担をかけないようにしようとの配慮が働いているといえる。その意味において、これはいたって社会的な動機によるものということができよう。そして、その配慮は生活基盤の変化が根底にあるためということができる。

ただし、火葬だからといって楽かというと、そういう訳ではない。切井ではカロートに骨壺を納めるだけになっているが、神奈川県足柄郡山北町の調査報告の中で、野焼きの時代には、火葬はとても嫌な仕事で、酒でも飲まなければやっていられないと言われていたという（『足柄の民俗（Ⅲ）』［神奈川県立博物館　一九八六　一一六］）。

しかし、火葬場が完備されると、ノヤキのような嫌な思いはしなくてもよくなる。そしてカロートに納めるだけが仕事となるのである。そのために土葬を行うにあたり、多くの労力と精神的負担を考えた上での土葬を遠慮して火葬にという配慮が働いたということができる。

これらの資料から明治以降の火葬の受容において外的要因と内的要因に分けて捉えるならば、外的要因によるものが多く、内的要因は墓制との関連という現世の現実的問題によるものであったことがわかる。外的要因とは、民俗自身の自発的な動機ではなく、外からの圧力による変化ということになるが、その圧力は具体的には「法」という政治的・行政的なもの、また新興住宅地の住民への遠慮、そして近隣の互助組織への配慮であった。その政策的・行政的圧力は「思想的」「衛生問題」「時代遅れ感覚」を背景とするものであるが、これらは「上」から強制されたものであり、庄屋が率先して行ったことによる火葬化は、大きな政治的圧力ではないが、小社会の中での政治的意図が感じられるものであろう。また新興住民や互助組織への遠慮は社会的圧力によるものといえる。

これらの要因はどれも他界観や死生観とは無関係である。つまり、近代の火葬は死生観念とは別のところで受容されたということができるのである。

第二章　火葬の歴史的展開

日本での火葬は、近代になってはじめて導入されたものではない。古代にはすでに行われていたことが記録や考古学上の遺跡から明らかとなっている。また近世になると「火葬」の記録が散見する。

本書はテーマの中心を近現代における土葬地区での火葬の受容に置くが、近現代の火葬との関連性の問題も考えられる近代以前の火葬を取り上げることにする。

第一節　古代の火葬

一　火葬の記録

芳賀登によると日本での火葬の記録上の初見は『続日本紀』文武天皇四年（七〇〇）の僧道昭のものである［芳賀　一九七〇　二六～二七］という。それは三月十日の項に「火葬於栗原天下火葬従此而始也」の部分であるが、『続日本紀』自体の記述においてもこれが火葬のはじまりとしている。ただし、考古学上の成果から、これ以前に火葬が行われていたことを認めている［芳賀　一九七〇　二一七］。また新谷尚紀は、「朝鮮半島渡来の須恵器政策集団と思われる人々の間では、文武四年（七〇〇）の僧道昭にはじまる仏教式火葬をまたずして、すでに火葬の採用が行われていたということが、昭和三一年の大阪府堺市と陶器千塚中のカマド塚の発掘により明らかとなった」［新谷　一九八六b　一七四］といい、その後も六世紀後半から七世紀初頭における火葬の遺跡が発見されている［新谷　一九八六b　一七四］という。このことから、記録上の火葬以前に火葬がすでに行われていたことがわかるが、当時の火葬の具体的な様式はわからない。本章では、火葬がどのような形式および意味で行われたかをみるために、記録上の初見とされる道昭以後の様相を記述された史料をもとに概観し、その意味を捉える。

『続日本紀』は『日本書紀』に続く、古代の歴史書の一つである。編年体で記述されており、年代的な動きを見るには好都合であるが、基本的には為政者のための歴史書であるために、その内容は為政者の立場に立って書かれたことを考えに入れる必要がある。本節で問題とするのは、古代の葬法である。したがって葬法がわかればよいのであり、あまり細かいことまで追究することはもとめない。

『続日本紀』にしたがえば、道昭は河内国丹比郡の出身で、孝徳天皇白雉四年（六五三）に入唐し、玄奘三蔵の教えを受け、帰国後禅を教え、また諸国を周遊して井戸を掘り、宇治橋をかけたとある。死後に火葬することを遺言し、火葬された。道昭は仏教者として、自ら火葬を実践することで、仏教の教えを社会に示したということができる。するとこの記録上の「天下火葬従此而始也」は、仏教的な意味においてのはじめての火葬ということになる。

しかし、塩入伸一は以後の、火葬への僧の関与の在り方から、「火葬の採用は、「薄葬」を推進する手段としての観が強」く「仏教葬としての由来をもって導入された火葬がどれほどの意識をもって継承されたものか、また死後観に対しても拘束力をもっていたかどうかは疑わしい。むしろ死体を処理する一種の技法、一つの文化として消化され、仏教葬的な意味合いは強調されることなく、しばらくは反対に薄れる傾向にあったのではないかともおもわれる」［塩入　一九八八　一一四］と述べている。『続日本紀』の記録を詳しく読むとわかるが、後の葬儀としての火葬自体に僧の関与に関する記述がみられないのである。

塩入の意見にしたがえば、道昭などのこの記録による火葬は仏教の葬法として導入されたが、それは後に宗教的（仏教的）な意味による葬法としては定着しなかったということになる。芳賀登も考古学の成果から「火葬は、大化薄葬令の浸透に比例して地方へひろがり、奈良時代に全国に浸透した」［芳賀　一九七〇　三六］と述べている。塩入と芳賀に共通していることは薄葬の意識が火葬の受容を助けたということである。ただし、記録上では芳賀の指摘するような「ひろがり」についてはは確認できない。ここでは火葬の受容が薄葬意識を背景とするものであったことが確認されるだけである。

また堀一郎は「仏教式火葬の流行と並んで、別に養老の軍防令の中に、軍役軍陣の間の死せる者の屍は当処に焼き埋む、とあり、同じく賦役令の中には、丁匠の役に赴きて身死せる者、若し家人の来り取る者無きは焼く、とあって、宗教的というよりはむしろ行政上、衛生上の処置として火葬する風も一方では存在していた。即ち上代火葬の風の起るには二つの動機があったことが知られる」［堀　一九五一　二一二］と述べている。堀は、火葬を仏教的なものと並び、行政上・衛生上の問題を背景として行われたと捉えている。

以上の見解にしたがうならば、古代の火葬は仏教の実践という宗教的なただ一つの動機により深化し展開したものではなく、その他のさまざまな要因によって行われていたということができる。

『続日本紀』には天皇を中心とする葬送の記録が散見する。新谷尚紀は『日本人の葬儀』［新谷　一九九二］の中で、天皇の葬送儀礼についての詳細な表を作成している。『続日本紀』には皇后や臣下など天皇以外の葬送の記録もみえる。次に、新谷のもとめた表と重複する部分もあるが、儀礼の様式に視点をおいたものではなく、葬法、つまり故人がどのように葬られたかを『続日本紀』から天皇だけではなく、皇族、近臣を含めて葬法が明確な記述部分を抽出し概観する。

道昭	文武四年	(七〇〇)三月十日	遺言により火葬。遺灰取り合う。風がふき遺灰消失。
持統天皇	大宝二年	(七〇二)十二月二十二日	崩。
		十二月二十九日	西殿に殯。
	三年	(七〇三)十二月十七日	飛鳥岡で火葬。
		十二月二十六日	大内陵（天武天皇）に合葬。
文武天皇	慶雲四年	(七〇七)六月十五日	崩。
		十一月十二日	飛鳥岡で火葬。
		十一月二十日	檜隈安古山陵に葬。
元明天皇	養老五年	(七二一)十月十三日	大和国添上郡蔵宝山雍良岑に竃を造り火葬し、他所へ改葬しないことを詔。
		十月十六日	再詔。
		十二月七日	崩。
		十二月十三日	山倭国添上郡椎山陵に葬。
聖武皇太子	神亀五年	(七二八)九月一日	薨。二歳。

長屋王　天平元年　（七二九）二月十二日　王を自尽させる。
　　　　　　　　　　　　　　　二月十三日　生馬山に葬。
　　　　　　　　　　　　　　　九月十五日　那宝山に葬。

元正天皇　天平二年　（七三〇）九月二十五日　太政大臣藤原朝臣（不比等）の墓を祭らせる。
　　　　　天平二十年　（七四八）四月二十一日　崩。
　　　　　　　　　　　　　　　四月二十八日　佐保山陵にて火葬。
　　　　　　　　　　　　　　　十二月十八日　遣使、佐保山陵を鎮祭。
　　　　　天平勝宝二年（七五〇）十月十八日　奈保山陵に改葬。

宮子（文武皇后）　天平勝宝六年（七五四）七月十九日　崩。
　　　　　　　　　　　　　　　八月四日　佐保山陵にて火葬。

聖武天皇　天平勝宝八年（七五六）五月二日　崩。
　　　　　　　　　　　　　　　五月十九日　佐保山陵に葬。

仁正皇太后　天平宝字四年（七六〇）六月七日　崩。
　　　　　　　　　　　　　　　癸卯　大和国添上郡佐保山に葬。

称徳天皇　宝亀元年　（七七〇）八月四日　崩。
　　　　　　　　　　　　　　　八月十七日　大和国添下郡佐貴郷高野山陵に葬。

高麗の使三十人　宝亀七年　（七七六）　越前国江沼加賀二郡に溺死者漂着、当国に埋葬。

光仁天皇　天応元年　（七八一）十二月二十三日　崩。

延暦元年（七八二）一月七日　広岡山陵に葬。
八月一日　大和国に遣し、改葬のための山陵地をみさせる。
延暦五年（七八六）十月二十八日　大和国田原陵に改葬。

光仁皇后
延暦八年（七八九）十二月二十八日　崩。
延暦九年（七九〇）一月十五日　大枝山陵に葬。

桓武皇后
延暦九年（七九〇）閏三月十日　崩。
閏三月十六日　長岡山陵に葬。

『続日本紀』は文武元年（六九七）から延暦十年（七九一）の記録であるが、この中での明確な火葬の記録は、道昭・持統天皇・文武天皇・元明天皇・元正天皇・文武天皇皇后の宮子の六人だけである。ただし、元明天皇については、「不用喪儀由遺詔也」とは記述されているが直接「火葬」の記録があるわけではない。養老五年（七二一）十月十三日の項に、火葬して改葬しないとの遺言が記され、さらに、十月十六日には再び詔されたことが記されていることを考えるならば、元明天皇も火葬されたとすることが妥当であろう。新谷［新谷　一九九二］や塩入［塩入　一九八八］も元明天皇は火葬されたと捉えている。

さらに、塩入は「火葬受容の略年表」で藤原武智麻呂が天平九年（七三七）八月五日に火葬されたことを記している。これは「藤原氏家伝」によるもので、没日時は天平九年七月二十五日となっている。

以上の記録から、藤原武智麻呂の火葬を考慮に入れたとしても、日本古代の火葬は文武四年（七〇〇）から天平勝宝八年（七五六）まで約五十年の間に行われたことが記録上確認できるが、以後、延暦十年（七九一）まで、「火葬」の語句、および火葬がなされたことを推察させるような記録はみられない。この時代以後、火葬が行われたことが推察されるのは、淳和天皇の承和七年（八四〇）五月十三日の散骨の記述である。これは『続日本後紀』に記録されている。すると、記録上は八世紀後半から九世紀前半にかけての約百年間、「火葬」の記述がなかったことになる。淳和天皇の火葬は薄葬が大きな目的である。ここであらためて薄葬が意図されることを考えるならば、八世紀前半に行われていた薄葬を目的とした火葬も、仏教的意味によるものと同様に定着しなかったことになるだけではなく、淳和天皇の頃にはまだ大規模な「葬」が行われていたことになる。『続日本紀』の時代の「薄葬」が「土葬」から「火葬」への動きとして捉えられるとするならば、再度「薄葬」が言われていることは、天平勝宝八年（七五六）以降、「土葬」にもどったということが推察されることになる。このように捉えるならば、ここまでの記録からは火葬が行われたのはかぎられた期間ということになる。実際に記録をみると、「火葬」と記述されていない場合は、「葬」と記述されている。ここで、この「葬」がどのような葬法を表すのか、考える必要がある。本当に「土葬」に戻ったのか。あらためて淳和天皇の散骨は強い遺言によるものであり、そのことを考えるならば、従来の葬法に戻っていたためと考えるのが妥当ではないか。このように考えるならば、少なくとも天皇など高い身分の人々の葬制としては、八世紀後半から九世紀前半にかけての約百年間は「火葬」が行われなかったことになる。また文武天皇の記述において、慶雲四年（七〇七）六月十五日に崩御、十一月十二日に飛鳥で火葬、十一月二十日に「檜隈安古山陵に葬」とある。ここでの「葬」の使い方を見るならば、「山陵に葬」という形で使われており、この場合の「葬」は埋葬を意味することになろう。とするならば、一般的には「葬」＝「埋葬」と解釈できるのではないか。埋葬に先立って火葬が行われている場合には埋骨となる。このことは先の推察を示唆するものとして捉えられよう。

ただし、宝亀七年（七七六）に高麗からの使い三十人が溺死し漂着した記録には「埋葬」とあり、この時代の他の天皇などの記録とは異なる書き方をしている。この場合、「葬」とは式を伴ったものと解釈するならば、八世紀後半の「葬」の意味も変わってくる。あくまでも皇室での葬法としての背景があることが考えられる。しかし本書では当時の葬式の在り方全般を捉えるのではなく、あくまでも火葬の在り方を捉えるものであり、「葬」は埋葬ということで論を進める。

天皇家など皇室や身分の高い豪族が特殊階級の意識を持っていたとするならば、一般に火葬が広まったとき、逆に土葬に傾くことも考えられる。芳賀は『続日本紀』の頃には「火葬はしだいに貴族にも普及していったと考えられる」［芳賀　一九七〇　一一八］と述べている。すると先に指摘したように約百年の間、火葬の記述が途絶えていたことは、皇室と貴族との差異を明確にするために、「葬」が行われていたのではないだろうか。第四章に述べるように、葬法と社会的意味とは連関して捉えられるのである。

奈良時代になると、『万葉集』の挽歌に散骨を歌ったものがあることから、藤井正雄は、火葬が「奈良時代にはかなり一般的な葬法であった」とする［藤井　二〇〇〇　四一］。藤井は散骨が火葬を前提として行われることに着目して、火葬の一般化について指摘するのである。また、芳賀登は考古学の成果から、火葬が奈良時代に全国的に浸透した［芳賀　一九七〇　三六］と指摘する。藤井、芳賀のいずれの見解によっても、奈良時代には火葬が一般化していることになる。しかし一般民衆の当時の葬送記録は見当たらず、本項では『続日本紀』を中心として、皇室の火葬の形式をみることにする。

二　古代の火葬の形式

元明天皇の遺言に「大和国添上郡蔵宝山雍良岑に竈を造り火葬」とある。この遺言から火葬が竈によって行われていたことがわかるが、これ以上の様子は不明である。しかし、記述の在り方から、火葬用の竈は常設されたものではないことが推察される。元明天皇は天皇としては三番目に火葬されている。それが遺言で「竈を造り」としているためである。

火葬後の遺骨の処理はどのようになっていたのであろうか。道昭は火葬後、弟子が遺骨を奪い合ったところ、風が吹き遺骨が消失してしまったとある。これをそのまま受け取れば、意図的ではないにしろ、散骨が行われたことになる。ここでは遺骨は奪おうとする人々の存在に反し消失する。これは、遺骨をもとめる生者と仏教を実践した道昭との観念的隔たりを示すということができるかもしれない。このまま読み取るならば、火葬が仏教的な意味合いで導入されたとはいえ、生者――ここでは弟子とあり仏教者である――にとっては遺骨に対して、特別な感覚があったことを示しているといえるかもしれない。弟子は仏教者でありながら、まだ道昭ほどの境地に至っていなかった。遺骨が「師道昭」とのつながりの証として考えられたのかもしれない。遺骨を奪い合ったということは、「遺骨」に何らかの意味があったためと捉えることはできよう。

道昭に次ぐ火葬の記録は持統天皇である。持統天皇は崩御後、約一年して火葬され、その九日後に天武天皇と合葬される。ここで興味深いのは、持統天皇が天武天皇陵に埋葬されたということである。天武天皇は土葬であるが、土葬による陵にともに祀られたということから、火葬後の遺骨が、土葬による遺体と同じ意味を持っていたことが推察される。文武天皇は崩御の約五ヵ月後に火葬、その八日後に埋葬される。元正天皇は崩御後七日で火葬される。

元正天皇の火葬後の埋葬については記録がなく不明であるが、二年後に改葬されたとの記録がみえることから、埋葬がなされていたことがわかる。しかし、元正天皇の場合、火葬のあとに、火葬した場所で「鎮祭」が行われ、その後に改葬されている。この場合の「改葬」とは何を意図したものであろうか。火葬骨を埋葬し、それをさらに別の場所に埋葬しなおすということになる。後に述べるように「土葬─改葬」は一般的にも確認されているが、『続日本紀』では元正天皇と光仁天皇のみに記述が見られる。光仁天皇の場合には「火葬」との記述ではなく、「葬」とだけ記述されており、先にもみたように、土葬と考えられる。そして改葬に四年を要している。しかし元正天皇の場合は改葬まで二年である。これはすでに火葬により白骨化が終わっていたか、あるいは火力が弱いために火葬では完全に白骨化することはできないが、それでも白骨化は早まるだろう。そのために、改葬までの時間はそれほど必要なかったということだろうか。それでも、光仁天皇の四年ではまだ白骨化はすすんでいないだろう。ただし、元明天皇の遺言の中で、「改葬はしないこと」とあることから、「改葬」が皇室では一般的に行われていたことがわかる。とするならば、道昭以降に行われるようになった天皇の「火葬」も、持統天皇・文武天皇では「改葬」の記述はないが、少なくとも元明天皇の中では、従来の「土葬」の方法が「火葬」に置き換わっただけとの認識であったことが読み取れる。そのために薄葬を意図するのに、「火葬」にすることだけを遺言するのではなく、その後の処理まで言及したのであろう。

さて本項で問題としたいことは、火葬の後始末である。『続日本紀』による火葬は、道昭を除いて、「火葬─埋葬」の手順により行われていることがわかった。そしてその期間はだいたい一週間前後となっている。

次に空間的な問題がある。遺体および遺骨を埋葬した場所は現在では墓としての空間を形成する。当時の天皇の場合は陵である。『続日本紀』によると、天平二年（七三〇）に藤原不比等の墓を祭らせ、また延暦四年（七八五）

には、山科山陵（天智天皇）、田原山陵（光仁天皇）、佐保山山陵（聖武天皇）に皇太子を廃する旨の報告をしている。また『日本後紀』には延暦二十四年（八〇五）に、山科、後田原、崇道天皇三陵に唐国からの献物をした記録がある。さらに、『続日本後紀』の天長十年（八三三）には、後田原、八嶋、楊梅、柏原、長岡などの山陵に唐物を奉った記録があり、『日本後紀』には、弘仁元年（大同五年・八一〇）には吉野陵（井上内親王）で僧に読経させているいることがみえる。

これらの記録にしたがうならば、八世紀前半以降に墓を「祭る」ことが行われていたことが確認される。「祭り」は記録上は供物を奉るだけであり（八一〇年の吉野陵での僧の読経は例外的）、その他の具体的な儀礼様式についてはわからないが、具体的な個人名のもとに「祭り」が行われていることから、墓に故人の残影をもとめる観念の存在をみることができよう。そしてその時代は、記録から「火葬」の文字がなくなった時期と符合するのである。これを土葬への回帰の時期と捉えるならば、火葬が継続しなかったのは、社会的意味だけではなく、遺骨では故人の「存在」観念が稀薄であったという意識を捉えることができるのである。ここでいう「存在」は観念的に認識される対象としての存在という意味である。または薄葬意識の低下によるものととることもできよう。

ところで先に、藤井正雄が奈良時代には散骨が行われていることを指摘していることを紹介した。ここでは、散骨そのものを問題にする。散骨はいうまでもなく、火葬後の遺骨を撒くことであり、そのために遺骨はまとまりとして残らない。道昭の事例において、最終的に遺骨が風に吹かれて消失してしまったことは、意図的ではないにせよ散骨と同意義であろう。しかし意図していないとするならば、火葬の導入が散骨をともなっていたかどうかまではわからない。しかし、あえて近世の真宗の火葬と比較するならば、遺骨にはそれほどの意味は持たされていなかったことを示す例として道昭の例から見て取ることができる。真宗の火葬の場合、宗教的意味が大きい。薄葬の観念が背景にあるとしても、仏教的要素の一つとして導入されたとすれば、遺骨そのものへの執着は少ないと考えられる。したがって、薄葬の観念と結びつき易かったのではないか。しかし、道昭以外、その後に続く天皇は遺骨が埋葬されている。このことからも、土葬時代の観念を遺骨に持たせていた。つまり仏教的な観念だけで火葬されたわけではないということができる。

散骨の記録上の初見は、『続日本後紀』の承和七年(八四〇)、淳和天皇の散骨である。五月八日に崩御し、十三日に山城国乙訓郡物集村で夕方から「葬」され、「御骨砕粉」し、大原野西山嶺上に散骨された。この記録では「火葬」の語句は見られないが、内容から、「火葬—散骨」の手順による葬法が行われたことがわかる。

淳和天皇の散骨は先にも述べたように遺言によるものであり、それは薄葬を強く意識したものである。したがって、散骨が薄葬の一形態として捉えられていたということができる。とするならば、具体的に散骨と葬送の観念はどのように結びついていたのであろうか。淳和天皇の遺言によれば、「人歿精魂帰天而空存冢墓」ということである。つまり、死後の遺体には魂がないということであり、ここに霊魂が死後肉体から抜け出るとの観念が見て取れ、さらに死後の肉体には意味がないという意識・観念をみることができる。そして、この観念が散骨を可能にしたのであろう。とするならば、九世紀半ば頃には、霊肉二元論の観念があったことがわかる。

以上のことから、古代においての火葬は、

火葬—埋葬

火葬—散骨

との形式により成り立っていたということができることになり、さらに、埋葬は土中に埋めることを考えるならば、「土葬」に、また、散骨は遺骨を撒き散らすことから「風葬」に、それぞれ比定することができる。一般に「風葬」とは、遺体を野ざらしにして朽ち果てさせる葬法をさすが、最終的には「消失」を期待するものである。ここでは「消失」という部分を強く意識するという意味において「散骨」を「風葬」に比定した。このように考えるならば、古代の火葬は、

火葬―土葬
火葬―風葬

という形で、第一次葬としての火葬と、第二次葬としての「土葬」あるいは「風葬」との合成で成り立っているということができる。つまり、火葬は二段階的な構成となっているということであり、「火葬」は火葬として単独では成立していないということである。そして、このような二段階的な組み合わせに着目するならば、「火葬―土葬」は八世紀前半、「火葬―風葬」は九世紀半ばから顕著にみられる時代的な構成として捉えることができることになる。そこに、観念的な経過を読み取ることができるかもしれない。しかし、これが当時の一般的な観念であり、それに伴う葬法であったかどうかは史料および資料が乏しく不明である。あえて読み取るならば、当初の薄葬意識が定着せず、それを天皇自ら遺言することにより、定着をはかったということができる。そして、ここでは「遺骨」の無意味性が認められるということになる。なお高取正男は「貴族の信仰生活」の中で、「この時代の貴族たちの葬儀の様子をみると、多くは火葬で、火葬場までは大勢の親類縁者が参集して哀悼の意を表する。だが、いよ

いよ荼毘にかかるころには大部分のものは鴨川などで祓いをすませて家に帰り、あとは故人の乳母の子といった、縁者ではあるが身分的に下のものが骨を拾って壺に納め、それを首にかけて持ち、わずかの僧侶が随行して墓所に納める。その墓所も石の卒塔婆を建て、周囲に忌垣とよぶ木棚をするくらいの簡素なもので、今日でいう喪主にあたるような肉親のものは、かえって骨納めなどに参加しないのが通例であったらしい」［高取　一九八三　一一三］と述べている。ここで興味を引くのは、集まった親類縁者が火葬前に鴨川で祓いをしたという記述である。このことは、火葬地が山ではなく鴨川のすぐ近くにあったことを示している。また火葬に立ち会い骨を拾う者は身分が下の者であることは、「薄葬」意識の浸透によるものであろうか。納骨にも「今日の喪主にあたるような肉親」は立ち会わないのである。しかし、これらのことは、後に述べるような伝統的な葬法において、「死」＝「現世からの追放」＝「非現世への移行」という図式として読み取ることもできる。現世側の人間が葬が完結するまで関わらないためである。上の図式は伝統的（「伝統的」の意味付けは後に行う）火葬においてもみることができるのであるが、このような観念がすでに古代から中世期にみられることも興味深いことである。

第二節　中世の火葬

一　『吾妻鏡』にみる火葬の記録

古代においての火葬は、八世紀の前半には仏教の影響を受けながらも、従来の土葬の観念が優越し、九世紀になると薄葬の意識を背景に霊魂二元論が観念されたことから散骨が行われたと考えられる。ただし、八世紀前半の火葬では、その受容が仏教的な意味によるものであったかもしれないが、塩入にしたがうならば、その意味は定着しなかったことになる［塩入　一九八八　一一四］。土葬の観念が優越していたとしたら、当然のことであるが、そのために、八世紀後半には火葬が行われなくなってしまったといえるかもしれない。先に紹介したように、奈良時代には火葬が一般化していたとの見解もあるが、上で述べたように、簡単に一般化していたということには抵抗がある。

では中世にはどのようであったか。『吾妻鏡』から当時の火葬の記述を概観する。『吾妻鏡』は鎌倉幕府の歴史書であり、幕府の目からみた歴史が記されたものである。そのために、幕府の法令や幕府の動向などが詳しく記述されている。そのために民衆についての記述は古代と同じく乏しい。また政治的な記述が中心であるために、葬法についての記述はほとんどみられない。それでもいくつか葬法がわかる記述がみられた。引用したものは貴志正造訳注『全譯　吾妻鏡』である。

文治四年（一一八八）十月十日［巻八］

巳の刻、窟堂の聖阿弥陀佛房、勝長壽院に詣でて禮佛し、退出するの後、路において頓滅す。年八十四歳希有の事なり。すなはち當寺の供僧良覺が沙汰をして、棺に入れ、亥の刻斂送す。藁をもって火葬すと云々。およそこの間、人庶多くもつて頓死ありと云々。

建暦三年（一二一三）三月二十一日［巻二十一］

和田平太胤長が女子字は荒鵈年六父の遠向を悲しむの餘りに、この間病悩し、すこぶるその恃み少なし。しかるに新兵衛尉朝盛、その聞えはなはだ亂長に相似たり。よつて父歸り来るの由を称して訪ひ至る。少生いささか擡頭して一瞬これを見、つひに閉眼すと云々。同夜火葬す。

嘉禄元年（一二二五）七月十二日［脱漏］

寅の刻、二品家の御事披露あり、出家の男女濟々たり。民部大夫行盛最前に素懐を遂げをはんぬ。戌の刻、御堂御所の地において火葬したてまつる。御葬の事は前陰陽助親職朝臣沙汰せしむ。

天福元年（一二三三）六月八日［巻二十九］

京都の使者参著す。五月晦日丑の刻、近衛禅定殿下、普賢寺殿において薨ず。御年七十四日来御不例なり。去ぬる一日火葬す。御骨は高野山に納めたてまつるべし。遺言により御追善ならびに葬家あるべからずと云々。

二　中世の火葬の様相

記事が少なく、中世全体を見渡すことができるものではないが、上の史料から、鎌倉時代にも火葬が行われていたことがわかる。とくに「嘉禄元年七月十二日」の記述中の「二品」とは北条政子のことであり、幕府の最有力者が火葬されたことは興味深い。政子は前日の十一日丑の刻に他界しているが、死亡が発表されるのは十二日の寅の刻であり、その日の夜半に火葬されていることになる。また「御葬の事は前陰陽助親職朝臣沙汰せしむ」とあり、葬儀に陰陽師が関わっていたことがわかる。

また「文治四年十月十日」に死亡した「窟堂の聖阿弥陀佛房」は「巳の刻」に死亡し当日の「亥の刻」に火葬さ

れている。つまり朝死亡し、その日の晩には火葬されたということになる。さらに、「建暦三年三月二十一日」に死亡した女子もその日の夜に火葬されている。このように死亡、あるいは死亡の発表から火葬までの時間が古代に比べて短いことが特徴としてあげることができるかもしれない。そして火葬は夜に行われていることがわかる。

火葬の方法についての記述はみられないが、「窟堂の聖阿弥陀佛房」を火葬にする際に、「藁をもって火葬す」との記述があり、藁で火葬したことがわかる。相当量の藁を必要とし、またかなりの時間がかかったことが推察される。

ところで、鎌倉では一五世紀から一七世紀のものと思われる埋葬された人骨が発掘されている。大三輪龍彦はこの時代は鎌倉はすでに政治の中心ではなくなっており民衆の墓であるとし、副葬品もみられることから「定められた風葬の地に放置するといった民衆の墓所が個人の墓という意識のもとに作られた墓といえよう」［大三輪　一九八五　三九］と述べている。大三輪の視点は個人墓の形成にあるが、本論の視点でみるならば、「埋葬」された人骨が発掘されたことにある。『吾妻鏡』では身分の高い人の火葬の記録がみえたが、その他の民衆は土葬されていたことを示すことになる。このことは、第四章第二節で述べる葬法の社会的特化との関連で捉えられ、興味深いことである。

以上は鎌倉での様相であるが、勝田至は『死者たちの中世』［勝田　二〇〇三］で、平安時代から鎌倉時代にかけての京都の葬送の様相をまとめている。それによると「院政期から鎌倉時代にかけては、死者を土葬や火葬にせず、地上にそのまま置く葬法がかなり普通に行われた。（中略）地上への放置は主として貧しい階層で行われていた」［勝田　二〇〇三　二一］とあり、当時の死体放置の実態を明らかにしている。勝田の指摘にしたがうならば、中世には地縁的な意味で民衆で葬儀を行うことはほとんどなかったということになる。

第三節　近世の火葬

一　「諸国風俗問状答」にみる近世の火葬

1　「諸国風俗問状答」

本節では近世での火葬の様相を概観する。近世の様相を知る手がかりとなるものに「諸国風俗問状」に対して「答書」がある。「諸国風俗問状」は文化十二・三年（一八一五・一六）に屋代弘賢により出された、全国の習俗のアンケート形式による調査票であり、多くの国がその質問に対する答えを寄せている。アンケートの内容は年中行事・人生儀礼や一般習俗であり、全部で一三一の項目から成り立っている。その中の一一七から一一九が葬送儀礼に関するものであり、とくに一一七は「土葬・火葬其躰如何様候や、子息、親類、衣服何様に候哉。忌服中如何様に相慎候哉、穢れをさけて祓いなとする事も候哉」とある。葬法、衣服、忌、祓いなど、我々が葬送儀礼の調査で基本的な問題とする事柄が質問事項とされており、大変参考になるものである。とくに本書では「土葬・火葬其躰如何様候や」との質問に対する答えには、とても興味深いものがある。また「国」に対する「問状」であるため、一国内の地域差まではあまり意識されておらず、回答も回答者の知り得る範囲だけで返答している。そのために厳密性にやや欠けることがいえる。それでも「土葬であるが、真宗は火葬」というような記述が見られ、国内の様相を知る手がかりにはなる。また国により、回答の仕方がまちまちで、すべての国の様子を知ることはできない。それでも屋代の調査票に対する返答という形式を、意識した回答であることから、幾つかの国では、江戸時代後期の様相を知る貴重な史料ということができるであろう。
ここで、まず「淡路国風俗問状答」から一一七の部分をみることにする。

所々小異有。土葬・火葬の外異なる事なし。疫病にて死去の者は、土葬せぬ所もあり。厚き親類は、葬送の時、男は白布を着、女は白布を被き、忌中月代をせぬ事は何方も同じ。或は白衣・麻上下白装束、又無紋浅黄麻上下着る所も有。物部組には、葬送の夜、盥に水を入置ば、亡者来て足を洗ふ、翌朝其水を見れば砂有由云傳ふ。又死衣を縫に、針に糸を付提渡し、又糸の端を不結して、襟なしに縫立、左前に着せしむ。又物さしを手より手に渡し、剪刀を投渡し、或は死人を西面北枕に臥しめ、出棺のとき、親族佩刀の柄を紙にて巻、青竹の杖を持、藁の草履をはき、道筋にて轉ぶ事を忌む。其草履は、歸の筋道にて脱捨、又元の道へ不歸、道を替て歸り、戸口に入、足を洗に手を不用、足と足と摺洗ひ、死後願解と云て、死人の平生着する所の衣を逆さにして振ふ。是一生のこの置たる諸願を、是に解く由云傳。市組の内には、葬送の戻り家へ入時、戸口敷居際に盥に水を入置、内へ入時片足を漬初るに、臼の上に箕に米を入たるを一二粒後へ抛る事有。委文組の内には、三日仕上墓参の戻り、戸口敷居の上に皿にはつたいを入置、竹木の箸にて食す。是も所々に有。忌服は、服忌令に據れども、其所の氏神により、五十日・百日・十三ヶ月慎方少々宛違ふ。忌明往来の節、旦那寺・山伏等頼み、祓する所も有。又沼島浦に青竹の杖突、泣婆々と云事あり。

この文章を読んでわかるように、「諸国風俗問状」に対する「答」がかなり詳しく記されていることがわかる。ただしすべての「答」がこのように詳細なわけではない。またここであげた「淡路国風俗問状答」は火葬の様子が記述されたものではない。「疫病にて死去の者は、土葬せぬ所もあり」との記述から、江戸時代後期の淡路国では土葬が中心であったことが推察される。しかし、ここでこれを取り上げたのは、その内容からである。

①葬送のとき、親類は白い着物を着る。
②死者の着物を縫うときには、糸の端を結ばない。
③死者は西向き北枕に寝かす。
④葬送の帰りに、履いていた草履を脱ぎ捨てる。
⑤葬送の帰りに道を変える。
⑥帰ってきたときに足を洗う。
⑦願解きとして、死者が普段着ていた着物を逆さにして振る。

ここで箇条書きしたものは、「淡路国風俗問状答」に示された葬送の内容である。その中で、「泣婆々と云事あり」のように、現在での確認が困難なものもあるが、それでも泣き女については、今村勝彦が『族と伝説』の中で「岡山縣府中町附近」で「泣き人」について報告している［今村　一九三三　一三五］。その他は現在の調査でも確認できるものである。

民俗学における調査は聞き書きによるものであり、そのために得られた史料は基本的には近代以降のものということになる。しかし、アンケート形式とはいえ、さまざまな習俗の中で位置付けられたものであることから、単なる史料から資料としての価値を持つものと考える。すると、近世後期の葬送儀礼の様相と近代以降の様相に大きな重なりをみることができ、近現代の葬送儀礼の形式はすでに近世後期には成立していたということができそうである。このことについては新谷も指摘している［新谷　一九九二　二一一］。つまり、葬送儀礼に関しては、近世後期から近代へと連続的に捉えられるということである。

では、「答」から葬法が明確に記述されている部分、および火葬についての記述を抜き出すことにする。

「陸奥国信夫郡伊達郡風俗問状答」

火葬は萬人に壹人、亡者の望による。

「陸奥国白川領風俗問状答」

土地がらにて多分土葬に候。亡者遺言等にて火葬にいたし候も有之。一向宗にては火葬多く有之候。
土葬は棺共埋申候。火葬は藁、薪等にて焼、骨を拾ひ瓶に入候て埋申候。

「出羽国秋田領風俗問状答」

士流は土葬、農、商家火葬、大ようの事に候。

「常陸国水戸領風俗問状答」

火葬は多一向宗也。他宗も間々あり。

「越後国長岡領風俗問状答」

浄土真宗はみな火葬にて、土葬といふ事大かたなきまで也。

「北越月令」

一向宗の農商は皆火葬にて、土葬といふ事大かたなし。新発田の町人土地にて火葬を制さるれは、火葬をこのむは一二里隔たる在へ死骸を持出で、骨にして持懲来り、(後略)。

「三河国吉田領風俗問状答」

土葬、火葬共に死骸を沐浴し(中略)。

右火葬、土葬ともに同じ。

「伊勢国白子領風俗問状答」

大方は火葬にて、埋葬は稀也。

「丹後国峯山領風俗問状答」

御當地にては、土葬に仕候。

「備後国福山領風俗問状答」

土葬多く、火葬はまれに候。

「備後国品治郡風俗問状答」

近郷は火葬は野辺に大釜を構え、棺を上にのせ、柿木、せんだの木などにて焼候。是をいとなみ候者は、多講中とて近隣の者取営み申候。

「備後国沼隈郡浦崎村風俗問状答」

（前略）。火葬の節も右同断。厚き者計り火葬場に持行、茶筌火葬仕葬。終迄親類のもの二三人宛、代り代り相詰居申候。念入の者は、火屋を拵へ候へ共、當時は仕るものも無御座候。翌早朝、火葬場へ僧参り、読経、厚き者共参り、骨を取、墓所へ納申候。

「淡路国風俗問状答」

疫病にて死去の者は、土葬せぬ所もあり。

「阿波国風俗問状答」

土葬・火葬の事、寺土地の有無により、又其家の仕来りに任せ申なり。

「阿波国高河原村風俗問状答」

葬礼の義は、大体土葬に御座候。火葬はまれの義にて御座候。

以上である。「答」は他に、出羽国の「六郡祭事記」「大和国風俗問状答」「若狭国小浜領風俗問状答」「近江国多羅尾村風俗問状答」「備後国深津郡本庄村風俗問状答」「紀伊国和歌山風俗問状答」「肥後国天草郡風俗問状答」がある。「六郡祭事記」はその書名からも、祭事の記録であることが明らかである。また他を含めて、葬法に関しての細かい記述がない。

2 「諸国風俗問状答」にみる土葬と火葬

これらの記録から、江戸時代の後期には、土葬・火葬という二つの葬法の並立的展開が確認できるが、「陸奥国信夫郡伊達郡風俗問状答」「陸奥国白川領風俗問状答」「丹後国峯山領風俗問状答」「備後国福山領風俗問状答」「阿波国高河原村風俗問状答」では、土葬が中心と記述され、「伊勢国白子領風俗問状答」では火葬が中心との記述となっている。さらに、「陸奥国信夫郡伊達郡風俗問状答」や「陸奥国白川領風俗問状答」には、土葬であるが故人の遺言によっては火葬もあり得るとある。しかしそれは「萬人に壹人」とのことであり、実際にはめったにないことを示し、逆に、「伊勢国白子領風俗問状答」には埋葬が稀であることを記述している。土葬・火葬という二つの葬法は、地域的な展開をなしているということができる。地域により土葬が優勢であったり、火葬が優勢であったりするということである。そして、この二つの葬法は記述の在り方から対立的に捉えられているということができる。このことは葬法が社会的背景の中で成立していることを示している。この件に関しては第四章で後述する。

土葬・火葬という葬法の地域的展開の直接的要因は、記録から宗教的な要因であることがわかる。「陸奥国白川領風俗問状答」「常陸国水戸領風俗問状答」「越後国長岡領風俗問状答」「北越月令」には、火葬が一向宗（浄土真宗）と結びついていることが明記されている。このことから、近世期の火葬の受容は宗教的動機、ただし、古代の火葬で確認したような「仏教」という大きな宗教のくくりではなく、その中の「真宗」という一宗派との関係性の上で行われており、その意味では多分にセクト的であるものとして捉えることができる。

もう一つ、火葬の受容にあたり、宗教的ではなく社会的な動機として捉えられるものが認められる。「出羽国秋田領風俗問状答」にみられる一文で、火葬は農商家で行われ、武家は土葬とされているのである。また「常陸国水戸領風俗問状答」には「士以上は儒法を行ふ」とあり「儒道に無之故、士家にては不聞及」と記されている。このことは武家には武家の慣例があったことを推察させるが、葬法としては土葬が行われていた。この記録を信じるならば、葬法に関して、階級差が認められることになる。武家には「儒道」の壁により土葬が厳しく守られ、農商家ではその束縛を受けることがなかったといえることになる。寺石正路が、高知市付近の報告として「人死する時は前古は之を火葬に付したるも寛文以後山崎闇齋、野中兼山の徒、儒葬の土葬説を唱へてより一国其風となり全然火葬を廃し土葬を行ふ」［寺石　一九三三　一五五］と報告している。寛文年間は一六六一年四月から一六七三年九月までである。この報告によれば、江戸時代の前期に火葬であったものが、儒学的思想を背景に土葬に変わったというこになり、近世以前に火葬が行われていたが、近世期に土葬に変化して近代に至ったとみることができる。ということは、本書で問題にする明治以降に火葬されたとしても、それ以前はずっと土葬であったとは言えないことになる。

なお、第三章第一節でみるように、明治政府は火葬禁止令を出すが、その思想的背景となる皇国思想は水戸藩で培われたと富永健一は指摘する［富永　一九九〇　三七八〜三八四］。「常陸国水戸領風俗問状答」にみえる記録はそのような思想がすでに醸成されていたといえる。

ここでもう一つ興味深いのは、史料をみるかぎり、階級的に葬法の違いが捉えられていることである。葬法が地域差・時代差の他に、階級差を背景として展開しているということができる。

聞き書きからも階級による差異が確認できる。香川県仲多度郡多度津町奥白方では、第四章第一節で後述するように、真言宗の家は火葬である。しかし、当地に屋敷を構える多度津藩士のある家は真言宗にもかかわらず土葬であり、また墓所も他の家とは別であった。この家は江戸時代に日蓮宗から真言宗に変わったと伝えている。宗旨替えの時期や理由については、家の者にもわからないということであった。このことも葬法と社会的背景との関連性を示唆するものである。

次に問題となるのは、二つの葬法が並立的に認められるが、両者に儀礼的差異がないということである。「三河国吉田領風俗問状答」には、火葬も土葬も同じやり方であることが記され、「備後国沼隈郡浦崎村風俗問状答」では土葬での儀礼説明に続き、「火葬の節も右同断」と記されている。このことから、二つの葬法は、まったく別個に展開してきたものではないことがわかる。このことについては後に触れるが、「土葬」と「火葬」という異なる葬法が、死生観にどこまで影響を及ぼしているか、今のところはほとんどないといわざるを得ない。

また、「阿波国風俗問状答」には興味深い一文がある。葬法選択が、それぞれの家のしきたりに任せるとあるが、一方で、「寺土地の有無」をあげている。葬法選択が家のしきたりによることは、それが制度化されていたことを示すが、その背景に墓地を持つことができるかどうかがあるということになる。明記されていないので推察するしかないが、これをそのまま読み取るならば、墓地を持てない家では火葬を行っていたということになろう。このように捉えると、当地では一般的に火葬を行う地区で一部の裕福な土地持ちだけが土葬することが可能であったか、あるいは一般には土葬であるが、一部の貧しい家が土葬できず火葬にしたという背景が考えられる。いずれにしても、この事例からも家格が葬法に反映された形になっているといえる。

さらに、「淡路国風俗問状答」では、疫病死の場合は土葬しないことが記されている。土葬でなければ火葬であろうことから、江戸時代後期に伝染病死者が一般の土葬とは区別され、火葬が行われていたことがわかる。この事例でも葬法が社会的枠組みの中で捉えられていたことを示しているが、それは今までにみてきた階級や家格という問題ではなく、死に方が問題にされるものとなっている。

3　「諸国風俗問状答」にみる火葬の形式

ここで「諸国風俗問状答」から近世における火葬の形式についてみることにする。火葬の具体的な記述は「陸奥国白川領風俗問状答」「北越月令」「備後国品治郡風俗問状答」「備後国沼隈郡浦崎村風俗問状答」にみられる。

「陸奥国白川領風俗問状答」では藁・薪を用いて焼くとあるが、「備後国品治郡風俗問状答」では柿の木・せんだの木で焼いたことが記されている。宮本常一の「河内国滝畑左近熊太翁旧事談」［宮本常一　一九九三　二〇九］にも、火葬の際に用いる木は柿の木であることが記されている。また横田傳松は「愛媛縣喜多郡蔵川」で「遺骨は柿ノ木で作りし箸で拾ふ」［横田　一九三三　一五三］と報告している。資史料が少なく、即断はできないが、柿の木が火葬に用いられる木として考えられていたことが推察される。

岐阜県加茂郡白川町黒川の『自昔代々行伝来ル年中行事』（天保八年・一八三七）の中で、囲炉裏の火は神聖なので、正・五・九月には打ちかえ、また神祭りのときには清浄にするべきであることが何回か記されている。それだけ、囲炉裏の火は大事ということであるが、そのときには柿の木を使ってはならないと記されているのである［林二〇〇一b］。その理由がわからず苦慮している。白川町は近年まで土葬地区であり、江戸時代後期に火葬には柿の木が使われていたことから、神聖な火を扱う囲炉裏に柿の木を用いることが忌まれたとは直接的に結びつけて考えることはできないためである。それでも近世後期には柿の木の不浄性は観念として伝播していたとみることができる。しかし、柿そのものが不浄として捉えられていたのであろうか。『自昔代々行伝来ル年中行事』には記述が見られなかったが、少なくとも現在では、当地は干し柿をどこの家でも作っている。秋に訪れると、どこの家の軒にも多くの柿がぶら下がっており、お茶受けはたいてい干し柿である。柿そのものが問題になるのではなく、柿の木、しかも薪としての柿の木に不浄性が見出せるのか、あるいは柿そのものの不浄性が忘却されて作られるようになったのか不明である。

さて、「諸国風俗問状答」では、火葬の形式は土葬とほぼ同じと記されているが、大きな違いがあることは当然である。それは葬法に直接依拠するのである。土葬では野辺の送りで墓地へそのまま埋葬するが、火葬の場合には、焼場へ行き焼く。その後に骨を拾い、そして埋骨するという形式になる。

焼場の詳しい様子については記述がなくわからないが、「備後国品治郡風俗問状答」によると、その場所が「野辺」とある。これは墓地的な空間であろう。ただし当地で火葬後に埋葬していたかどうかの記述がなくわからない。無墓制の可能性もあるが、焼場として特定の空間が設定されていたことは間違いない。また「備後国品治郡風俗問状答」では大釜に棺をのせて焼くとある。このことから備後国品治郡では常設の施設が設置されていたといえる。「備後国沼隈郡浦崎村風俗問状答」では、「念入の者」は「火屋」を拵えたとの記述もみえる。ここでの「火屋」の具体的な形状については不明であるが、文脈からして臨時（仮設）の施設であることが推察される。しかし「火葬場」という語があることから、場所は固定化されていたことがわかる。そして、焼いている間は親類の者が二、三人詰めている。

焼かれた後の骨は「備後国沼隈郡浦崎村風俗問状答」によると、翌朝、僧が読経し、家族が拾って墓に納めるとある。ただし、骨を拾ってから埋骨までの時間についての記述はなく、すぐに埋骨するのか、一度家へ持ち帰るのかはわからない。骨拾いから埋骨までの時間については第八章で後述する。「陸奥国白川領風俗問状答」でも拾った骨を瓶に入れ埋葬することが記されている。

わずか二つの記述しかなく断定はできないが、「諸国風俗問状答」にみられる火葬では、「火葬―埋葬」という形式により火葬が行われていたといえる。そのために土葬と同じ形式とのことわりがみえるといえる。

ところで、「北越月令」に興味深い記事がある。（新潟県）新発田では「町人土地」での火葬が禁止され、火葬する場合には一、二里ほど離れた「在」で火葬にして骨を持ち帰るというものである。新発田での「町人土地」での火葬禁止の理由については具体的な記述がなくわからない。河内国滝畑（現大阪府河内長野市滝畑）では、焼くときの臭いが嫌で明治六年（一八七三）頃にそれまで火葬であったのが土葬に変わったことが報告されており［宮本常一　一九九三］、新発田の記述で、もし町中で火葬が行われていたとしたら、その影響はかなり大きかったろうことが推察される。当時の火葬は野焼きであろうためである。聞き書きでも、野焼きによる臭気のすごさを聞くことができた。滋賀県坂田郡米原町（現米原市）米原の焼き場（現在の墓地）は、人家の近くにあり、火葬による臭気は大変であったという。葬列があるだけで気が滅入ってしまうということであった。

火葬そのものを全面的に禁止したのではないことから、新発田での禁止は、焼き場の「場」の問題として提出されたものであることが推察される。しかしだからといって、禁止に対応するだけの代案としての土地が提供されていない。つまり町の外＝「在」でならかまわないとされていることは、火葬が積極的に支持されていたというよりは、為政者側にとって消極的な理解との程度であったことが推察される。

二　小林一茶「父の終焉日記」にみる葬送の様相

次に、近世の葬送の様子が具体的に記述されている史料を見てみよう。小林一茶が自分の体験を記述した「父の終焉日記」である。小林一茶は現在の長野県上水内郡信濃町柏原で宝暦十三年（一七六三）に生まれる。一茶についてはここで説明するまでもないが、一茶が享和元年（一八〇一）に実家に立ち寄った際に、父弥五兵衛が病気になり他界する。父の発病から死、そして初七日までの動向や感情をまとめたものが「父の終焉日記」である。ただし、矢羽勝幸による岩波文庫版の解説には、「父の終焉日記」は日記形式となっているが、日次で書かれたものではなく、「後日創作意欲をもって一気に執筆されたものと思われる」［矢羽　一九九二　三〇八］とある。すると「父の終焉日記」は文学作品ということになり、内容をそのまま事実として認めることはできない。しかし、本書のテーマである葬送に関する記述の部分は簡潔であり、フィクションである可能性は低いと考えられる。

父弥五兵衛は村内中の上のランクの本百姓であったという［矢羽　一九九二　二〇八］。したがって、「父の終焉日記」をみることによって近世後期の信濃の国の農村での一般的な自作農民階級の葬送の様相を垣間見ることができるといえよう。弥五兵衛は火葬されている。一茶の家は真宗である。これにより、真宗門徒の家の火葬の様相が捉えられる。

ここで少し長くなるが、「父の終焉日記」から葬送に関わる文章を引用する。

（廿一日）法師は塩崎てふ里にして、行程九里の巷なれば、葬は翌廿二日に定たれども、ゆかりある人は訪ひつどひ、或は紙花を作り、しばらく愁を避に似たりき。日は片壁に横たはり、夕べを告山鳥は、西山さして飛かへり、無常の声入相は、皆人々の上にひゞき、さらでもゆふべはかなしきに、集れる人々さへ、大かた我家へ帰りければ、常に見る灯のかげさへも、物たらはぬやうに思はれて、是さへかなしびの員とはなりぬ。

今よひは誠のなごりと思へば、父の屍に添寝して、香のけぶりのたえ間なる時しは、寝すがたを倩ながめ奉るに、(中略)。今夜の明がたが一世の別れ、翌のかなしびはいかならんと思へば、胸もふさがり、魂もつぶれて、人なき閨にしあれば、誰はゞからぬ紅涙は目にさへぎつてねぶられず、死顔守り居たりける。(中略)。

廿二日　ちかしき人はよりつどひ、うれたき屍は棺に納て、今はむなしき俤さへ、後のうはさとはなりにけり。うてうき世のありさまなりき。(中略)。
けふも申の刻ばかりに、木々のむら雨しばらく晴て、草の雫に夕日うすずく比、やゝ塩崎の導師来り給ひて、今は野おくりの時とはなりぬ。父のちなみの女どもは、しろきいろてふ木綿をかづき、径はいとゞ露けきに、夏せみの音をのみなきて思ひわはらし、我は山吹のいはぬ色なるかなしび隠さんとすれど、涙はしのぶによすがなく、道も遠からねば、棺は草のたかみに居ゑて、香をひねる手の力さへ、夢幻のやうにおぼえける。導師のグハンキシクドクトともに、棺は煙に成にけり。有為転変のありさま也。

廿三日　暁、灰よせなりとて、おの〳〵卯木《うつぎ》の箸折りて、仇し野にむかふ。けさは俤のけぶりさへ消えて、只誠なるは、松風の凄々としてふくのみ也。三月のゆふべは逢うて悦びの盃をいたゞく。けさの暁は別れかなしき白骨を拾ふ。(中略)。

昼は人々よりつどひ、力を添、ものがたりなどにしばしかなしびを忘るゝに似たり。夜は人々も大かたにもどりてねともしびの明につけても、病床の辺のなつかしく(中略)。

廿八日　初七日（後略）。　　　　　　　　　　　　　　［小林　一九九二　五二〜五九］

以上が「父の終焉日記」の葬送に関する記述である。なお文中の「グハンヰシクドクト」は校注者の矢羽勝幸が「願似此功徳回向文として法会の終わりに唱える」と註釈［矢羽　一九九二　五八］しているように、葬儀や法事の終わりに唱えられるもので、ここでは火葬が葬儀の終了であることを示している。一茶の父を亡くした悲しみがみごとに表現された文学となっているが、この記述をもとに、一茶の父の葬送の在り方について概観しよう。

引用はしなかったが、父が死ぬ前の枕元に水の入った容器が置かれ、父の唇を湿らせている。このような水についての名称は記述されていないが、『長野県史』には、これをシニミズと呼び、息を引き取ろうとする人に最後の水を飲ませたり、唇を湿らせるとある［長野県　一九九一　一〇一］。一茶の父もこのような習俗から、死の間際に水が枕元に用意されたことが考えられる。

一茶の父が亡くなったのは五月二十一日「卯の刻」である。二十日に容態が悪化して二十一日の早朝に息を引き取った。事情があり、法師を遠方に頼んだために、「葬」は二十二日になったとある。岩波文庫『一茶　父の終焉日記・おらが春　他一篇』（矢羽勝幸校注）の補註に、葬儀に菩提寺の住職を呼ばずに長野市篠ノ井塩崎角間の僧を頼んだ理由について説明がなされている。それによると、一茶の家の菩提寺は明専寺であったが、住職が若死にし、妻と九歳の娘、老母が残されたために、他所から僧を迎え入れ、将来的に残された娘の婿にしようとしたところ、反対運動が起き、反対派が脱退し、塩崎の康楽寺に一時預けとされたためということである。なおこの話は明専寺住職月原義方氏の「一茶と明専寺」（一茶全集月報五）によるものとある。すると、このような事情がなければ、二十一日中に葬されたということであろうか。

二十一日にはゆかりある人々が集まってきている。その人々が「紙花」を作っている。一茶はこれが悲しみをまぎらわしているようにみえたようだ。『長野県史』によると、北安曇北部、北信の市川谷・岳北・西山などで死者の枕元に紙で作った飾り物を供えるといい、それをシカ・シカバナと呼ぶとある［長野県　一九九一　一〇三］。「紙花」は「父の終焉日記」の註に「仏前に飾る紙製の造花。死花（しか）」［矢羽　一九九二　五三］とある。『長野県史』にあるシカと同一のものと考えることができる。『長野県史』で調査地点に一茶の故郷である上水内郡信濃町柏原は入っていないが、柏原はシカが確認された調査地域と地理的にもそう遠くない。シカの習俗が江戸時代後期には行われていたといえる。

ただし二十一日についての記述は以上であり、祭壇作りやその他の儀礼についてはわからない。一茶はシカ作りを「しばらく愁を避に似たりき」と表現しているが、父親の死の連絡を受けてやってきた人が「葬」の前日にシカなどの飾り物を作るなどの儀礼の準備を行っていたことを示しているということができる。それでも二十一日には僧が来ることはなく、人々が集まってきたことだけが記述されており、準備とはいってもどのようなものか見当がつきかねる。

「父の終焉日記」の葬送に関する部分の文章を読むかぎり、全体として儀礼的には簡潔である。創作には不必要であり省略したか。あるいは、実際に記述するようなことは何も行われなかったか。

二十一日に集まってきた人々は夜には帰ってしまい、寂しさが倍増したことが記されている。晩は「父の屍に添寝」とあり、また香を焚いている。これはいわゆる通夜に相当するものであろうか。「通夜」との語句が記されておらず、儀礼的に位置付けられた時間であるかどうかはわからない。「葬」が僧の関係で二十二日になったことを考えるならば、先に指摘したように、実際には二十一日に「葬」がとり行われるべきであることを示しているといえ、すると通夜に相当する儀礼的な時間は制度として存在していなかったことになる。

本来の通夜は字義どおり、夜通し故人を守ることが行われるが、「誰はゞからぬ紅涙は目にさへぎつてねぶられず」とあり、結果として通夜したことがわかる。このことからも、通夜が制度として行われていなかったことが推察されよう。第五章でみるように、東京都青梅市小曾木に伝わる『市川家日記』の記述には、「通夜」の語句がみられないだけではなく、死亡当日に埋葬された記述もみえ、かならずしも近世後期に通夜が一般的に制度として行われていたわけではないことがわかる。

二十二日が「葬」の日となり、この日に親戚が集まっている。そして納棺。この際に湯灌が行われたかどうか、さらに棺に何を入れたかはわからない。また座棺か寝棺の別もわからない。

頼んだ導師がやってきたのは、申の刻、つまり、午後四時頃である。そして「野おくり」となる。「野おくり」は夕方、葬列を組んで火葬場まで行くことを示す。「父の終焉日記」を読むかぎり、いわゆる家で執り行う葬儀に相当する儀礼は行われず、僧が到着するとすぐに「野おくり」がなされたということであるが、この場合、「野おくり」には故人とゆかりのある女性は白い布をかぶっていることが記述されている。このことは、現在でも広い範囲で確認されていることである。著者の調査でも、埼玉県児玉郡神川町渡瀬で、故人の長男の嫁が白い布を被り野辺の送りに参加していた。火葬場についての具体的な記述はないが、翌朝の灰よせに「仇し野にむかふ」とあり、「あだしの」は墓場を表す語彙であることから、墓場が火葬場であったことがわかる。そして、墓地は家からそう遠くはない場所にあった。墓地に火葬専用の敷地が設けられていたのであろうか、あるいは、墓穴の横を仮設的に火葬場とするものであろうか。「棺は草のたかみに居ゑて」とあり、「草」を積み上げた場所を作り、火をつけたのであろう。火葬は僧の読経の中で行われる。ここまでの一連の叙述からも、家で葬儀を行うのではなく、「火葬」

が葬儀と同義として行われたことを示している。また火葬を最後まで見守っていた人についての記述はなく、専業者がいたのか、近隣の互助組織や親戚がついていたのか、あるいは誰もいなかったのかわからない。

灰よせは翌日の暁に行われたことまでが記述されているが、埋葬の記録はなく、どのように遺骨が扱われたかはわからない。ただ、灰よせ後に人々が集まっていたこと、そして「初七日」が初七日に行われていたことがわかる。現在では「初七日」は葬儀当日にやることが多いが、少なくとも一茶の家では、本来の意味通りに行われていたことがわかる。

「父の終焉日記」から、柏原では真宗の家が火葬であり、一般的にはすぐに「葬」される。そしてその形式はいわゆる葬儀に相当する部分は、実質的死体処理が行われる「焼く」ときに行われていた。このことは「焼く」ことと「葬する」ことが同義であることを示している。そしてその際に「願似此功徳」と唱えられた。先に指摘したが、このことは火葬が葬儀の終わりであることを示しているといえる。つまり火葬することが最大の目的ということである。また焼く前に「野おくり」が行われている。「野おくり」は「野」に送ることと字義どおりに解釈するならば、本質的には土葬の形式ということになり、真宗という宗教的教義に基づく火葬でありながら、「土葬」的な観念が入り込んでいるとみることができる。つまり、宗教的な動機による火葬であるが、土葬の観念と複合的に火葬観念が形成されていたといえるのである。

三　その他の記録にみる近世の火葬

すでにみてきているように、近世には真宗地帯で火葬が行われている記録がみえる。真宗地帯で火葬が行われるのは、蒲池勢至によれば、真宗では「往生したものとして葬送する真宗の儀礼にとっては、遺骸は荼毘にして葬するのみであった」［蒲池　一九九七　二七一］という。真宗での火葬は宗教的意味付けによるものといえるだけではなく、「焼く」という行為そのものが「葬する」ことであり、「父の終焉日記」でみたように、「焼く」間に僧による読経が行われていたことは、真宗の教義がそのまま反映しているものといえる。そして、「地方門徒には、法主や一門寺族の葬送儀礼の法式が、地方寺院を介して広まっていった」［蒲池　一九九七　二七四］といい、中央から地方へ法式の伝播が寺院という宗教施設を介してなされたことを指摘する。本来の葬式（真宗ゆえ火葬）は、「法主や一門寺族」のものであり、本来は在家＝民衆とは関係がなかったことを示唆し、「近世初期の段階では、まだまだ教団としては真宗の葬送儀礼法式を確立できてはいなかった」［蒲池　一九九七　二七六］という。一方で、蒲池は同論文の中で、滋賀県マキノ町（現高島市）海津にある願慶寺に伝わる文禄元年（一五九二）の「末寺衆年中行事」を紹介している。「末寺衆年中行事」には「葬送之儀式」という項目があり、この史料には「火屋」についての記述があり、一六世紀末にはマキノ町の真宗門徒が火葬を行っていたことがわかる史料である［蒲池　一九九七　二七四〜二七六］。蒲池によるとこの史料に記された内容は「真宗葬送儀礼の法式」だそうだが、「京・大坂から離れて地方にいくと、葬儀をどのように執り行うか細かな点で定まってはいなかった」［蒲池　一九九七　二七六］ということである。そのために近世初期には教団としての葬儀のやり方を確立できていなかったとするのであろう。しかし、マキノ町の記録が一六世紀末のものであり、それが「真宗葬送儀礼の法式」であるとするならば、江戸時代以前に一応は葬式の形はできあがっていたといえるのではないか。それが地方への伝播の問題として、地方での法式が定まらなかったということになるのではないだろうか。そしてその法式が元来は真宗の僧や寺院関係者に対するものが応用されていったということであろう。ちなみに蒲池勢至は研究者であるが、真宗の僧籍も持っている。蒲池の論は真宗内部からみた研究成果として大いに参考になるものである。

一方、森田登代子は「近世京都の葬儀風俗――「岡田家不祝儀文書」にみる生活文化――」［森田　二〇〇〇］で、一九世紀の京の真宗による葬儀の記録を紹介している。岡田家に伝わる不祝儀文書は四冊ある［森田　二〇〇〇　一三五］が、岡田家の七人の「病を得た後から臨終までの様子、入棺などの葬礼準備、葬送の様子、禁忌の慣行が克明に述べられ」［森田　二〇〇〇　一三六］たものである。これらの文書の中に「寛政六年寅十月釈道入葬式其他諸事扣」（初代傳次郎）を初めとして妻、二代目・三代目・四代目・五代目傳次郎や二代目の妻の記録があり、森田はこれらの記録を駆使して近世の岡田家の葬儀の様相を描き出している。岡田家は浄土真宗大谷派末寺の常願寺の檀家である［森田　二〇〇〇　一三六］。「寛政六年寅十月釈道入葬式其他諸事扣」によると、葬儀の準備は火葬の承諾を得ることから始まるといい、知り合いにより火葬が行われる黒谷勢至堂で火葬の承諾がもらわれる［森田　二〇〇〇　一三六］。黒谷勢至堂は現在の西山浄土宗総本山金戒光明寺の境内にある。また森田は「釈尼誓因様葬式其外諸事控」（初代妻）から火葬場（黒谷勢至堂）までの道すがらの習俗をも紹介している。それによると、「がんぜん堂」から「火屋」までの道に蠟燭が立てられ、その中を輿が通り火屋へ駆け込み、「亀之甲」の上にのせると、導師・伴僧による正信偈が読経される。そして「是より白衣之分席順ニ焼香いたし候事。此ふり合ハ御本山ノ通りニ御座候ゆへ此趣相心得可申事」（傍点著者）と記述されている［森田　二〇〇〇　一四〇］。この記録から、「火葬」が葬儀の中で重要な位置付けがなされていることがわかるが、「御本山ノ通り」と記述されているように、葬儀の形式は「本山」による指示によって行われているといえ、その通りに行うべきことが記述されている。一般門徒の葬儀が、地域的共通理解のもとで行われるものではなかったことを示している。蒲池が指摘するように、まず中央（京）での儀礼の形式が本山から地方寺院へもたらされたことを示す、中央での史料として捉えることができよう。しかし、この記録は一八世紀のものである。蒲池の論にしたがえば、すでに葬儀の在り方が確立している時期であるが、それは寺院からみたものであり、一般民衆には、はやり指示が必要なことであったということを示している。まだ真宗門徒としての葬儀が一般に京においてもいきわたっていなかったのではないか。

ところで「釈尼誓因様葬式其外諸事控」から京都の火葬場の一つとして「黒谷勢至堂」があげられているが、京都では他にも火葬場が江戸時代には稼働していた。

『京都町触集成』第三巻の、延享三年（一七四六）には、

千本之上

蓮台寺

黒谷之側

中山

妙心寺之側

相坂

粟田口

阿弥陀峯

右四ヶ所之火葬場ニ而来ル廿三日朝六つ時より同廿五日朝五つ時迄、火葬仕間敷候、阿弥陀峯ハ近年火葬不致候へとも為念右之段可申聞候

右之通無間違可申達候事

寅十一月十六日　　　　　　　　　　　　　　　（『京都町触集成』第三巻〔京都町触研究会　一九八四　八四〕）

とある。『京都町触集成』は京都の町内に出された「触れ」を集めたものであり、江戸時代の京都の様子がわかる。とくに法令の禁止事項をみることは、法令は為政者が出したものであり、その禁止されたことが普段行われていたことを示すものでもあることから、史料としては価値の高いものとなる。

『京都町触集成』にある「黒谷之側中山」が「釈尼誓因様葬式其外諸事控」の「勢至堂」であろう。『京都町触集成』の記述から、一八世紀中頃に京都には少なくとも四ヵ所の火葬場が稼働していたことがわかる。ただし、この記述を信じるならば、「阿弥陀峯」の火葬場は使われなくなっているということであり、実働火葬場は三ヵ所ということになる。同様の記述が延享四年（一七四七）十一月五日（一一五頁）、寛延二年（一七四九）巳十一月（一九九頁）、宝暦三年（一七五三）十一月七日（三四五～三四六頁）、宝暦五年（一七五五）亥十一月五日（四〇五頁）、宝暦七年（一七五七）丑十一月（四七四頁）（いずれも『京都町触集成』第三巻）にみえる。

この町触は、期間限定の火葬禁止を申し渡したものである。この町触の前には、「来ル廿四日新嘗会ニ付」によるさまざまな禁令の条文が載せられている。それによると、「僧尼法体之輩往来停止」「不浄之輩往来停止」「火之元注意」「鳴物禁止」などがあり、上の火葬禁止も時期から考えるならば、新嘗会に絡んでのものとみることができる。

さらに、文化元年（一八〇四）には、

七条火葬場

黒谷之側中山

右弐ヶ所火葬場ニ而来ル十八日十九日両日ニハ火葬仕間敷候

右之通無間違様申達候事

子八月

（『京都町触集成』第八巻［京都町触研究会　一九八五　三七一］）

とある。鯖田豊之はこの記録から、「黒谷之側中山」以外が廃止され、新たに「七条火葬場」が造られていたとみる［鯖田　一九九〇　一七］。確かに、「七条火葬場」については、先に見た史料には記述がなく、その後に造られた火葬場であることが考えられる。では、「黒谷之側中山」以外の火葬場は廃止されたのであろうか。『京都町触集成』では、上の史料に続けて、「楽宮御方祇園社江御首途被候付而、其辺近在百姓御当日、右田畑羅出農作仕間鋪事、一御首途ニ付、向寄之在之作もおとし鉄砲、殺生鉄砲共御当日堅く打申間敷事、（後略）」［京都町触研究会　一九八五　三七一］との史料が載録されている。二つの火葬場での火葬禁止は、楽宮の祇園社への「御首途」に伴うものと考えられるのである。「七条火葬場」と「黒谷之側中山」は通り道であったのではないか。

また、

七条

火葬場

黒谷之側

中山

右弐ヶ所火葬場ニ而来月二日三日両日ニ者火葬仕間敷候
右之通無間違様申達候事
子八月廿九日
（『京都町触集成』第八巻［京都町触研究会　一九八五　三七七］）

との史料もみえる。これは、楽宮下向に伴う火葬禁止の触れと考えられる。火葬禁止と楽宮の下向の日付が一致し、「御道筋辻〻警固羅出役之もの共、支度所之儀ニ不相成所、いつれニ而も不若候間（後略）子八月廿九日」（『京都町触集成』第八巻［京都町触研究会　一九八五　三七七〜三七八］）とあるだけではなく、前日に「今度楽宮御方関東江御下向ニ付、来月三日御発輿被遊候間」とし「御通り筋」にあたる家々・町々にさまざまな禁止条項が出されているのである。その通り道は「有栖川宮御殿ゟ日御門通南江、清和院御門より寺町通南へ、三条通東江蹴上迄」となっている（『京都町触集成』第八巻［京都町触研究会　一九八五　三七七］）。この火葬場停止も二つの火葬場が通り道にあたったための停止と考えられよう。これらの記録から、江戸時代の京都では火葬が行われていたが、宮家の移動に伴い、通り道にあたる火葬場での火葬が臨時に禁止されたとみるべきではないか。

なお、「黒谷中山火葬所」は明治二年（一八六九）に移転される。明治元年の項に、

黒谷中山火葬所、今度三条通蹴上ヶへ場所替相成、来十月十日限右代地に引越申付候条、当時之場所ニおゐて火葬取扱之義者、当月廿日限停止申付候事右之趣洛中洛外へ不洩様早〻可触知者也
九月［十六日］
（『京都町触集成』第十三巻［京都町触研究会　一九八七　二三一〜二三二］）

とある。移転の理由については不明であるが、「黒谷中山火葬所」は明治元年九月二十日かぎりで操業を停止し、翌年に「三条通蹴上ヶ」へ移転することが申し渡されたことがわかる。お触れが出された期日に着目すると、改元直後であり、新政府が新政策を打ち出しつつある中で出されたものである。

一方、江戸についての記録としては、斎藤月岑の『武江年表』がある。『武江年表』は徳川家康の江戸入府から、江戸の事件・風俗などを年表形式で著したものであるが、月岑の生まれは文化元年（一八〇四）であり、江戸後期のことについては、実際に見聞きしたものであると考えられる。その記述には安政五年（一八五八）七月下旬に流行したコレラの記述の中で、火葬についての記録がみえる。

棺を售ふものわけて、高價を貪り晝夜を分たずして、造れども出來すべず、後には普通の桶を作るもの、又は木匠を傭ひてこれを造らしむ、このともがら些しく貨殖せるものあれど、やがて寺院も葬儀にかゝりて片時の暇なし、小柄原、深川靈岸寺、桐ヶ谷、狼谷、落合其餘三昧の寺院は混雜いふべからず、棺を積む事山の如く、故に止む事を得ずして、數句の後を約し置、或は價を増して、次第に茶毗の烟とはなしぬ、其あたりの臭氣鼻を襲ふて堪へ難し、この頃街を徘徊するに、郊送の群に逢ふ事更に絶へず、日本橋、永代橋、兩國橋、或は淺草、下谷、谷中、三田、四谷其外寺院の多き所にては、陸續として引もきらず、日本橋畔には、これを見ること百に餘れる日もありとぞ、八月朔日より九月末迄、武家市中社寺の男女、この病に終れる者凡二萬八千餘人、内火葬九千九百餘人なりしといふ。〔斎藤　一九六四　三一二〕

月岑五十四歳のときのことゆえ、記述はかなり正確であると考えられる。この記録はコレラの恐ろしさを記述したものであり、幕末期の江戸での平素の火葬の様子を示したものではないが、この記録の中の数値にどれだけ信憑性があるかわからないが、とりあえず火葬率を出してみた。するとコレラで死亡した人の約三五・四％が火葬されていたことになる。「小柄原、深川靈岸寺、桐ヶ谷、狼谷、落合其餘三昧の寺院は混雑」し、「次第に荼毗の烟とはなしぬ」とあることから、これらの寺院では火葬場としての常設の施設が整っていただけではなく、第三章第一節で述べる三昧が関与していたことがわかる。

この記録では疫病による葬法として火葬が記されたが、普段の火葬と土葬の選択の違いについてまでは記述がなくわからない。しかし疫病による死者が大量に出た場合でも、火葬率が約三五・四％であることを信じるならば、死者の多さに火葬場の稼働が間に合わなかったのか、普段から江戸では火葬の普及がそれほど進んでいなかったのかまでは判断できない。

本章では、近代以前の火葬の例として、記録上の近代以前の様相を捉えた。古代の火葬は仏教的な背景をもっているが、その導入には薄葬の意識がみられた。また、近世の火葬は仏教の中でもとくに真宗による宗教的意味付けに基づいたものとなっていた。宮本常一が「瀬戸内海の島々について見ても真宗のおこなわれていない島は今日も土葬をつづけているものが多い。しかし真宗島はほとんど火葬になっているし、またそこに真宗のほかの寺があるにしても大てい真宗寺にならって火葬になっている。真宗寺が火葬をひろめていった力は大きい」［宮本　一九七三　二五三］と指摘しているように、真宗による火葬伝播の影響力がわかる。古代にはすでに仏教的背景により火葬が行われていたが、真宗の発達は鎌倉時代以降であり、同じ火葬ではあっても、古代と近世の火葬を連続的に安易に結びつけることはできない。

第四節　伝統的火葬の形式

ここで、現在聞き書きにより確認することができた伝統的に行われてきた火葬の形式についてみる。ここで使用している「伝統的」との語はいたって曖昧であり、具体的に起源がわかるものではない。しかし、聞き書きにおいて得られるかぎり、「昔」からと観念されるものであることから「伝統的」との語を用いた。したがって、以下で紹介する事例が近世から継承されたものとの明確な証拠がないことは注意が必要である。先に紹介した滋賀県坂田郡米原町（現米原市）米原の火葬の事例をみる。

米原町米原は、JR米原駅の東側に位置し、中山道と北国街道の分岐点に形成された旧宿場町である。平成十三年（二〇〇一）八月に地蔵盆の調査のために立ち寄り、聞き書きを行った。

昔は旅籠が二十軒くらいあったという。また、かつてはこの集落まで湖（琵琶湖）であったため、このあたり一帯をハマと呼ぶ。本陣の横に船着き場があって、敦賀から船がきて野菜を売っていたという。

米原は真宗地区（全戸が真宗）で、昔から火葬が行われていた。米原での葬送儀礼は隣組の人たちの準備によって行われるが、葬家には上がることができない。準備されたものは家ごとに決まっているトキヤド（斎宿）にまず運び込まれる。トキヤドはその名称からも明らかなように、葬送儀礼における手伝い家であり、そのために遠いと不便なので、すぐ近くの家どうしがあたっている。

各家の手継寺（檀那寺）は米原町以外にある。ほとんどの家が米原町外から来たためということであり、出身地の寺を手継寺としているという。ちなみに、今回の話者の家は隣町の近江町（現米原市）の寺院が手継寺であるということであった。米原にも寺院はあるが、どの寺も下寺である。下寺とは本寺に対するものであり、本寺の代わりを勤める寺院である。現在はこのような制度はなく、かつての下寺も現在では独立した寺院となっているが、人々は本寺と下寺の関係を今でも認識しているということであった。

人が死ぬとすぐに水・酒で口をひたす。死の連絡を受けた手継寺の住職は夜でもすぐに走って来てくれて、枕経をあげてくれる。死に装束は一番の晴れ着であったが、帷子だけになり、徐々に簡単になっていった。なお、女性の帷子は、嫁入りに持ってくるものであったという。夏用は白麻、冬用は綿入である。最近は持ってこなくなった。大正十五年（一九二六）生まれの話者は、嫁入り時に持たされたという。男は白の着物に白のはかまである。また、頭には三角をつける。

通夜までに納棺し、床の間の近くに安置する。通夜には会葬者を迎え、通夜がすむと身内は火を絶やさぬように、徹夜で番をする。

翌日に葬式。葬式は自宅で行う。式後に野辺の送りをして墓地へ行き火葬する。墓地は集落のすぐ裏手の少し小高くなった場所にある。火葬は野焼きである。墓地に穴が掘られ、棺をのせる石と、ちょっとした門があった。そこには「南無阿弥陀仏」の二メートルくらいの石碑が建っている。

隣家が用意した松・藁・小枝を薪とし、濡れた筵を棺にかぶせて、息子が火をつける。濡れ筵をかけるのは、蒸し焼きにして、完全に焼き上げるためである。

焼いている間、番をしている人はなく、夜中の一時から二時頃になると、息子が一人で様子を見に行く。生焼けでは困るので、必ず見に行かなくてはならない。話者のご主人が火葬されたときには、話者の息子さんが見に行ったが、このときに、話者がこわくないかと尋ねたところ、自分の親だからこわくないと答えたという。見に行くのが当たり前との感覚があるとのことであった。

翌日、さめてから骨拾いである。骨拾いは血のかかった人によって行われる。自分で作った長い箸で拾い壺に入れる。現在は大小二つの骨壺が用意されるが、昔は一つだけであった。一周忌までは仏壇に安置しておき、その後本願寺へ納める。小さい骨壺は、墓に納める。墓に石碑を建てるようになったのは最近のことで、それ以前は、小さな石が置いてあった。そこが納骨する場所であったが、昔は墓を持たない家もあった。本願寺へ納骨するので、墓はとくには必要ないとのことであり、話者の家でも墓はあるが、話者自身、墓にはそれほど関心がないようであった。本願寺に納骨すれば、本願寺できちんと供養してくれるとの意識が強いのである。

なお、骨はすべて拾うわけではない。残りはそのまま残しておく。残りはまぜて土にしてしまうという。また、墓地が民家のすぐ近くにあったため、火葬の煙が集落へ流れてくるので、とにかく臭くてたまらなかったということであった。

昭和八年（一九三三）に『旅と伝説』で、「誕生と葬礼」についての全国からの報告の特集を組んでいる。この報告は全国での地元の研究者による寄稿により成り立っており、その地方のことがよく記され、現在では聞き書きで知ることのできなくなったことを知る貴重な報告書である。「葬礼」についての報告が寄せられているが、その中で、火葬についてもいくつか報告されている。ここではその中から二例を取り上げ、検討する。

宮澤清文の報告によれば、新潟県中魚沼郡では、

従來は火葬場と野天に、平石を敷いて造り、人死すれば、薪と藁とを持ち行き、薪を組み合せ、藁を挾みて作る、之を「やま」といふ、棺の箱を其の上に横たへ、周圍や上を藁で圍み、其の上を水に浸せる蓆にて覆ひ、

藁に火を點ずるのである、遺族は交る〳〵行って荼毘の様子を見、若し具合悪ければ、繕って歸る、お骨の擧がる（能く焼了ゐをいふ）を待って、お骨拾ひをする、お骨拾ひには遺族打揃ひ、蠟燭を點じ、線香を薫し、鉦を打ち鳴らし、舎利經を唱へつゝ、竹と木を一本まぜの箸で、初め甲の挾んだ骨を乙が挾んで受取り、箱に入れ、又丙は拾ふて丁に渡す、斯くする事二三度の後は、各々拾ふて箱に納める、拾ひ終れば、箱を持ち歸って、新佛檀に供へ置き、一週日にして新佛檀を取り拂ひ、お骨を墓所に納め、檀道具に遺物、布施、齋米、線香、蠟燭、野菜等を持ち、近親一兩人又は數人と、菩提寺に至り、供養をなして歸る。之を檀引きといふ、又近親等に遺物（遺品又新らしい物）を配布する。（後略）

［宮澤　一九三三　六二］

ということである。これは野焼き時代の報告であるが、藁と薪で作った「ヤマ」の上に蓆で覆った棺を置いて火葬した。筵を水に浸すことや親族が見に行くことは米原と同じである。米原では息子の役とされていたが、ここでは親族がかわるがわる見に行ったという。

骨拾いでは、舎利経を唱えながら、遺骨を箱に入れ、箱は新しい仏壇に安置される。そして一週間して、新たな仏壇を取り払い、遺骨を墓所に納めるという。ここでは一週間特別の仏壇が設けられ、遺骨が安置されるところに特徴がある。普段の仏壇には入ることはできないのである。

また、加賀紫水は真宗（大谷派）の信徒が大部分である愛知県起町（現一宮市）の事例を報告している。

火葬場にて葬禮の式をなす讀經中案内焼香人を最初に男より女へ血縁の深きものより順次なす。そして喪主と血縁者一人は會葬者に野禮と稱して無言にて挨拶をなす。（今でも舊家では墓所の出口に土下座して禮をなすことあり）火葬場にて各々火をつけて歸宅し（後で番人が燒却する）佛前にて七日の經といつて、お手つぎ（壇那寺ともいふ）の僧によつて讀經を受く、其の夜を無情講と稱し講中及血緣者に依つて讀經し後、夕食を饗應す。（酒も出す）

翌朝喪主及血緣者は白衣にて（上だけ下なし）火葬場へ行きお骨上げと稱して骨（齒）を拾ふ。必ず二人で竹箸を挾み合ひつゝ拾ふ、お骨入れに納めて歸り、寺へ參詣し昨日の禮を述べて歸宅。更にお手つぎへ參詣し昨日の禮を述べて歸宅す。お骨は佛壇内の正面に安置する。この骨は滿一ヶ年以上經過後オコツオサメと稱し京都東大谷へ納骨する。（後略）

［加賀　一九三三　一〇一〜一〇二］

この報告では、火葬場で葬礼が行われる。いわゆる家での葬儀にあたる部分は行われない。翌朝に骨上げとして骨（歯）を拾うという。先の新潟県中魚沼郡との違いは、ここでは仏壇の真ん中に骨が安置されるのであり、特別視されていない。そして、一年以上経て納骨される。

この事例は米原と同じ真宗のものであるが、報告を見るかぎり埋骨はされないようである。すると無墓ということになり、ここでは明らかに、火葬後遺骨を本山へ納骨することが優勢となっているということができる。

米原の事例では、「通夜―葬儀―火葬―骨拾い―納骨・埋骨」という形式で葬式が行われている。「骨拾い」はいうまでもなく火葬特有の行為・儀礼である。土葬では行い得ない。「納骨」は遺骨の一部を本願寺へ、一部を自分の家の墓へ納めるものである。米原では、昔は墓を持たない家もあったが、遺骨は本願寺へ納めるので問題はないと認識されていた。加賀紫水の報告する愛知県起町では、葬制を単純に「火葬―納骨」の図式で捉えることができ、墓に意味を見出すことができない。ただし、米原では以前は愛知県起町と同様な図式で捉えられるものであった。

このように、とくに真宗地区では、遺骨を本山へ納めることが行われ、埋骨することなく、納骨に大きな意味をみることができる。そのために墓を必要としない地区、いわゆる無墓制をとる地区もみられる。このことについては先に蒲池勢至の論を紹介している［蒲池　一九九七・二〇〇一］。また、滋賀県犬上郡多賀町大君ヶ畑《おじがはた》では、骨上げした遺骨は本山にオコツオサメするので墓はないといい、このような無墓制は湖東では大君ヶ畑のほかに、樽ヶ畑・甲津原と湖西の一部にみられるという［堀哲　一九七八　二四九］。この事例やすでに述べてきたことから、真宗では、遺骨は本山へ納骨することが基本となっている。そのために真宗地域での火葬は多分に宗教的意味合いが強いということができよう。

一方、三重県最北端に位置する員弁《いなべ》郡藤原町（現いなべ市）坂本では、火葬後の骨拾いでノヅツと呼ばれる竹筒二本に主要な骨を納め、そのうちの一本をイッケ（同族）の石塔の下に入れ、他の一本は仏壇に供えて三年後に本山に納骨するという。そして残部の骨は灰と一緒にサンマイ（墓地）の隅に捨てるという［堀哲　一九七八　二四八］。この事例では、本山に納める遺骨の他に、イッケの墓にも納めるといい、米原の事例と類似的である。また、石川県羽咋郡富来町（現志賀町）酒見でも、喉仏（ズコツ）は真宗本廟に納め、他は共同墓地の各家の墓に納骨するという［松尾　一九九八］。

真宗地区では、宗教的な意味から墓は重視されていない。その中で、墓地を作り納骨する地域があることは興味深い。つまり、宗教的な意味を超えたところで埋骨が行われているとみることができるためである。このことは、遺骨が宗教的な意味だけでは祀りきれなかったことを示しているのではないか。すると、埋骨は宗教的意味による火葬とは直接的には無関係な行為であるというだけではなく、「埋める」ことへの執着をそこに見ることができるのである。蒲池勢至は真宗門徒による墓は「惣墓」であるとする。「「惣墓」とは共同納骨所としての墓」［蒲池

二〇〇一　二一八］のこととし、「「真宗の墓」は真宗信仰と民俗信仰とのせめぎあいの際で成立している」［蒲池二〇〇一　二一九］と指摘するが、実際の真宗門徒の葬送儀礼や墓制をみると真宗信仰と民俗信仰の上に成り立っているということができるのである。

以上のことから、伝統的な火葬では、「火葬―本山への納骨」あるいは「火葬―本山への納骨・墓へ埋葬」という複合的な形式によって成立するということができよう。ただし、「本山への納骨」が「墓へ埋葬」よりも優越的である。そして「墓」の有無は、宗教的な意味の度合いの強さによるということができる。

今までの伝統的火葬は一般的に真宗地域あるいは家が行っていることをみてきた。しかし宮澤の報告にある新潟県中魚沼郡の事例が真宗のものであるかどうかは記述がなくわからない。この事例による火葬の形式は「火葬―埋葬」となっている。いつ頃から火葬になったかはわからないが、当地では埋葬により葬送が終了する。納骨という形式がないとするならば、埋葬が大きな意味を持つ火葬も伝統的に行われていたことがわかる。

なお、宮本常一によれば、河内国滝畑（現大阪府河内長野市滝畑）では、葬式を「捨てに行く」と言い、骨を拾うことはなかったという。この場合、「火葬」が単独葬法として成立していることになる。滝畑は真宗ではなく真言宗とのことである。焼き場へ行く前に両側の鬢の毛を切り、右側は内墓へ、左側は高野山へ納めたと報告されている［宮本　一九九三　二一八］。この事例での墓は遺骨を納めるものではなく、その意味では内墓は両墓制における参り墓に近いものがあるといえる。いずれにしても遺体を「焼く」ことが単独葬法として行われていた事例の存在は大きい。「焼く」こと自体に死者を送るとの意味が付与されていることがわかるためである。滝畑は真宗ではないことから、「火葬」にどれほどの宗教的意義付けがなされていたか不明である。しかし、参り墓的な墓を持つことから、死者のための祭祀対象の具象化が必要であったと理解することができる。しかし「現在」していた故人に対する表象は必要なかった。「遺骨」に死者が対象化されるとき、「遺骨」の扱いが重要になってくるはずである。「遺骨」である間は、故人は個人としての存在が意識されるのである。骨を拾わない場合には、故人を観想する標識はない。滝畑では「火葬」することを「捨てる」と表現するという。第一章第三節の明治初期に埼玉県で出された論達の中で、穴の中に遺体を投げ込むことが記されていたが、これはまさに「捨てる」行為であり、滝畑でもかつてはこのようなことが行われていたことを、その語彙から示唆するものと考えられる。また勝田至の示したことからも、近世以前には遺体は捨てられていたことがわかる［勝田　二〇〇三］。

以上のことを踏まえるならば、近代につながると考えられる近世後期あるいは「伝統的」火葬では、

火葬
火葬―納骨
火葬―埋葬
火葬―納骨・埋葬

という形がみられることになるが、先に指摘したように、「火葬―納骨・埋葬」は「火葬―納骨」と「火葬―埋葬」の複合形式としてみることができるものである。また河内国滝畑の事例のような「火葬」単独の場合には、道昭と同じように「火葬―風葬」の形式としても捉えることができる。このことから「伝統的」火葬において、「遺骨」への観念は一様ではないということができるが、「火葬」というものに着目するならば、真宗による宗教的意味付け、滝畑のような「捨てる」感覚、つまり単なる死体処理の方法として行われていたということができよう。

第三章　火葬をめぐる葛藤

第一節　火葬禁止

一　火葬禁止令

前章で、近世および伝統的に行われていた火葬の様相についてみた。火葬を行う地方は、真宗地域で顕著にみられ、一部真言宗地帯でも行われていた。近世および伝統的に行われていた火葬は主として宗教的な動機に基づくものといえた。一方、第一章でみたように、明治以降から宗教的動機とは異なる動機での火葬の受容がみられ、現代に近づくと加速度的に受容が増える。しかし、現実には何の抵抗もなく、すんなりと受容されたわけではない。本章では受容に際しての葛藤の様相についてみる。ただし火葬の受容年代では明治初期に火葬受容がある程度確認できたが、法的にみると、明治になってすぐに火葬受容へと変化が起きるわけではない。

明治になり、新政府は、火葬を否定し、まず火葬禁止令を出した。本項では、まず火葬禁止令をめぐる動きについて概観する。

以下では、『新聞集成』や『東京市史稿　市街篇』からの資料を多く引用する。『新聞集成』は中山泰昌が編著したもので、当時の各新聞から記事を集め、編年体的に一つにまとめたものである。そのために当時の様子が時代を追ってよくわかるものとなっている。とくに明治時代のものは新聞により主張が強く、そのまま客観的に受け取ることはできない部分もあるが、本書では、事実と主張の部分を混同せずに捉え、主張はそのような論陣をはった背景をみる資料として考えることにする。新聞記事は時代を反映したものである。そのために書かれた時代を知る手がかりとなるものであるが、先に指摘したように、新聞社によって政治的な主張があり、新聞社の立場に基づいた記事が書かれる。また『新聞集成』は編集した中山泰昌が、当時の新聞記事を寄せ集めたものであり、その編集意図がどのように反映しているかわからない。それでも掲載記事には、きちんと新聞社名が明記してあり、内容的に実際の記事であると考えられる。『東京市史稿　市街篇』は東京に関する法令や新聞記事を集めたものである。これらの資料を通して、当時の法令を知ることになるが、法令の公布という点で新聞等に載せられたものは、法令そのものが掲載されていると考えられ、資料的には非常に価値が高いと考える。新聞記事は先に述べたように、新聞により主張が強くあらわれているが、事実自体が改変されて記事にされているものではないと考え、信憑性が高いと考える。

さて明治二年（一八六九）三月には、「火葬廃止の建議」が出される（「議案録一」）。

火葬廃止の建議

井蛙管見ノ微事奉申上候。今般御維新復古養老ノ御仁政被仰出、頑愚私共迄難有奉存候。夫レ孝ハ百行ノ源、徳ノ基慎終追遠モ孝ノ一事ト奉存候。先朝持統天皇ノ御宇、火葬初シヨリ以来、親ノ身体髪膚ヲ火灰シテ埋葬シ、慟哭沸泣セズシテ却テ愉快葬道ノ礼ト心得、皇国ノ国体ニ背キ候弊風痛心嘆息罷在候処、今般御維新ノ折柄忌諱ナク可申出旨被仰出候ニ付、不顧恐奉申上候。旧幕ノ政事ニテハ新ニ墳墓ヲ築事制禁ニ御座候。私共近辺村々墳墓ノ地狭迫ニテ、民口次第ニ相増スニ至テハ遂ニ葬地モ無之、人死スルトキハ無拠身体髪膚ヲ火灰シ、父祖々先骸骨有之候地ヲ再ビ掘発キテ、其骨灰ノミ埋葬仕候。且父祖死去シ数日ヲ経ズシテ、又死去仕候者有之時ハ、前ニ死セシ父祖ノ骸骨ヲ掘発キテ共ニ埋葬仕候。是レ子タルノ道ニ相背キ、痛心嘆息罷在候得共、墳墓狭小、新築制禁ニ有之候間、不得已困苦罷在候。当今更始ノ初、天下火葬ヲ厳禁シ土葬被仰出、新ニ墳墓ヲ不毛ノ地ニ築キ候様奉願候。

（中山泰昌編著『新聞集成　明治編年史』第一巻　二六〇頁）

この建議は「下総国香取郡加藤淵村百姓　権之丞」によるものである。この内容をまとめると、

・親を火葬する風潮があること。
・葬式の際に、泣かずに愉快葬となっていること。
・幕府が墓地の新設を制限したため、人口増加で埋葬地が足りなくなり火葬が行われていること。
・そのために前の埋葬地を掘り起こし、遺骨を埋葬していること。

という状況に対して否を唱えるものである。「権之丞」によれば、「火葬」や親の死に対して、泣くこともせず「愉快葬」のようになっていることは、「皇国ノ国体ニ背」く行為であるとし、その原因として、幕府による埋葬地の制限と人口増加による埋葬地不足をあげている。そして、火葬を禁止し、土葬とするだけではなく、埋葬地を十分確保することを「建議」している。埋葬地不足が火葬を行う要因となっているということは、第一章でみたように明治時代以降の火葬受容の理由そのものである。しかし、ここでは幕府の政策によるものとされ、江戸時代にす

でに近代的状況が生じていたことを示すものであり、宗教的理由だけが近世の火葬ではないということになる。古代に復古した明治維新政府へ、「孝ハ百行ノ源」として訴え出たものである。

これは「建議」として新聞に掲載されたものである。「議案録」は『新聞集成明治編年史』第一巻の「明治編年史収載新聞目録」によれば明治二年（一八六九）三月に東京で創刊とある［中山　一九三四　一二］。新聞が掲載した意図は新聞社が広報的役割を担っていたためか。ここで問題となるのは、このような「建議」が出されたことにある。内容的には「火葬」への思想的嫌悪がみえる資料として捉えることができる。「火葬」に対する思想的嫌悪は、第一章第三節で紹介した埼玉県の「埋葬地ノコトニ弊習アリ因テ之ヲ論達ス」と同様である。埼玉県で出された「論達」は明治六年（一八七三）に出されたが、この「建議」はそれよりもさらに前のことである。ただ「論達」の方は、「埋葬し先祖を祭る」ことを強調しているのに対し、「建議」は「皇国ノ国体ニ背」くことを理由として火葬禁止を唱えている。そこに思想のニュアンスの違いがみられる。「建議」が出されたのは明治二年であるのに対し、「論達」は明治六年である。先に富永健一が水戸藩の思想が明治維新の思想的背景となり、『大日本史』が儒教思想に依拠すると指摘していることを紹介した。ここではさらに富永の意見をみてみたい。富永によると、「水戸学の皇室中心主義を受け継ぎ、さらにいっそう発展させたのが、会沢の国体論」［富永　一九九〇　三八〇］とする。「会沢」とは会沢安（会沢正志斎）のことである。会沢の国体論を富永は、いくつかの要点にまとめているが、その中でも「国体論は、古代の天皇を日本人の祖先とみなす古代的な氏族国家的思惟の上に立ち、祖先祭祀と民を治める行為とが同一であるという祭政一致の立場をとる」［富永　一九九〇　三八三］とし、また会沢が学んだ藤田幽谷の著した「『正名論』（一七九一）にみられるように、日本の天皇制に儒学の名分論をあてはめることによって、明治維新における天皇制の復帰に道を開いた」［富永　一九九〇　一一九］とも指摘する。ここで問題としている「建議」「論達」には「孝道」そして「祖先祭祀の重要性」が言われており、明治新政府の思想的背景の影響を大きく受けたものであるといえる。「論達」は行政側のものであり、政府の意向にしたがうことは当然であるが、「建議」を出した「権之丞」なる人物は「下総国香取郡加藤淵村」に住む「百姓」とある。その「百姓」が明治二年（一八六九）にこのような「建議」を提出しているのである。この時期にはまだ明治新政府も行政基盤が確立していない。「下総国香取郡」は現在の千葉県の北部であり、水戸藩とは距離的に近い。そのために水戸の思想が入り込みやすかったことが考えられる。これらの思想を十分に享受した中で明治維新が起こり、「権之丞」は「建議」を出すに至ったのだろう。「孝ハ百行ノ源」というように孝道を全面に出し、さらに「皇国ノ国体」が意識された内容もそのためと思われる。

また、この「建議」における火葬禁止は、仏教を否定することによって出されたものではないことも重要である。慶応四年（一八六八）に神仏分離令が出され、各地で廃仏毀釈が起こった。廃仏毀釈は地域により差が大きいが、たとえば苗木藩（岐阜県東南部）では徹底的に行われ、寺院は村民の手により破壊されただけではなく、各家の仏壇や位牌は焼却処分されたり、川に流されたりしたという［林　二〇〇一b　二六］。またこれらは役人の前で行われたという話も聞かれた。先にみてきたように、火葬は仏教、とくに真宗と強く結びついていた。このことから、火葬禁止の「建議」や「論達」の背景に廃仏意識があることも考えられそうだが、そのような理由ではないということになる。

明治六年（一八七三）七月十八日に政府により、太政官布告として正式に火葬禁止令が出される。一百姓の思いや県の政策ではなく、国の政策として行われるということである。

太政官第二百五十三号御布告

火葬ノ儀、自今禁止候条、此旨布告候事。

明治六年七月十八日　　　太政大臣　三条実美

右之通被仰出候間、市在区々無洩可触知者也。

同明治六年七月廿二日

東京府知事　大久保一翁

―乾部布令留

（『東京市史稿　市街篇　第五十五』［東京都　一九六四　六九～七〇］）

前段布告は翌十九日の東京日日新聞には掲載されている（『新聞集成　明治編年史』第二巻　五七頁）。

この太政官布告を受け、各府県でも火葬禁止の徹底をはかったようで、東京府の他、「府県史料」では青森県の明治八年（一八七五）四月十二日の項に「火葬ヲ申禁ス」との布達がみられる。すでに資料として使用しているが、「府県史料」は明治の地方行政を明らかにするために編纂されたものであり、谷川健一が解題で「調査・編集がすべて府県の行政組織を通じて行われた官庁編纂物であるから、内容の信頼性が高い」［谷川　一九七九　四］と述べているように、当時の府県単位で調べられたものの報告をまとめたものであり、当時の様相を知るにはとても貴重なものと考えられる。青森県で出された布達は次のようなものである。

火葬禁止之儀ハ一昨六年七月十八日太政官第二百五十三号御布告之通一般遵守致居筈ニ候得共万一心得違候

者有之候テハ以之外之儀ニ付尚又区長組頭共ヨリ篤ク申聞置へし此旨相達候也　（「府県史料」二二頁）

これは、先の太政官布告の約一年半後に出されたものである。内容は、布告の遵守をあらためて通達したものであり、明治六年に太政官布告を受けたときに、すでに県内に布達されていることが、「御布告之通一般遵守致居筈ニ候得共」の一文から推察される。これが少なくとも二度目の布達であることがわかる。太政官布告から一年半を経て再度布達する必要があったのは、現実には火葬がなくならなかったからではないか。ここでの火葬は真宗地帯で行われ、それは宗教的な意味付けによるものであるために、法的規制がなされたからといって、容易に変えられるものではなかったからと考えられる。このように考えるならば、宗教的動機が法的規制に優越していたということになる。

それでも少なくとも、近世からの伝統的に火葬が行われてきた地区で土葬へと変化した所もある。宮本常一によれば、河内国滝畑（現大阪府河内長野市滝畑）では、明治六年から七年頃までは火葬であったが、焼場が民家に近く、焼くと危ないこと、また死人の焼ける臭いは嫌なもので、その臭いが谷中に立ち込めるために皆が火葬を嫌がったことを理由として土葬に変わったと報告している［宮本　一九九三　一二八］。火葬から土葬への変化が時期的に火葬禁止令が出された時期と重なっており、住民のそれまでの火葬に対する否定的な感情が禁止令によって表面化した事例として捉えられるかもしれない。

また、滋賀県志賀町（現大津市）北小松では、村の記録に明治七年（一八七四）六月に火葬場廃止とあり、それまではシャンマ（墓地）にヤキバがあって火葬していたが、火葬場廃止以後土葬になったという（『日本民俗地図Ⅶ（葬制・墓制）解説書』）。北小松には真宗徳善寺・徳正寺・法泉寺、禅宗種徳寺があるということであり、真宗が強いことがわかる。そのために近世まで火葬が行われていたと考えられるが、火葬禁止に伴い火葬場を廃止したために土葬へと移行した事例として捉えることができる。さらに、井花伊左衛門が、『旅と伝説』の「滋賀県高島郡西庄村」の中で、当地は維新までは火葬であったが、執筆当時は全部埋葬になっていたことを報告している［井花一九三三　一〇八］。

以上は国の政策としての火葬禁止であるが、明治六年七月十八日の太政官布告よりも以前に府県単位で火葬に対しての制限がなされていた。埼玉県での「諭達」は先にも指摘したように、明治六年三月に出されているが、「火葬厳禁ノ御布達モアリ」との一文から、太政官布告以後のものと考えられた。

大阪新聞の明治六年一月十二日には、「府県知事」の名前で出された「白昼火葬禁止」の条例が掲載されている。

白昼火葬イタシ候儀、今後差止メ候条、夜中取行可申可
但葬送ハ昼夜トモ可為勝手事
右の趣管内無洩相違ルモノ也
　壬申十一月
　　大阪府県知事　　渡邊　昇
（『新聞集成　明治編年史』第一巻　二頁）

「壬申」は明治五年（一八七二）であり、この条例が明治五年十一月に出されたものであることがわかる。葬送は時間に制限がなく、いつでも行うことができるが、火葬は今後は昼に行うことを禁止し、夜中に行うべきこととした。火葬そのものを禁止した条例ではないが、政府の火葬禁止令よりも前に出された条例であることが興味深い。

長野県でも明治五年二月八日に「管下ニ令シテ火葬ノ妄行ヲ戒ム」との条例を出している。

火葬ノ義《（ママ）》ハ人家隔絶ノ地ヲ撰ミ宗法モ有之可取行ノ処当地ノ風俗従来不宜田間或ハ路畔ニオイテ白昼天日ニ曝シ葬儀ニオイテモ如何ノ儀ニ相聞殊臭煙人家ニ及候等ノ義《（ママ）》有之趣以ノ外ノ事ニ候条以来人家離可然場所ヲ撰ミ宗法ノ通葬儀手厚ニ取行候可致若心得違ノモノ有之ニヲイテハ取糾ノ上詮議ノ次第モ有之候条兼テ可相心得者也

（「府県史料」一七五頁）

これは、長野県では火葬が人目につきやすい人家の近くの場所で白昼堂々と行われ、その臭煙が人家に流れており、県としてこれを戒めた条例である。「白昼天日ニ曝シ」との記述の在り方から、火葬が人目につくことを否定的に捉えていることがわかる。聞き書きによる「伝統的」火葬は夜に行われたものであったが、大阪府や長野県での条例をみると、明治初期には白昼堂々と火葬が行われていたことがわかる。このような考えは先の火葬禁止の建議からつながるものとすれば、「白昼の火葬禁止」は「火葬」そのものを思想的に否定したものではなく、皇国思想と関係があるのかもしれない。後に「火葬の葛藤」をみるが、その葛藤の一つに「日に煙りがかかる」というものがあった。つまり太陽に神格がもとめられ、そのために火葬を遠慮するというものである。「神」が「死」を嫌うことは、現在でも葬家で神棚を封印することからも理解できる。また福井県小浜市下根来では、葬列が神社の前を通るときには、鳥居の両端に筵を持った男の人が立ち、神に目隠しをするという［林　一九九三b　三三］。このように神に対する意識が強ければ、火葬は神を避けることは必然であるが、それが白昼ということであるならば、太陽の神格化が前提となる。明治政府は天皇は万系一世とし、天照大神を祖先とした。この天照大神は太陽神でもある。長野県の条例では近所迷惑であることも要因とされているが、このような思想的背景により、行政側が白昼の火葬を禁止したということになる。しかし先に見た小林一茶の「父の終焉日記」では夜に火葬が行われ、「備後国沼隈郡浦崎村風俗問状答」では、「翌早朝、火葬場へ僧参り、読経、厚き者共参り、骨を取」とあり、夜に火葬が行われていた。白昼の火葬の例は得られていない。井上章一によれば、白昼に葬式を行うようになったのは明治以降で、それ以前は夜間に行われるのが一般的であったという。葬式が白昼に行われるようになった理由は、明治以降の葬列のスペクタクル化によるものという［井上　一九九〇　八二〜八三］。このことは今までにみてきた例からも理解できる。井上の意見にしたがえば、「葬送」行為は本来的には人目にさらすものではなかったが、葬列の白昼化が火葬行為の白昼の実行を招いたということになる。しかし、少なくとも、ここであげた条例が出された時期から考える限り、明治になってから白昼に行われるようになったとは考え難いのではないか。仮に「葬列のスペクタクル化」が根底にあったとしても、禁令を出すということは、それだけ一般化していたということであり、そう短期間に感覚の変化が広まったとは考え難い。

さて、火葬禁止に伴い、「建議」で申し立てられたように、土葬が行われることになる。しかし「建議」にもあるように、墓地は狭いのが現状で、個別埋葬および永久墓地化は実際には困難である。そのために、太政官布告の火葬禁止令が出される直前に東京府に対して墓地確保のための取り調べを政府がもとめている。

今般火葬禁止ノ儀御決議ノ処、突然御発令相成テハ、人戸稠密ノ地ハ、墓地狭隘ニヨリ差支ノ筋モ可有之ニ付、其府ニ於テ相応ノ墓地取調早々可申出候也。
但、来月中旬頃ニハ御発令可相成筈ニ付、其段相心得、取調可致候也。

正　院

――法令類纂巻之四十八――

（『東京市史稿　市街篇　第五十五』［東京都　一九六四　七〇］）

明治六年六月十二日

東京府知事　大久保一翁殿

これを受けて東京府は取り調べを行い、返答したものが次の資料である。

東京府知事

大久保一翁

太政大臣　三条実美殿

大内史　　土方久元殿

火葬御禁止之義《ママ》、御決議之処、突然御発令相成ては、人戸稠密之地は、墓地狭隘ニ依り差支之筋も可有之ニ付、当府於テ相応ノ墓地取調、早々可申出旨御達之趣承知仕候。篤と取調候処、当府管轄内新所轄之郷村ヲ除キ、元朱引内外と相唱候寺院境内地　神葬地ヲ概算スルニ惣坪弐百四拾八万六千弐百坪余ニシテ、其内現今存在塔堂二十九万四千六百坪、墓地三十四万七千四百坪、尚屋敷一割八万四千四百坪引去り候ても余地七十五万三千百坪余可有之、直推考の為メ朱引内是迄之現在墓地ノミ取調候ては、三十四万七千坪有之、右ヲ差引候ても尚余地八拾四万三千坪可有之見込ニテ、既ニ是迄墓地トは一倍余之余地有之、其上朱引外之境内余地も数十万坪も有之、況や今日之堂塔も異日は自然破壊ニ属し、尚一層之余地相増可申、夫是ニ付篤と勘考仕処、寺院境内之儀、前断之通り百万余之余地も可有之見込ニ付、自今火葬御禁止相成候迚、当府ニ於テは別段墓所取設ヶ不申候とも敢て差支候儀は有之間敷見込候。（後略）

明治六年癸酉七月

——史官往復地券掛——

（『東京市史稿　市街篇　第五十五』〔東京都　一九六四　七二～七三〕）

これによると、突然の決議なので、人戸が密集している地域では、土葬では差し障りもあるだろうが、東京府内全体としてみるならば、十分な土地の確保が見込めるために、新たに墓地を造らなくても影響はないということである。その根拠として実際に墓地の面積も計算されている。

さらに、これには図面が添付されている。その図面には、

府下諸寺院境内中堂宇鋪地墓地ヲ除キ全空地ノ残スル処凡七十四万五千六百八十坪アリ。此坪数ヲ算スレバ府下人民凡二百年ノ葬地ヲ得ル、況数年ニシテ土化スルヲヤ。

但シ、府下人口凡百万人、夭寿平均シ六十歳ヲ定命トシ、六十人中一人死去ト算シ、年々百万人ノ六十分ノ一、一万六千六百六十六人死亡トス。

此埋葬地一棺三尺四方一坪四棺ヲ埋葬ス。一ケ年ニテ（神葬地ハ倍之）四千百六十六坪五合ナリ。

二十ケ年ニシテ八万三千三百三十坪ニシテ足レリトス。

凡二十ケ年ヲ経ル時ハ土化シテ再葬ノ地トナルベシ。

（中略）火葬十ニ八九分ハ真宗ニシテ従前ノ墓地、殊ニ狭窄ナリ、然レトモ、他宗ノ墓地ニ埋葬スル事、尤難ク苦情多ラン歟、依テ神葬祭地ノ内壱ヶ所真宗ノ附属ナシテ可然歟。福田印、

（『東京市史稿　市街篇　第五十五』〔東京都　一九六四　七四〜七五〕）

と記されている。空き地を先に計算された墓地面積に加えて考えても、土葬された遺体は土化するので、年間死亡者数と一人当たりの埋葬面積、および土化の時間を加味することで、土葬を行ったにしても大丈夫であることを結論付けたものとなっている。ただし真宗の場合は墓地が狭いとあるが、これは真宗が伝統的に火葬を行ってきたためであろう。墓地が狭いので他宗に墓地をもとめようとしたが難しく、苦情も多いが「神葬祭地」の一ヵ所をそれにあてれば大丈夫としている。しかし、ここで埋葬地を永久固定せずに「再葬」を当初から考えていたことは二つの点で興味深い。一つは、遺体は時間の経過にともない土化するとの意識がみられることであり、一つはこれに関係するが、そのために埋葬地は永久固定化されるものではなく、前に埋葬された土地を掘り返して、そこに新たに埋葬することが前提的に捉えられていることである。先の「建議」では、火葬禁止の一つの理由には、埋葬した先祖を固定的に永久に祭るとの意識がみられた。また埼玉県の「府県史料」でみたように、布達は先祖墓地の固定化を意図していた。しかし、右の東京府の結論では、「再葬」を前提としているのである。ここに行政内での意識のずれがみられるものとなっている。埋葬後の遺体に対する観念の違いをみることができるのである。東京府の回答では、埋葬された遺体そのものの個性は時間とともに風化するという事実から、埋葬者がそこに永久的に「存在」しないという観念を読み取ることができるのである。東京府は遺体の「土化」をあげ、そのために「再葬」を前提としている。遺体に「個性」を認めていない。「再葬」において、そこに系譜的な関連性が先の計算の中には織り込まれていない。単純計算である。そしてその試算では約二十年で「土化」するという。すると埋葬しても二十年程度しか、その場に「故人」の「存在」は認められないことになる。「建議」や「論達」では墳墓を築いての「祖先祭祀」の重要性をいう。しかし「再葬」されてしまえば、埋葬地を永久的に意識することはできない。だからこそ「建議」「論達」では、火葬を嫌悪するだけではなく、墳墓をもって祭祀することが言われたのではないだろうか。第一章第三節でみたように、静岡県浜名郡庄内村（現浜松市）呉松では「墓地がいっぱいになると焼き払う」（『日本民俗地図Ⅶ（葬制・墓制）解説書』）とある。墓石があると墓地を焼くのは大変な作業になるだろう。また和歌山県西牟婁郡白浜町朝来帰では、「七年目になると埋葬地点を掘り起こす」とある［新谷　一九九二　二五八］。また「論達」にあるように埼玉では明治初期にはまだ「穴の中に遺体を投げ込む」ことが行われており、市川秀之の調査によると大阪狭山市では一六世紀に墓石がみられ、一八世紀前半に急増するという地域もみられる［市川　二〇〇二　九］。この調査においても墓石数は把握できるが、全死者に対する墓石比を割り出すことができないので、厳密にいうならば、大阪狭山市では墓石が作られるのが一般的であったとはいえないだろう。全体的にみるならば、故人の「存在」意識はそれほど高くはなく、土葬において、埋葬地がどれだけの意味をもっていたのかという疑問を生じさせよう。同じく第一章第三節で堀哲が「火葬」の導入により「先祖代々之墓」ができたと指摘している［堀　一九七八　二五七］ことを紹介した。「先祖代々之墓」が火葬によるものであるかどうかについては、今のところ明確に答えられないが、少なくとも、「先祖代々之墓」の存在は系譜観念が付随しているものとみることはできる。だからといって逆命題が成り立つとはかぎらない。またここで混同されてはならないことは、「建議」や「論達」での「祖先」を祭祀すべきとされたことである。「建議」や「論達」では一人ずつ墳墓を造り、それを祭ることが言われている。それは「先祖」という一つにくくられたものではない。むしろこのことは「先祖」という一くくりを否定したものとも受け取れるであろう。故人の「個性」が問われているためである。しかし、このような「建議」「論達」が出されたということは、故人に対して、「個性」というものが考えられていなかったことを表しているのではないだろうか。

ところで大阪では、火葬禁止に際して、埋葬場所を高価に売買することを禁止する通達が明治六年(一八七三)九月二十五日に出されている。

先般火葬被廃候儀ハ厚キ御趣意ニテ埋葬地所取定候迄差掛処者銘々檀寺其外是迄墳墓取設来候所へ土葬可致旨相達置候処右檀寺等ニテ葬地ヲ高価ニ売渡シ又ハ名儀《(ママ)》ヲ礼金ニ托シ不当ノ金銭貪取候哉ノ風聞有之人ノ不幸ニ乗シ貪欲ヲ恣ニスル情状第一被仰出ノ御趣意ニ戻リ且神仏慈仁ノ本意ニモ背キ不相済次第ニ付心得違無之様屹度相守右之通社寺へ相達候事

(『府県史料』三三〇頁)

この記録から、火葬の禁止によって、それまでの寺墓や定められた墓地への埋葬が可能となったが、そこで都市問題が生じていることがわかる。埋葬地不足である。土葬では火葬に比べて、埋葬に大きい容積を必要とする。人口が多い上に、空間も必要ということで、埋葬地が不足するのは当然のことである。そのために埋葬地は高価に売買され、それを禁止するために出された通達である。埋葬地の高騰は需要の大きさとそれに対する供給の小ささを示す。それほど埋葬地の確保が困難な状況であったということである。大阪では前に「火葬禁止」を受けて新たに埋葬地を作り、それが上の文章中の「其外是迄墳墓取設来」ということであろうが、この史料では「檀寺等ニテ葬地ヲ高価ニ売渡」とあることから、とくに寺院墓地の需要が高かったことを示す史料ともいえる。檀那寺に代々埋葬していた家では、同じ寺院墓地を利用したいと思うのが当然であろう。そのために墓地の高騰を招いたのであろう。

二　火葬場跡地の展開

火葬が禁止されると、当然のことながらそれまでの火葬場は必要なくなる。明治七年（一八七四）十二月二十六日付の郵便報知新聞に火葬禁止令後の様相が報告されている。大阪千日前の記事である。

〈火葬場跡の野原が千日前の歓楽場〉

大坂府下千日の三昧といへる所は昔よりの火葬場にして、東京小塚原の類なりしが、火葬を停められしより、府下の四隅に埋葬所を設けられしこと、東京の葬地の如くなれば三昧の地は用なき所となれり、然れども家を作り住はんも火葬の地なれば望む者なし、供養堂読経所は尽く毀ち棄てられて野原となり、多くの人を容る可きを以て近頃観せ物仮屋を作る者あり、造構最も巨大なり、幽霊怪物偶人を作り出して観客を延くといふ、火葬地の跡なればなるべし。先ず屋前の招客牌は偶像にして、頼光大江山人の形状を作れり、製造殊に巧なり、明年一月一日より開場し、場中の奇怪を恐れずして能くこれを観終る者は花紅《ほうび》として五十銭を与ふと云う。東京にも去る歳さる観物ありしが近頃は児態なりとて行われず、坂府は猶かゝる戯を為す。流石に東京には及ばざる所あるなるべし。

（『新聞集成　明治編年史』第二巻　二五五頁）

この史料は大阪の火葬場の火葬禁止後の様子を示した記事である。揶揄した論調であるが、火葬場跡がどのように使われたかがよくわかる史料といえる。

火葬禁止令により、近世以来の火葬場であった「千日の三昧」がその機能を奪われ、供養堂読経所も毀ち棄てられ、跡地は荒れ果ててしまったが、そこに住むものはおらず、見世物小屋が作られたという記事である。火葬禁止令が出されたのは、明治六年（一八七三）七月十八日であるが、同年末にはかつての火葬地は住むものはなく、「野原」と化してしまい、あげくに見世物小屋ができたことがわかる。

火葬場跡に幽霊小屋が作られたことは、「場」のイメージによるものであろう。新聞紙上でも「火葬地の跡なればなるべし」と述べている。ここで示されたイメージは、あくまでも新聞の記事を書いた人が揶揄した表現とも受け取れるが、現実に「観せ物仮屋」では「幽霊恠物偶人を作り出して観客を延く」というものであった。そこに観客が集まったということは、記事を書いた記者のみならず、一般的にも火葬場跡という空間に「死」のイメージを持っていたことが考えられる。そして「死」からの連想で幽霊が置かれたのである。記事によれば、東京の小塚原でも前年に同様の施設ができたことが記されており、「火葬場」のイメージと幽霊との結びつきは一般的なものであることが理解できる。ただし東京のものはすでに廃れてしまったと記事にはあり、それが事実であるとするならば、この手の「見世物小屋」はその背後の観念を顕現した一時の流行であるといえよう。しかし「火葬場」には「死」のイメージが強くある。この件に関しては本章第二節で検討を加える。

また大阪府では火葬禁止を受けて四隅に埋葬場を設けた。府による埋葬場の設置はそれ以外の土地への埋葬制限を意味するものである。東京と同じく、都市部では埋葬は早くから制限されていたといえる。

さらに、明治八年四月八日付の郵便報知新聞には次のような記事がみえる。

〈火葬場の変りよう　大阪の梅田と千日〉

大阪に以前「ヲンボー」屋と称し火葬場二ヶ所有りて、一を北地にて梅田と云ふ。一を南地にて千日と云ふ。其家は寺院に似て最大なり。軒数も極めて夥多有りしが、火葬禁止の発令以来是が為め営業を失し、日に月に喰込になるのみならず、地所広大なれば地租の額随て高し。故に其主所持する能ず、遂に千日は悉く家を毀ちて売却すれば、梅田も亦毀売と決着せり。然るに彼の千日は道頓堀の近辺なれば、其広大たる地面も既に生人形或は手品其他見世物等にて、余地無きに至る其賑ひ察すべし。梅田も家を毀つの跡へ桜木を数多く植る事を目論見たれば、千日に不及と雖も昔に変て賑はしき地と為らんかてとて、彼昔の俗歌に、死んで花見が出来るなら、梅田千日花盛りと云ひしも真に前兆と云可かりける。

（『新聞集成　明治編年史』第二巻　三〇六頁）

この史料は先の新聞と同じく、火葬場跡地の様子をもう少し詳しく述べたものである。火葬場があった時代の様子も記されており、まことに興味深い。火葬場跡に「観せ物小屋」ができたというだけではなく、仕事（火葬）がなくなり、土地が広大なため地租が高くて、所有者はこれ以上所持することができなかったというところまで書かれている。記事の信憑性は、その「所有者」の言葉として書かれていないので、ここでは明らかとはいえないが、それでも、本項で問題としている、「火葬場」の跡地がどのようになったかについては、先の新聞史料よりも詳しい。明治七年（一八七四）十二月二十六日の記事では、明治八年一月一日に千日前に「観せ物仮屋」がオープンするとの内容であったが、この記事によると、幽霊小屋だけではなく、「手品其他見世物等」により「余地無き」ほど賑わっていたことがわかる。また千日に対し、梅田は多くの桜の木を植え、人々を集めようとしたことが記されており、火葬場後の空間的利用が模索されていることがわかる。このことはかならずしも火葬場の跡地が「死」のイメージだけから成り立っているものではないことに興味がわくが、さすがに住地には向かなかったことは、そこに何らかの「死」に連関する不安のようなものがあったのかもしれない。それでも、大勢の人間がつめかけていたということは、火葬場の跡地が完全忌避すべき空間ではないと考えられていたということができる。ここでもう一つの疑問が生じる。火葬場跡は「死」のイメージが中心であった。では土葬墓地ではどのようなものであろうか。先に、土葬において、そこでは埋葬された故人の「存在」はそれほど強くはなかったと述べた。そのために東京府では「再葬」ということを考え出しているのである。しかし、明治になってから両墓制が成立した可能性を示唆した静岡県天竜市石神では、「さびしまいり」という習俗があり、そこで故人の「存在」を意識する経験をしている。「さびしまいり」は石神だけではなく、浜北町（現浜松市浜北区）中瀬でも確認できた。埋葬後（土葬）、真夜中に親戚だけで墓参りするというものである［林　一九九〇b］。本来は七日間毎晩行うのが正式な形ということであるが、昭和末期には簡略化され葬式の当日だけに行われるようになっていた。完全になくならず初日の「さびしまいり」が行われていることは、初日の重要性を物語っているということができる。その重要性は、このときに杖・蓑笠・鎌を持参し、墓に刺してくることからも窺うことができよう。墓の装置が「さびしまいり」で完成するためである。そして「さびしまいり」は「死んだ人が一人では寂しいからお参りするもの」といわれるようになっている。しかしこれは後につけた感情的付会であろう。初七日まで毎日行うことが本来の形であるということから、「さびしまいり」が遺族の悲しみという感情的要請から生じた儀礼ではなく、七枚塔婆を順次立てていくことから、「送り」の儀礼的な完成をもとめたものといえる。それに感情的な意味付けが付与されて現在に至っていると考えられる。ところで平成二年（一九九〇）に石神を訪れたときに、せっかく来たのだから「さびしまいり」を経験しなさいと、夜中に連れ出された。墓地は山の中腹にある。道とはいえない山道を登ると、突然視界が開け、目を凝らすと、土まんじゅうとその上に建てられた木の墓標が林立していた。著者にとって初めてみる土葬墓地であった。

しばらくすると、連れていってくれた人が突然一つの墓標の前で泣き崩れた。そこは親の埋葬地であった。平成になってからの経験だが、土葬において、故人の「存在」が強烈に意識されている事例として捉えることができる。そこには「死」というイメージではなく、「存在」イメージが強いといえよう。

ところでこの記事にある「「ヲンボー」屋」は三昧聖と考えられる。記事中には「軒数も極めて夥多有りし」とあり、梅田・千日の火葬場に多くの「ヲンボー」屋があったことがわかる。畿内の三昧聖については高田陽介の論考があるが、高田によると、「新政府の免税特権剝奪・火葬禁止・葬送業独占解体などの急激な政策展開を受けて、集団は崩壊する」［高田　一〇〇〇　一五三］というように、この記事からも「ヲンボー」屋は火葬禁止と広大な土地に対する高額な地租により生活が立ち行かなくなってしまったことがわかる。高田によれば大都市では十分に火葬需要があったために、「三昧聖の職分が少しでも滞れば、たちどころに多くの遺体が行き場を失い、その処理が深刻な都市問題と化したであろう。そして、この並外れた需要は、都市域に接した便利な火葬場が別に新設されないかぎり、安定的に持続される。したがって、道頓堀墓所の三昧聖は、都市機能の一部を担う者として充分に職分を重視され、また独占受注圏の保持に過敏になることもなかったにちがいない」［高田　二〇〇〇　一五三］と指摘する。高田のこの意見は、大阪道頓堀墓所の三昧聖を例にとって、大都市の三昧聖が地方に比べて独立運動に冷淡だった理由として出されたものである。

本項では、三昧聖の近世の生活を詳しく追究するものではないが、高田の意見にしたがうならば、梅田・千日の「ヲンボー」屋も近世には安定的であったことが推察される。それが、独占的安定性ゆえに、新政府の政策についていけなくなってすぐに没落してしまったと考えることができる。三昧聖と呼ばれてはいないが、上の記事からも伝統的火葬において「オンボー」と呼ばれる人たちが関わっていた。香川県仲多度郡多度津町奥白方では、真言宗の家が火葬であり、火葬でない真宗の家の者も手伝うが、火葬には「オンボー」と呼ばれる人たちが関わっていたという。小林一男によると福井県若狭新庄（美浜町）でも、「オンボ組」が葬礼の準備や、火葬場までの葬列において龕かつぎを行っていたといい、「オンボ組」は隣組が葬礼に限って呼ばれる名称であると報告している［小林一九六三　九六〜九九］。

三　火葬禁止の解除

明治六年（一八七三）七月十八日に火葬禁止令が出されたが、その一年十ヵ月後の明治八年五月二十三日には「火葬禁止の布告廃止」が布告される。

第八拾九号
明治六年七月第弐百五拾三号火葬禁止ノ布告ハ、自今廃シ候条、此旨布告候事。
明治八年五月廿三日　太政大臣　三条実美
――法令類纂巻之十八――
（『東京市史稿　市街篇　第五十七』［東京都　一九六五　五三四］）

これが、五月二十五日付の東京日日新聞に太政官記事として掲載され（『新聞集成　明治編年史』第二巻　三二四頁）、一般に周知されることとなる。「火葬禁止の布告廃止」にある「第八拾九号」を受け、内務省は同年六月二十四日に次のような通達を出している。

乙第八拾号

火葬ノ儀、第八拾九号ノ通御布告有之候ニ付テハ焼場ノ儀左ノ心得ヲ以テ取扱可申此旨相達候事。

明治八年六月廿四日　　内務卿　大久保利通

一、焼場ハ、東京府下ハ朱引外、其他ノ地方ハ、市街村ノ外、渾テ人家遠隔ノ地ニ於テ、薄税地又ハ借地料等無之地ヲ撰シ、最寄市邑申合、共用致サスベク、尤官有地又ハ民有地ノ内、新規相設ケ候積リ、取調可伺出事。

一、人民所有ノ確証アル旧焼場、及ヒ新規払下ノ場所ハ、民有地第三種ニ組入、其他ハ官有地第三種ニ可組入事。

一、焼場ノ臭煙ハ、人ノ健康ヲ害セサル様、専ラ注意シ、火炉烟筒（但、三府五港等ハ、ナルヘク烟管ノ高キヲ要スト雖トモ、大凡曲尺弐拾四尺ヨリ低カルヘカラズ。）及ヒ墻壁等ノ如キ、適宜ノ方法ヲ可設事。（明治十三年十二月内務省乙第五十号ヲ以改。

一、焼場ハ火炉烟筒及ヒ墻壁等ヲ設クヘシ。尤人家遠隔ノ山野等ニ於テハ、適宜簡易ノ装置ヲナスモ不苦候事。）

（（　）内は割注）

一、焼場造築修繕等一切ノ入費ハ、人民ノ自弁ハ勿論ニ候得共、都テ不都合無之様、区戸長於テ、注意取締可為致事。

一、遺骨ヲ此場中ニ埋葬候儀ハ、不相成候事。

――法令類纂巻之十八――

（『東京市史稿　市街篇　第五十七』〔東京都　一九六五　五三四〜五三五〕）

この通達は「火葬禁止」は解除するが、火葬するにあたり、火葬場の場所およびその構造に制限を設けたものである。具体的には、人家よりも離れた場所で火葬を行うことで、臭煙による健康の害が及ばないようにすることを目的とするものである。焼場からの煙が健康を害すると認識されていたことがわかる。そのために、距離的な制限だけではなく、装置にも制限を加えている。「墻壁」を築き、「火炉烟筒」を高くすることが定められている。とくに「三府五港」のように人口が密集している地域ではより高い「火炉烟筒」にすることとされている。

ただし、五年後の明治十三年（一八八〇）には、人家から遠い山野部では野焼きに簡単な装置を付けただけの施設でもかまわないとの内務省通達が出されている。山間部で従来からの形式を改めさせることが困難であったか、あるいは新しい施設を設置するだけの財政的困難さが背景にあることが考えられる。この内務省の本意が住宅密集地での人家と焼場との分離をめざすものであるとすれば、いわゆる僻地での火葬は従来通りの形式を例外的に認めることのできるものであった。

また、火葬場と埋葬場とが区分されている。これは、従来の火葬において、遺骨をそのままにしておくことがあったことへの規制であることが考えられる。それが最後の条文に表されている。

第一章第三節で紹介した明治八年（一八七五）の「東京府達書」もこの内務省の通達を受けて出されたものであり、「東京府達書」では、埋葬制限が前面に出た形となっていた。

青森県でもこの内務省布告を受けて明治八年七月九日に次のような布告を出している。

是ヨリ先火葬解除ノ令（五月二十三日太政官第八十九号布告）出ルヲ以テ内務省焼場制限ヲ府県ニ頒ツ（六月二十四日内務省乙第八十号達）是日本県焼場設置ノ地所及ヒ構造法ヲ定メ遺骨ヲ場内ニ廃埋スルヲ禁ス

火葬之儀本年太政官第八拾九号公布（五月二十三日ニアリ）ニ付焼場之儀這回内務省ヨリ被達候趣モ有之別紙之通相達候条早々取調申出候可致此殿相達候也

一、焼場ハ市街村落ノ外渾テ人家遠隔ノ地ニ於テ薄税地又ハ借地料無之地ヲ撰ミ最高市村申合共用可致尤官有地又ハ民有地ノ内ヘ新ク相設ノ積可取調事

一、人民所有ノ確証アル旧焼場ハ字間数等取調絵図面ヲ添可申出事

一、官有地ノ内ヘ新規相設候分ハ地所払受ノ積可取調事

一、焼場ノ臭煙ハ人ノ健康ヲ害セサル様専ラ注意シ火炉烟筒（烟筒ハナルタケ高キヲ要ス大凡曲尺二十四尺ヨリ低カルヘカラス）及墻壁等ノ如キハ適宜ノ方法ヲ可設事

一、焼場ノ造築修善《ママ》等一切ノ入費ハ人民ノ自弁ハ勿論ニ候得共都テ不都合無之様区戸長ニ於テ注意取締可致事

一、遺骨ヲ焼場ヘ埋葬ノ儀ハ不相成事

（『府県史料』一二二頁）

青森県では、先にみたように、明治八年四月十二日に、火葬禁止を確認したばかりであるが、火葬禁止解除の太政官布告および内務省通達を受けた形で、内務省通達をそのまま通達したようである。

青森県だけではなく、内務省の通達を受け、各府県でも火葬禁止解除に伴う通達を管内に通達している。たとえば、熊谷県（明治六年〈一八七三〉～明治九年〈一八七六〉まで置かれた。範囲は現在の埼玉県西部と群馬県の大部分）

では明治八年七月十日達として「火葬之儀第八拾九号之通御布告有之候ニ付テハ焼場ノ儀左之通相心得可申旨内務省ヨリ達ノ趣モ有之候条此旨毎戸無洩可通達者也」と発している（『府県史料』一一四頁）。また和歌山県では明治八年七月二日に、「火葬禁止ノ令ヲ解カレシニヨリ是日管下郷村各小区長ニ達シ従前火葬地ノ人家ニ接近スル者ハ更ニ人家遠隔ノ地ニ改メセシム」（『府県史料』二八七頁）が通達されている。

以上の通達からわかるように、火葬禁止の解除はそのまま禁止される以前のままを認めたものではなく、焼場を人家から遠ざけたり、焼場の構造に基準を設けたりと、行政指導のもとでなされたことがわかる。

ところで、明治八年五月二十五日付の朝野新聞に次のような記事が掲載されている。

〈〝火葬〟　人民の自由となる〉
神田孝平先生を始めとし、世の論客様方がやかましく仰せられた火葬も、トウ〳〵人民の自由に御許しが有りまして、誠に結構な事で御座ります。中々新聞に出る事も善い事御採用になると見へます。御論客様方此上人民の為めになる事は、沢山書て御出しなさい、民選議院も今に建ちませうし、出版自由も御許しになりませうし、新聞条令も改まりませうし、誠に々々有難い事で御座ります。しかし何の役にもならぬ悪る口は無益だからおよしなさいまし。

（『新聞集成　明治編年史』第二巻　三二六頁）

この記事は内容的に立志社系のものと考えられ、いたって政治的なものといえる。したがって、明治政府に対する批判的な記事が載せられているとみることができるが、それでもこの記事から、火葬禁止に対して、論客による否定的な考えがあったことが察せられる。それだけ火葬禁止への抵抗があったということである。思想的にも、生活的にも火葬を必要とした人々があったということになる。火葬禁止を短期間で解除したことは、政府としても実態を無視することができなかったのであろう。

第二節　東京での火葬場建設に対する反対運動

東京では火葬禁止令が解除されると、逆に土葬が制限され、火葬による葬送が指導された。『東京百年史　第三巻』〔東京百年史編集委員会　一九七二　七三三〜七三四〕によると、昭和初期の警視庁管下の火葬場は、

桐ヶ谷	荏原郡大崎町
落合	豊多摩郡落合町
堀ノ内	豊多摩郡杉並町
代々幡	豊多摩郡代々幡町
日暮里	北豊島郡三河島町
亀戸砂町	南葛飾郡砂町
四ッ木	南葛飾郡亀有村
其の他	一一か所

であったという。このうち、桐ヶ谷・落合については、先に紹介した斎藤月岑の『武江年表』の安政五年（一八

五八）の記録にもみえ、遅くとも近世後期には火葬場として機能していたことがわかる。なお、昭和三年（一九二八）の火葬数は九万四一六であったということである（『東京百年史　第三巻』［東京百年史編集委員会　一九七二　七三四］）。しかし明治期においては、「東京市民といっても東京に墓地を有せず、それぞれの出身故郷に埋葬される者が多かったから、その約九割は火葬、一割は土葬であった」（『東京百年史　第三巻』［東京百年史編集委員会　一九七二　七三二］）。このことから東京では火葬が中心であったことがわかる。

そのために、明治初期にはすでに火葬場の焼煙が社会問題化している。火葬禁止令が解除されて間もなくの、明治八年十月十四日付の東京曙新聞に次のような記事がみえる。

〈千住火葬場の臭気〉

近頃火葬が御許しになりましてから、千住辺の焼場で焼立ちますが、北風の吹く折りには、小梅橋場吉原あたりは臭気がひどくてたまりません。市中の下水の臭気すら、人間の健康を害するからとて、浚へ方の御世話があります。火葬の臭気はまた格別にひどうございますから、何所ぞ人民の鼻に這入らぬような所で焼くように御世話を願ひたう存じますが、一と先ず此臭気を嫌ひな御方に新聞紙上で御相談をしたいから一寸記載して呉れろと、州崎村寄留の神原さんから御申越しでござります。

（『新聞集成　明治編年史』第二巻　四一四頁）

新聞への投書のようなものであるが、「一と先ず此臭気を嫌ひな御方に新聞紙上で御相談をしたいから一寸記載して呉れろ」との文章から、地元の住民がやむにやまれず新聞紙上での相談という形で現状を訴えたものといえる。とにかく火葬のときの臭いはひどいものという。先に紹介したように滋賀県坂田郡米原町（現米原市）米原でも火葬の臭気には気がめいるとのことであった。しかし米原での聞き書きは野焼きのことである。この「千住辺の焼場」がこの記事が載せられた明治八年（一八七五）十月十四日の段階で、どのような装置であったかは具体的にはわからないが、これに先立つ火葬禁止解除の布達において、「焼場ノ臭煙ハ、人ノ健康ヲ害セサル様、専ラ注意シ、火炉烟筒（但、三府五港等ハ、烟筒ハナルヘク高キヲ要スト雖トモ、大凡曲尺弐拾四尺ヨリ低カルヘカラス。）及ヒ墻壁等ノ如キ、適宜ノ方法ヲ可設事」とある。しかしこの布達が出されたのは明治八年五月二十三日であり、五ヵ月後に我慢できず新聞に記事を依頼したということができる。五ヵ月内で、布達が指導するような設備が整えられたのであろうか。整えられていたとしても、耐え難い臭気をまわりにまきちらしていたのだろうか。このような訴えを受けてということであろうか、施設に改良が加えられている。明治九年六月二十四日付の花の都女新聞には、

〈小塚原火葬場　西洋風の器械焼〉
小塚原の焼場へ西洋つくりの火屋を建築し器械で焼ことを目論見、二十日に験査が済んだと言ふこと、煉瓦の石蔵が三千円、焼器械一千八百円ほどかゝるときゝました。　（『新聞集成　明治編年史』第二巻　五七一頁）

とある。後に具体的に指摘するように「小塚原」は「千住」である。この記事では単に機械の導入を記しただけであり、明治九年のことであるので、「機械化」が記事の対象とされたのであろう。「器械」の導入が、火葬と近代化を結びつける意図が働いているとみることもできよう。つまり近代化を誇示するための設備投資であり、その記事と読むこともできる。なおこの記事にある小塚原火葬場の機械化が、臭気対策によるものであるかどうかは不明であるが、この設備投資は「火葬禁止解除の布達」を受けてのものといえるかもしれない。

また明治十六年（一八八三）十月九日付の東京横浜毎日新聞には、日本が火葬場の構造をドイツに教えたとの記事がある。

〈火葬場構造　独逸に教へる〉

千住の火葬場にては先頃火屋を改築せり、其の構造は悪臭の他へ洩れざる様烟突へ石灰を以て烟漉器を附したる者にして、実際上好結果を得、独逸国の如きは之を聞きて其の構造の巧みなるを賞賛し、図面説明書を其の筋へ請求ありたるよし、又た新潟県にても此度之れに模倣して火葬場を新築するとのことなり。

（『新聞集成　明治編年史』第五巻　三六六頁）

この記事にしたがうならば、建造物としての火葬場は明治十年代にさらに改築された。火葬場建築技術はかなり進んでおり、悪臭が外に洩れない構造になっていることがわかるだけではなく、ドイツに教えるほど優秀な技術を持っていることを誇示したものと受け取ることができる。上の二つの新聞記事は、ことさら近代化を強調したものではないか。しかし、現実がそれについてこなかったため、千住火葬場の移転が決定したといえるかもしれない。しかしそれは反対運動の記事をみるかぎり、この投書から十二年も後のことである。移転先にいくつかの候補が上がるが、今度は移転先の住民の反対運動が起き、移転反対の嘆願書が出され、移転は頓挫する。計画に上がった移転先は、梅田・地方橋場・三河島・巣鴨・雑司ヶ谷などであるが、地元住民の反対で計画が難航していることを、明治二十年（一八八七）十二月二十日付で衛生課長が、知事宛に、千住の嘆願書とともに送達している（『東京市史稿　市街篇　第七十四』〔東京都　一九八三　二八〕）。千住の嘆願に対し、当時の警視総監であった三島通庸は「千住火葬場移転之儀ニ付、為参考苦情書御送付之候処、右移転之儀ハ詮議之末願書却下候条、該書面及御返却候也」と明治二十年十二月二十五日付で東京府知事宛に回答している（『東京市史稿　市街篇　第七十四』［東京都　一九八三　二九］）。この段階では、火葬場移転が却下されたのである。嘆願書については、正式なものが『東京市史稿　市街篇　第七十四』［東京都　一九八三　二九］に掲載されているが、これには「近傍大ニ困却之次第」としか理由が記されていない。しかし明治二十年十二月二十三日の東京日日新聞に、移転反対の理由が明記されているのでそちらを引用する。

> 南組の火葬場　千住の火葬場を同所南組則ち地方橋場町に最も接近の場所へ移転の儀を出願し、其筋にてハ実地の検査もありて許可にも成るべき模様なりとか云ふを聞き、橋場今戸町の人民ハ大ニ驚き抑も千住の火葬場たる、従来の地にありて何の障りもなく敢て支へもなきを殊更南組に移し為めに橋場今戸町の地価を低落為さしめ直接に臭気を嗅ぎ生命財産の損害を一時に蒙るの不幸に陥るハ迷惑も亦た甚し。在来千住近傍の人も同様なりとハ申せ、此人々にハ素より同所に火葬場のあるのを知りて移住せしものなれバ予て覚悟の上と申すも不可ならねど、橋場今戸町の居住者ハ然らず、畢生安全の地たらんと依頼せし地に斯る妨害物の現出せんとハ夢にだも知らず、実に難渋極まれリとて、居住者協議のうへ元大蔵大丞小野義質〔〇眞〕氏を総代とし一通の書面を齎らして昨日警視東京府両庁へ出頭して迷惑の情実を縷々陳述せりと。件の書面に調印せし人々ハ三条公爵　池田公爵　有馬公爵　伊達公爵　郷大蔵次官　渡辺元老院議官　真中管理局長　小野義質〔〇眞〕　北岡文平　川崎八右衛門　沼間守一　条野伝平　増戸大審院評定官其他の数氏なりと云ふ。
>
> ——東京日日新聞明治二十年十二月二十三日——

（『東京市史稿　市街篇　第七十四』［東京都　一九八三　三〇］）

この記事は移転先とされた橋場今戸町の住民が移転反対の嘆願書を出したという記事であるが、嘆願書を提出したのが総代となった「元大蔵大丞小野義質《○眞》氏」であり、この嘆願書にに調印した人物が、三条公爵をはじめとする池田・有馬・伊達公爵という、もと公家や大大名家の家系に連なる人々、そして大蔵次官・元老院議官・官理局長・大審院評定官もあるとのことであるが、最後に「と云ふ」とあることから、実際にこれらの人々が調印していたかどうかはあくまで記者の伝聞によるものとなっている。正式な嘆願書には、「小野義眞ヲ以テ惣代ト致シ」とあり、さらに三条実美・伊達宗城・池田茂政・有馬頼万・細川峯・松平忠和などが連名で署名している。しかし、本論の関心は誰が調印したかにあるのではなく、なぜ住民は移転を反対したか、その理由にある。その関心からみるならば、記者は直接住民から聞いたと考えられるので、当時の住民の意見がわかる史料であり、それまでみてきた人々の動きを含めて捉えるならば、資料的価値は高い。

この記事から橋場今戸町住民の火葬場移転反対理由をまとめると、

・地価の下落が起きる。
・焼場の臭気により、生命財産の損害を蒙る。

の二つとなっている。先に紹介したように、すでに明治八年（一八七五）十月十四日の新聞紙上で、千住の臭気のひどさは社会問題化されているといえるが、この記事にある反対理由は臭気による健康被害への危惧だけではなく、火葬場ができることによる地価の下落が問題とされている。そして、伝聞がどこまで事実であるか確認はとれないが、それでも誰か公爵など有力者の力を借りることにより、警視庁に圧力をかけたということであろう。

ここではこの二つが当時の火葬場に対するイメージとしてあったことが重要である。とくに臭気の問題は、今に始まったものではなく、本章第一節でみたように、宮本常一が臭気を嫌って明治初期に火葬から土葬へと葬法を転換させた地区（河内国滝畑）を紹介している［宮本　一九九三　二一八］。

火葬場による地価の下落は、火葬場が大きな負価のイメージをもって捉えられていたことを示すことも考えられるが、ここで興味深いのは、反対の理由が、「火葬」に対する直接的なイメージや先にみたような「死」への連想によるものではなく、現在する者の利益擁護に向けられていることである。つまり、「火葬」そのものに対する嫌悪感および否定的思想に基づくものではなく、「火葬」という葬法を認めた上で、近所への移転に対して現世的に反対しているのである。それは「在来千住近傍の人も同様なりとハ申せ、此人々にハ素より同所に火葬場のあるのを知りて移住せしものなれバ予て覚悟の上」との記述からわかる。「火葬」そのものに反対しているのではないのである。

先にも紹介したように、この嘆願書に対して警視総監は火葬場移転を却下するという判断を下している。火葬場移転は見送られることになる。翌二十四日の東京日日新聞に「火葬場許可ならず」と題した記事が記載されている。

昨日の紙上に記せし千住南組火葬場ハ近傍人民より苦情の嘆願陸続たるよし。警視庁総監ハ尚実地を調査為さしめたるに、名ハ千住南組なるも其実ハ橋場町の地たるを以て嘆願の道理あるを洞察せられ認可なり難き旨を掛り官に示されたるよしなれバ、あはや橋場今戸の居住人に危害を加へんとせし火葬場騒ぎも総監の明察に依りて焼け止りたり。此一報を聞きて同所の居住人等の喜び大方ならず、此土地既に臭烟の中に呼吸すべかりしを容易く之を免れたる事偏に現総監の賜ものなり、肝に銘じて忘るべからずと言合へるハ左もあるべき事なり。

（後略）

――東京日日新聞明治二十四年十二月二十四日――

（『東京市史稿　市街篇　第七十四』〔東京都　一九八三　三一〕）

「昨日の紙上に記せし千住南組火葬場ハ近傍人民より苦情の嘆願陸続たるよし」の文章で始まるこの記事から、火葬場の移転に対する人々の関心の高さが窺える。地元だけの問題ではなくなっているのである。それだけ大きな問題となり、陳情の結果が新聞上で報告されている。千住南組には移転せずという結果である。その理由が、「名ハ千住南組なるも其実ハ橋場町の地たるを以て嘆願の道理ある」ためということである。その「道理」とは嘆願書を出した橋場今戸町が実際に火葬場の近隣にあたるということである。だとするならば、近くに移転が予定されている地域はすべて嘆願書を出せば移転せずとの結論がでてくることになる。しかし、現実にはそうでなかった。先にみた昭和初期の東京の火葬場の中に「亀戸」があり、亀戸では後に述べるように移転反対運動が起こり暴力沙汰にまで発展している。このようなことを考えるならば、橋場今戸町の嘆願書には有力者が名を連ねていた。火葬場移転却下はその力が大きかったためと考えざるを得ない。その結果に当地では大喜びであったことがわかる。移転先の候補となった地区では橋場今戸と同様に嘆願書を出し、移転反対運動を展開している。なお、三河島の住民が提出した嘆願書は明治二十一年（一八八八）三月二十三日付となっている。いくつかの反対理由をあげているが、その中に次のような一文がある。

今般三河島村字前沼第弐千九百四十番地ヨリ同三番地ニ至ル地所ヘ千住南組旧火葬場移転之儀出願仕候者有之候処、一体右耕地之儀ハ農業必要之場所ナレハ、若シ火葬場移転スルトキハ周囲数十町ノ良田ニ非常ノ損害ヲ来タス。（後略）

（『東京市史稿　市街篇　第七十四』〔東京都　一九八三　三二一〕）

移転先とされた場所は耕地としては必要な場所であるだけではなく、もしも移転が実現すると、周囲数十町におよぶ良田への悪影響を及ぼし、大きな損害をこうむるとしている。これは明らかに農地被害を心配するものである。火葬場ができると、建設される耕地が潰されることはわかるが、まわりの耕地に影響が出るという考えは、遺体を焼いたときに出る煙が農作物にかかると農作被害が出ることを想定しているのだろうか。三河島の住民は何度も嘆願書を提出している。別の嘆願書には、「一体右耕地之儀ハ春夏之更養水必要之期節ニ者養水堀ゟ田面ヘ注入難致地勢ニ有之」（『東京市史稿　市街篇　第七十四』〔東京都　一九八三　三三五〕）ともある。これは「火葬場」ができることにより用水確保が困難になるとの地形上の問題となっている。しかし「周囲数十町ノ良田ニ非常ノ損害ヲ来タス」との感覚は、火葬場が近くにあることに何らかの負イメージがあり、農作物に影響が出ると考えられていたことも考えられよう。いずれにしても、先の橋場今戸の嘆願書の移転反対理由と同じく、現世的である。

明治二十一年（一八八八）には小塚原の火葬場移転中止による祝宴が開かれたことが新聞記事にみえる。明治二十一年二月二十四日付毎日新聞に、

〈宴会一人前十五円　小塚原火葬場の移転中止の祝宴〉

昨年のことなりき小塚原の火葬場が二丁程今戸地方へ移転するとのことにて、一時同地方恐惶を生じ、同地

の紳商小野義眞氏は捨て置き難きこと、思ひ、早速警視庁へ出頭して事情を陳述したるが為め、此移転の見合せとなりしは其頃の紙上に記載せしが、此事に就き最も尽力周旋ありしは鉄道会社社長奈良原氏のよしにて、小野氏は此の労を謝せん為め、昨二十三日向島八百松に宴会を開きしが、一人分の費用十五円にてありしと。

(『新聞集成　明治編年史』第七巻　三〇〜三一頁)

「小塚原」は地理的にも、「今戸地方へ移転するとのことにて」との文章からも、前にみた「千住」であろう。その火葬場を橋場今戸へ移転する計画に対する反対の陳情の成功を告げる東京日日新聞とは異なる新聞社の記事である。この記事にも移転計画が持ち上がったときに「一時同地方恐惶を生じ」とあり、東京日日新聞での記事が大げさなものではなかったことが、この記事からもわかる。ただし、移転中止に至る過程の説明が両新聞社で異なるものとなっている。東京日日新聞では、橋場今戸町の住民が嘆願書を出し、それには公爵・大蔵次官・元老院議官・官理局長・大審院評定官などの有力者が名を連ねていたとされているが、毎日新聞の記事には「鉄道会社社長奈良原氏」が尽力したとある。東京日日新聞では「小野義質《○眞》」の名前はみえるが、「奈良原氏」の名前は記されていないだけではなく、東京日日新聞記事による嘆願書にも「奈良原」という人物は署名していない。するとこれは毎日新聞が独自取材で入手した情報なのであろうか。それでも毎日新聞の記事から、この勝利が宴会を開くほど、火葬場移設反対が重要事項であったことがわかる。

さらに明治二十年(一八八七)七月二十九日の東京日日新聞には、日暮里・亀戸での火葬場新設反対運動についての記事もみえる。

〈日暮里火葬場　隣村の反対猛烈　亀井戸は暴力沙汰〉

曾て前号に記せし日暮里村に新設の火葬場は近村七ケ村の苦情となり、右の村々より十一名の総代人を選挙し、警視庁東京府内務省へ出で、許可取消しの事を請求し、内務省にては芳川次官、長与衛生局長、清浦警保局長及び総監、府知事も臨席ありて協議ありし趣なるが、出願人の内にて分別ある者は、此侭万一指令取消しの御沙汰でも出なば入費損なり、若し其事の無きにもせよ斯く隣村より故障ありては向来営業上に影響を与えん歟の懼れもあれば是迄の費用をだに償ひ呉なば示談を遂げて願ひ下げを為す方然らんと、総代へ申込み、七ケ村にても費用は勿論償ふべしとの事にて、昨今双方へ取扱ひ人が立入り、示談に周旋中なりと聞く。又之に反して亀井戸への同場を出願せし者は許可を得るや、忽ち建築に着手せしに、同村には根岸近傍の如き有力者あらざれば、腕力を以て不平を洩らさんと火葬場に関係の人々該場に至ると見る時は、之に腕力を加ふる事屢々あり、既に或る代言人とかは所用ありて其近傍を通行せしに、洋服といひ其人柄と云ひ必定火葬場に関係の者ならんと四五人の若人突然手を取り足を取り、前の小川へ投げ込みたる事ありとか。

（『新聞集成　明治編年史』第六巻　四九四〜四九五頁）

この記事の文章も「曾て前号に記せし」で始まっている。この記事は明治二十年七月二十九日のものであり、先の千住の移転騒動よりも約五ヵ月前のものである。それがこのような書き出しになっているということは、明治半ばには火葬場の移転問題が各地で社会問題化されていることを示している。『新聞集成　明治編年史』に「前号」にあたる記事が所収されていなかったので、どのようなものであったかはわからないが、東京日日新聞では、ずっとこの問題を扱ってきており、新聞社の関心の高さも窺い知ることができる。

この記事によると、反対運動が暴力沙汰にまで発展していることがわかる。それほど火葬場が近くにあることに対し、嫌悪感や地価下落という危機感が強かったのだろう。

火葬場が改築され、しかも先に紹介したように、「悪臭の他へ洩れざる様烟突へ石灰を以て烟漉器を附したる者」であり、さらにドイツがそれを賞賛するというように、自信をもって悪臭による被害は起こらないことを誇示した記事が見えた。明治十六年の四年後に起きた先の火葬場新築反対運動は、施設が不十分であったことも考えられるが（後に紹介するように昭和になり公害問題に発展する）、それまでよりも臭気は少なくなっていたのだろう。そのために明治二十年の移設反対運動は現実的な問題を離れて、火葬場に対する「イメージ」の固着化も要因となっていたことも考えられる。臭気は健康被害を引き起こすものとされる。この当時、臭気と健康被害との因果関係を証拠付けるものはないが、「臭気」自体に問題をもとめているといえる。また地価の下落も反対運動の論拠となっているが、地価は土地の利用価値を具体的に数値化したものであり、近隣の住民の健康被害のための地価の下落という論法も考えられるが、大阪での火葬場跡地のイメージを考え合わせるならば、「火葬場」に負のイメージがあり、それが近くにあることで地価下落につながるとの恐れを抱いた可能性もある。

ところで明治二十一年（一八八八）四月十一日付の読売新聞には、

千住南組の火葬場ハ先頃浅草区地方橋場町へ移転致し度き旨府庁へ出願せし処、同所の地主において故障を云しに付遂に許可されざる様成りしを、地主ハ大に満足を得たりとて既に祝宴を開きし程なりしに、火葬場ハ又々橋場への移転を再願せしを同所の地主が聞込んで、再願せし上ハ此侭打棄置にあらずとて遂に一昨日地主総代として府会議員杉本嘉兵衛、青地幾次郎外五十六名連印せし故障書を区役所を経て差出されしと。何処でも焼場ハ鼻摘みと見えたり。

——読売新聞明治二十一年四月十一日——

（『東京市史稿　市街篇　第七十四』［東京都　一九八三　四二］）

とある。この記事では移転が却下された理由として、火葬場の故障があったことが記されている。先にみた東京日日新聞も明治二十一年四月十八日付で、「橋場今戸辺の地主が非常に気を揉で居たる彼の千住の火葬場を地方橋場町地続へ移転する一件ハ、右の故障人もありし故か遂に許可されずして願書を却下せられたる趣なり」（『東京市史稿　市街篇　第七十四』［東京都　一九八三　四二］）とある。火葬場の故障が移転却下の原因とされているが、先の東京日日新聞の記事では、「移転先とされた場所」が問題とされたとある。そのために千住の嘆願書には有力者が名を連ねていたことによる圧力が大きかったことが考えられた。ここでの「故障」はいつのことであろうか。ここで示した読売新聞や東京日日新聞を見るかぎり、当初の移転計画でのことのように読める。本書では移転却下の理由を問題にしているわけではない。先の却下からまもなく、再度の移転計画が持ち上がり、橋場の住民は、また反対運動を起こしている。いずれにしても、ここでの関心事は読売新聞の最後の一文「何処でも焼場ハ鼻摘みと見えたり」である。なぜ「火葬場」は嫌われるのか。先に、現世的な理由とイメージの問題を指摘している。火葬場にはどのようなイメージがあるのだろうか。

現在の火葬場に対する感情はどのようなものか。浅香勝輔は『火葬場』の「火葬場の心象風景」の中で、「学生たちが抱く火葬場へのイメージ」をもとめ、昭和五十六年（一九八一）十月に浅香が勤務する日本大学理工学部、講師をしていた早稲田大学教育学部、日本大学松戸歯学部の計一二二〇名を対象とした火葬場についてのアンケートを行い、集計している。アンケートの中に、火葬場から連想する言葉を簡潔な単語で答える項目がある。この問いに対する回答から、多いものから二〇位までが列記されている。非常に興味深いので引用する。かっこ内の数字は一二二〇名のうちの、その単語を回答した人数ということである。

①死（二三三） ②暗い（一八九） ③別離（一一五） ④煙（九三） ⑤骨（八五） ⑥悲しみ（七二）
⑦不気味（五九） ⑧陰気（五六） ⑨煙突（三九） ⑩怖い（三六） ⑪死者（三六） ⑫寂しい（三一）
⑬霊（三〇） ⑭悲劇（二九） ⑮お化け（二九） ⑯灰（二七） ⑰悪臭（二五） ⑱静か（二五）
⑲魂（二五） ⑳火・炎（二一）
［浅香・八木澤 一九八三 二一］

浅香はこの結果に対しては細かい分析は行っていないので、著者がこの結果を借りて分析してみる。

このアンケートから火葬場に対して「死」のイメージがもっとも多かったことがわかる。当然といえば当然であるが、火葬場という空間がまさに死との直接的な連関で捉えられているということは、火葬場は「死」の顕現によって利用価値が生じるものであるために、場および建造物としての物理的存在物の背後に「死」への連想が広がる可能性を持つことは理解しやすい。上であがった中で、火葬場の建造物および空間的特質からの直接的イメージと考えられるものは、④煙・⑤骨・⑨煙突・⑯灰・⑰悪臭・⑳火・炎だけであり、それらの人数の合計は二九〇となっている。ここでの回答数が一二五五あるので、この中だけでの火葬場建造物および空間的特質からの直接的イメージと考えられる回答は二三・一％ということになる。それ以外は、もっとも多かったのが「死」そのもので、約一八・六％であり、②暗い・③別離・⑪死者・⑫寂しい・⑱静かなど「死」から連想されるイメージが多くあげられている。ここで興味深いのは、施設としての火葬場そのもののイメージよりも、「死」から連想されるイメージの方が強いということである。その意味において、明治二十年（一八八七）の移設反対運動時とは観念の差が大きいと考えられることになる。ただし、浅香のアンケート対象は学生であり、「地価」や「農作物」など現実生活に関する項目が出てこないのは当然のことかもしれない。したがって単純に比較することはできない。

このことから現在でも、その背後にある「死」に基づいた観念が強く働いているということができる。ただし明治期に比べて、そのイメージから起きるとされる現実的問題へと発展していかないということである。

もう一つ興味深い結果がある。それは「悪臭」とのイメージもまだ根強いということである。明治期にはもっとも重要な問題であったが、このアンケートでは一七位で度数は二五。割合にして約二％にすぎないが、それでも、少なくない。高度経済成長期に入った頃には、煤煙・悪臭・騒音などの劣悪な環境の中で操業が続けられ、公害問題が指摘されるようになった［浅香　一九九三　一二六］。昭和四十年代に異臭が公害として大きな問題となった。そのため浅香によると、昭和四十年代には改良が加えられ［浅香　一九九三　一二六］たといい、現在ではほとんど悪臭はしなくなっている。しかしこのアンケートは昭和五十六年（一九八一）のものであり、現在において火葬のイメージに少なからず「悪臭」がもとめられることは、それが「火葬場」特有のイメージとして定着していると考えることができる。長年積み重ねられてきたイメージは、すぐには払拭されないことを表しているといえよう。

また、八木澤壯一は『火葬場』の中で、「嫌われる施設の代表としての火葬場」との章を設け、その中で火葬場の建築の在り方を論じている［八木澤　一九八三］。上の浅香によるアンケートからもわかるように、火葬場に対する負のイメージはぬぐいきれないのである。そして、現在の火葬場建設にあたり、岩崎孝一・樺田直樹は「火葬場のデザイン」の中で、「火葬場らしくないようにデザインすることが計画のポイントとなっている」［岩崎・樺田

一九九三　一二七」と述べている。確かに、第一章第三節で紹介した昭和四十四年（一九六九）十月二十四日付の朝日新聞では、時代遅れと認識された土葬から火葬へ転換するために、火葬場が建築され、その待合室にはシャンデリアがつけられていた。およそ火葬場らしくない建造物である。また現在の桐ヶ谷葬祭場は、ホテルと見間違えるほど立派なものであり、著者が参列するために行ったときには、入り口もわからず、しかも中で迷ってしまったほどである。入り口で迷ったのは、著者自身、火葬場のイメージとして、第一章第三節に写真で紹介した、香川県仲多度郡多度津町のようなものを考えていたためである。現在では火葬場は火葬場らしくないようにしなければならないということであろう。それは「公害」や地価下落という現実的な問題を解消するためというよりは、「死」のイメージを払拭する方向にあるといえる。

さて、明治二十七年（一八九四）三月四日付の東朝新聞には、

〈火葬供養〉
亀戸、砂村、桐ヶ谷、日暮里、町屋、落合、代々幡七ヶ所の火葬場にては、今度火葬料を払ひ得ざる貧困者に限り、一ヶ年間二百名までを無料にて火葬執行したき旨を府庁へ出願したるに、愈よ聞届けの指令ありたるより、各区役所に於ては申出で次第、貧困者と認むべきものへは、火葬証を付与せらるゝことになりと云ふ。
（『新聞集成　明治編年史』第九巻　三四頁）

とある。この記事は単なる報告記事にすぎないが、昔の野焼きとは異なり、施設で火葬するのであるから、当然のことながら料金がかかる。しかし貧困者にはその料金が払えなかった。そこで貧困者対策として、火葬場の方か

ら無料で火葬することを願い出て、認可されたとある記事である。この史料はそれだけのことであるが、今までに見てきた火葬場移転反対運動の記事とあわせて見てみると、興味深いのは、貧困者対策を行政側が行ったのではなく、火葬場がとったということである。行政としての土葬禁止に伴う火葬推進の一環から火葬場が貧困者対策として行われたものではないのである。火葬場が火葬料を無料としたことは、悪いイメージをもたれ、地元住民から嫌がられていることに対してのサービス、そして今後の発展を意図したものであることが考えられる。

さらに、国分寺市に「武蔵国北多摩郡内藤戸倉社寺其他旧記」という古文書が残っている。これは「神山平左衛門控」となっているが、その中に焼場設置に関する明治十三年（一八八〇）の「約定証」がある（『国分寺市史料集（Ⅲ）寺社・信仰・文芸関係文書』）。この史料集は、国分寺市に残る古文書を翻刻したものであり、その当時の歴史が史料から読み取れるものとなっている。

約定証

北多摩郡

第四百七拾一番地字府中道　　　内藤新田

一死馬捨場三畝拾歩　官有地

第九百四拾二番林添字西ノ原　　戸倉新田

一道路専内拾八歩

右者今回火葬焼場設置可致御布告ニ基き、前書之通リ取設ヶ候処、内藤新田位置之義者戸倉新田人家近候テ難渋ノ趣被申、依テ両村示談ノ上万一非常ノ死亡者有之候節者、右戸倉新田焼場ヲ相用可申候、尤

隣地持主難渋無之様可致、依テ為後日約定連印致し置候也

当村会議員

市倉秀治郎

森田孫市

中村善太郎

戸倉市三郎

坂本四郎兵衛

清水清蔵

原権兵衛

明治十三年八月七日

前書約定之通リ相違無ニ付、奥印致し置候也

明治十三年八月七日

戸長　神山平左衛門

〔国分寺市史編さん室　一九八三　一九四〕

明治十三年（一八八〇）に、焼場の設置を「布告」に基づいて行ったことを示す文書である。第六章でみるように、神奈川県では明治十三年五月三日に、「墓地規則左ノ通相定候条此旨布達候事」（甲第七十六号）が出され、この布達を受けて、県内各地で焼場設置の願や届が県に提出されている。ここでの「御布告」が具体的に何であるかはわからないが、「約定証」の内容や時期から判断するならば、神奈川県での布達甲第七十六号の基になったものと同様の通達により作られたものと考えることができる。

これによると、すでに布告に基づいて火葬場の設置を行っており、その地は内藤新田村ではもともと死んだ馬を捨てていた場所を火葬地とし、戸倉新田村では新たに設けたことがわかる。しかし、内藤新田の焼場が戸倉新田の人家に近かったために、その使用には困難が生じた。そこで、両村の間で話し合われ、内藤新田で死者が出た場合には、戸倉新田の焼場を使用することを決めたというものである。新たに公に焼場が設置されたが、人家近くに設置された焼場は忌避されたことがわかる。

『国分寺市の民俗六』によれば、内藤新田村と戸倉新田村とは二カ村連合という組合村であったという［国分寺市教育委員会市史編さん室　一九九七　七三］。そのために上のような取り決めが可能であったのであろう。なお、大正時代には谷保（現在の国立市）に火葬をしに行くようになっていたようで、現在ではこのどちらの焼場も具体的な場所がわからなくなってしまっているという［国分寺市教育委員会市史編さん室　一九九七　七三］。

都市部では火葬場建築に対して反対が大きかったが、農村部では布告を受け、火葬場新設の動きがみられる。都市部とはまったく反対の動きをしているのである。このことは住宅の密集度の低さによるものであろうか。あるいは、都市と農村部での感覚的な相違がみられるのであろうか。それでも、人家近くに焼場を設置することは忌避されたことから、今までにみてきた諸問題は一般化されていたといえる。

ところで、火葬場の臭気は施設側が努力したにもかかわらず、戦後には先にも触れたように、「公害」という形で問題化される。昭和四十七年（一九七二）一月八日の朝日新聞に「火葬場も公害源だ」との見出しをもつ記事があるので引用する。

「東京都の施設が公害を出しているのを見過ごしては、一般の工場公害を規制するうえでシメシがつかない」と、ばい煙や異臭で周辺の住民から苦情が相次いでいる江戸川区春江町二丁目の都瑞江葬儀所について、同区は七日、都に改善策をただす質問書を出す方針を決めた。具体的な計画が示されなければ、続いて区の権限で改善勧告をつきつけることにしているが、都の四十七年度予算案では対策費が削られており、場合によっては公害行政が　下克上　のうき目にあうことになりそうだ。

都内には葬儀所が八ケ所あるが、都営は瑞江葬儀所だけ。都東部には他に葬儀所がないため、一日に数十体が持ち込まれている。そのたびに周辺の民家数百世帯はばい煙、異臭に襲われるという。

同区環境部の調べによると、同葬儀所のばい煙はリンゲルマン濃度三度で、都公害防止条例が工場以外の「指定作業場」の焼却炉などに適用している規制基準二度を上回っている。異様な悪臭はとくに住民を悩ませ「あの煙突から煙が出るのを見るたびに、イヤーな気持になる」という声が強い。

同葬儀所は敷地三万九千三百平方㍍、建物二千平方㍍、焼却炉十六基で、十二年に建った老朽施設。建設当時、付近は一面の田んぼで問題は少なかったが、ここ十年ほどの間に急速に宅地化され、強い苦情が出始めた。このため都は四十二年、焼却炉の煙をもう一度炉内に送って再燃させるアフターバーナーをつけたが、ほとんど効果は上がってないという。

江戸川区は四十五年暮れ、都に改善を申入れ、都は昨年夏から「今後の都営葬儀所のあり方」について総合的な調査を始めた。区側によると、都はこのときの話合いで「三年計画で公害をなくす」と約束し、区はこれをアテにして、住民や区議会に納得してもらっていたという。ところが都の四十七年度予算案には、改善実施設計の予算がなく、区で抗議と対策を検討していた。

先週初めに出される予定の質問書で、同区は公害をなくすためこれまで民間工事をきびしく規制してきた経過を強調したあと「公共施設が公害源となっている事態を区は納得できない」として「現状をどうみるか」「どんな対策を考えているのか」などをただすことにしている。

これについて都建設局の石原清助霊園課長は「三年計画というのは、はっきりした話ではなかったと思う。瑞江葬儀所を近代化する必要性は都も十分に認めているが、いろんな事情で四十七年度内に根本的な改善策の予算を計上するのはむずかしい」といっている。

公害対策基本法が制定されるのは昭和四十二年（一九六七）であり、昭和四十七年（一九七二）にはストックホルムで「国連人間環境会議」が開かれ、「かけがえのない地球」がスローガンになっている。この記事が書かれた頃は、世界的に「公害」に対する意識が高まってきた時期といえる。区は条例で民間に対する規制を強めている中で、都の施設も例外ではあり得ないとの立場から、質問書を送ることになったという記事である。見出しからみるならば、朝日新聞の論調は「公害反対」の立場にあることは明らかであり、「異臭」に対する対策・改善をもとめているものであると読める。世論的にも公害が社会問題となっている時期であるので、新聞社としては当然の論調であろう。しかし本論で興味をもつのは、人を葬送するときに生じる煙が「公害」として認識されているということである。葬送に対する意識の低さが読み取れる。葬送自体の問題ではなく葬送の結果によって生じる「公害」問題として捉えられているのである。とくに、宅地化により「公害」がクローズアップされてきたようであり、新しい住民の増加による火葬場への風当たりの強さがよくわかるものとなっている。

同年には大阪で火葬場建設に裁判所が異議を唱えている。昭和四十七年四月二日の朝日新聞に「火葬場建設「待った」」との記事がみえる。

「和泉市が住宅団地や上水道水源地の近くに建設している市営火葬場は、住民の生活権、環境権を侵す不法行為である」と、付近の住民から同市を相手どり出されていた仮処分申請に対し、大阪地裁岸和田支部の北谷健一裁判官は一日、住民側の訴えをほぼ全面的に認め、来年三月三十一日まで工事を中止し、九〇%以上完成している火葬場も同期間使用を禁止する仮処分を決定した。し尿処理場や火葬場の建設は、全国各地で住民とあつれきを起しているが、ほとんど完成した火葬場の工事中止、使用禁止の仮処分は珍しい。

この火葬場は、和泉市が同市大野町の大野池わきに、昨秋から二億一千万円で建設している。「市立いずみ霊園」。火葬場、斎場などの建物はすでに完成。取付け道路などの付帯工事を残すだけで、当初はことし三月から使うはずだった。

申請を出した同市上代町の清水三右衛門町会長ら三十九人は①霊園は上代町の民家や、昨年末に入居を始めた鶴山団地から三百メートルしか離れていない②そのうえ和泉、高石、泉大津三市の上水道水源である大野池がすぐそばにある——という点から、墓地埋葬法や「火葬場は人家や飲用井戸から三百メートル以内にある場合、新設を許可しないことがある」という大阪府の同法施行規則に違反すると主張。悪臭、粉じんが環境権、生活権を侵すとして、さる二月十日に仮処分申請した。

この日の決定で、北谷裁判官は①いちおうの防じん装置や、悪臭対策の装置はあるが、完全に防止できる確証はいまのところない②大野池は、水不足のさい三市が上水源にしているのに、火葬場からの雨水は、すべて同池に流入する③住民への説明会は四十五年四月以来四回しか開かれていない——などを指摘し、市の公害防止努力と、住民との対話が不足している点を強調した。

またこの付近は、すでにゴミとし尿の二つの処理場があり、同裁判官は「この処理場の環境汚染があることを考えれば、住民の生命、身体に侵害があると考えざるを得ず、この程度の仮処分はやむを得ない」とし、市に対して、来年三月末までに、公害対策について地元住民と十分に話合い、解決に努めるように望んだ。

環境権については、昨年五月、広島地裁が同県高田郡吉田町のゴミ、し尿処理場について、建設禁止を求めた判例がある。しかし、これは建物計画に対するもので、この日の決定のように、ほぼ完成した公共施設の使用禁止を認めたのは珍しい。

藤木秀央和泉市長の話　市としては、公害防止に万全の努力をしてきたつもりだったが、全く認めてもらえなかった。旧火葬場は老朽化しているうえ小規模なので、このままでは、市民は高い民間火葬場に頼らざるを得ない。仮処分の内容をよく検討して早急に対策を立てたい。

大阪地裁岸和田支部は、大阪府和泉市が建設し、ほぼ完成した火葬場の建設中止および使用中止の仮処分を出した。これも朝日新聞の記事であり、火葬場建設中止の理由が、「生活権」「環境権」にあることを前面に押し出されたことを強調しているように読める。当地は他に、ゴミとし尿の処理場もあることから厳しい仮処分となったようである。「生活権」や「環境権」が前面に出されるようになった時代の判決であるが、判決そのものよりも、訴訟を起こした住民の意識の中で「生活権」「環境権」の観念が「葬送」に優越している例としてみることができる。とするならば、我々にとっての葬送とはどのような意味を持つのであろうか。とくに火葬についてはいったんは明治政府により禁止され、すぐに撤回されただけではなく、奨励されるようになるが、結局は現在する住民の利益擁護が第一であり、葬法の在り方よりも、それが「公害」と認定され、また「生活権」「環境権」が優越するのである。我々にとって死後は生きる者に対して害を与える存在となってしまっている。長岡京市の例で土葬は新興住民に嫌がられ、火葬が促進されたことを紹介した。しかしここでは火葬が「公害」として問題化されている。このことから我々にとって、「死」とその対処とはどのようなものと捉えられるであろうか。葬式仏教という言葉があるように、江戸時代以来、日本では葬式と仏教とが密接に関わってきた。とくに浄土系仏教では「極楽浄土」に「往生」するといわれ、これは比較的容易に観念化されてきたといえる。神奈川県綾瀬市では念仏講が行われ、綾瀬市吉岡の例をとると、浄土系寺院の檀家は、毎月の一定の日か春秋の彼岸には百万遍の数珠を回したり、「南無阿弥陀仏」を唱えたりしていたという（『吉岡の民俗』［綾瀬市秘書課市史編集係　一九九三　一九九～二〇〇］）。ここで問題となるのは、だからといって宗教的意味において、来世での在り方を想感したものではないということである。「極楽浄土」はなんとなくイメージされているかもしれないが、その具体性に欠け、念仏講は一つの行事として行われている。行事を行うことが目的となっているのである。さらに『北越雪譜』では「秋山の古風」と題し、「旦那寺をも定めたれど、冬は雪二丈餘もつもりて人のゆきゝもたゆるゆゑ、此時人死すれば寺に送る事ならざれば、此村に山田を氏とする助三郎といふもの、家に、むかしより持傳へたる黒駒太子と稱する画軸あり、これを借りて死人の上を二三べんかざし、これを引導として私に葬る。寺をさだめるいぜんは、むかしよりこれにてすませたり」［鈴木　一九六九　三四］とある。『北越雪譜』は鈴木牧之が三十歳頃から草稿をはじめ、天保六年（一八三五）に初篇上巻が上梓され、天保十三年（一八四二）に完結したものである。鈴木牧之は越後魚沼郡塩沢（現南魚沼市）に生まれ、早くから文筆に心を寄せ、雪国の生活の様子を綿密に取り上げ、客観的な態度により執筆活動を行った。そのために『北越雪譜』は高い価値があると竹内利美は「解題」で述べている［竹内　一九六九　三～四］。『北越雪譜』にある「秋山」は信濃と越後の国境にある険しい山中にある集落である。冬になると雪が二丈ほどもつもり、大変なので檀那寺に送らず、自分たちで葬送をすますとあり、それは檀那寺が定められる前からのこととされているのである［鈴木　一九六九　三四］。つまり秋山では雪深いために特別であるともいえるが、宗教と葬儀との関係性が薄いということができる。これは、「極楽浄土」というような宗教的来世観がなかったことを示す例として捉えることができるのではないか。死後、極楽浄土へ送らなければならないという強い観念があれば、大雪であろうと僧による引導は不可決であろう。秋山地区の話は地域的特性によるものではなく、だからこそ、火葬場移転反対の理由が現世的問題を中心とするものであり、また「火葬＝公害」というような状況が生じると考えられる。宗教的来世観が本来なかったことによるものと考えられるのではないか。

第三節　火葬導入への葛藤

前節では、既設火葬場の移転および新設に対する地域住民の拒否感情についてみた。この場合は葬法変化に対する反対感情ではなく、現在する生活者の「生」の問題であり、そしてそれは昭和四十年（一九六五）代には、「公害」問題として捉えられるものであった。現実問題としてだけではなく、「火葬場」に対するイメージを基にした悪感情も含むものといえた。このような問題や感情は住民が増加した都市部にとくに表面化している。

第一章において、伝統的に土葬が行われてきた地区での火葬導入における理由について見てきたが、近代まで土葬が行われてきた地区は、人口の密集度の低い地区であり、農村地区が中心である。そのような地区であっても、火葬の受容においてすんなりとはいかなかったようである。本節では、土葬地区において火葬が導入されるにあたる際の人々の葛藤についてみる。それがどのような感情によるものであり、葛藤を生んでいたのであろうか。

一　葛藤の諸相

まず、火葬受容の際の葛藤を概観する。以下であげる事例はとくにことわりがないかぎり、『日本民俗地図Ⅶ（葬制・墓制）解説書』からの引用である。その場合の事例文中にある「現在」は昭和三十年代を意味する。『日本民俗地図』はさまざまな民俗事象の分布を捉えようとしたものである。その中で『Ⅶ』が葬礼を扱ったものであるが、第一章で述べたように、調査者の関心により、その報告の内容の質にばらつきが見られ、また調査地の選定の在り方が不明であり、したがって、分布図としても中途半端なものとなってしまっているだけではなく、とくに近年になり火葬となった地区についての説明は不明確で、古い形態をもとめる傾向にある。これはすでに述べたように民俗学そのものの在り方に起因するものである。したがって、『日本民俗地図』にかぎらず、各地の報告書でも、新しい葬法としての火葬についての記述がなかったり、あったとしても「現在は火葬である」と簡単に述べられているだけのものも多い。しかし、調査された内容から、ある程度は参考となる資料を取り出すことは可能と考える。そこで、他の報告書からも、とくに新しく火葬が行われるようになったもの、あるいは火葬に対する観念がわかるものを次に取り上げてみる。

①青森県南津軽郡浪岡町（現青森市）王余魚沢

八甲田山麓にある雑穀畑作中心地帯であり、戸数は七四。火葬にすると生まれ変われないといって、焼かれることを嫌い、現在でも土葬がほとんどである。

②東京都世田谷区奥沢新田等々力（『せたがやの民俗』、現世田谷区等々力〔世田谷区民俗調査団　一九七九　一一六〜一一七〕）

等々力は目黒通り、環八通りが貫通する住宅街となっているが、かつては多摩川に近い畑作地帯であった。等々力では日蓮宗の家は目黒区中根にある立源寺の檀家であり、昭和初期までは境内に土葬されていた。現在は火葬となっているが、大正生まれの人の話によると「火葬場行って焼いちゃうと、何か残酷のような気がする」ということである。

③神奈川県綾瀬市小園（『小園の民俗』〔綾瀬市秘書課市史編集係　一九九七　一六七〕）

神奈川県の中央部に位置する旧村で、『新編相模国風土記稿』（『綾瀬市史2　資料編　近世』）によれば、近世末の戸数は四二となっている。土葬から火葬への移行は昭和四十年代後半であったが、過渡期には、「土葬の方がそのまま埋《い》けて土になるからいい」とか「これからは焼かれちまうのかよ、燃しちまうんかよ」といい、また、葬儀で火葬というと会葬者の間から「かえーそうに（可哀想に）な」との声が漏れることもあったという。このように、火葬への恐怖、土葬への執着をみせていたという。

④神奈川県藤沢市（『藤沢市史』〔藤沢市史編さん委員会　一九八〇　一六七〕）

伝染病や嫌われる病気の病死者・変死者は野天で火葬にしたために、家から火葬を出すのを嫌った。大正時代になって火葬場ができたが、それまでは伝染病の流行ったときなど、寺社に隔離病舎を作り、山の畑をつぶして薪に石油をかけて、その上で遺体を火葬にした。このことを「露天カンソウ」といった。焼く人は家族や親戚の人々である。火葬の場合は焼く前にトムライをすませ、焼場までの野辺送りをするが、一般の人は途中まで送る。

⑤愛知県西加茂郡猿投町（現豊田市）猿投

三河山地段丘上の農村で、戸数は一二五。猿投社は延喜の制で小社に列せられ、猿投の地は神社に関係の深い土地として発展してきた。猿投社に火葬の煙がいくと御神域を汚す恐れがあるとして、火葬を行わず、すべて土葬となっている。

⑥和歌山県東牟婁郡古座町（現串本町）（［山田　一九九五　三三］）

土葬が行われていたころは、火葬は結核や伝染病などの「悪い病気」のとき以外は行われなかった。一九六八年に火葬場ができた当初は、火葬すると結核や伝染病ではなくても、周囲から「悪い病気」ではないかと勘ぐられたために、火葬は大変嫌われた。

⑦広島県安芸郡矢野町（現広島市）

広島湾岸の漁村で、かきの養殖がさかんである。戸数は二〇八二。真宗地区であり、火葬が一般的であるが、神主家だけは昭和のはじめまで土葬であった。

⑧広島県因島市（現尾道市）土生町箱崎

家舟による内海漁業の根拠地で、戸数は三三五六。明治中期までは全戸が土葬であり、大正時代に半分、昭和三十年代の後半にはほとんどが火葬となったが、熱いからといって火葬をしないでくれと遺言する人が多くいる。

⑨大分県下毛郡耶馬溪村（現中津市）宮園

山国川中流の山間農村で、戸数は一五五。火葬にしたときの煙が雲八幡に触れることを深くおそれたため、火葬は行わない。

以上の事例から、火葬に対する抵抗の理由を整理すると次のようになる。

a生まれかわれない（①）
b火に対する恐怖（②・③・⑧）
c伝染病と勘ぐられる（④・⑥）
d神との関係（⑤・⑦・⑨）

あまり多くの事例ではないが、これらの理由を概観すると、火葬への抵抗はかならずしも感情レベルだけの問題ではないことがわかる。地域によってさまざまな理由があるが、大きく捉えるならば、「焼かれる」ことに対しての第一次的感情による抵抗と、火葬された後に生じる二次的な感情による抵抗とに分けることができる。前者は例数は少なくはないが、類型の上ではbだけとなる。

本項では、上で類別した土葬地区における火葬に対する抵抗の様相を具体的にみる。

二　火葬への抵抗

a 「生まれかわれない」ことによる抵抗

「生まれかわれない」ことを理由として、火葬に抵抗を示した事例は①の一つだけである。これは肉体の消失が生まれかわることを不可能にするとの考えによるものであろうか。とするならば、「焼くこと」を前提としてその結果による二次的な感情による抵抗として捉えることができる。

火葬されてしまったために蘇生できなかったとする話が『日本霊異記』中巻第二十五（「閻羅王の使の鬼召さるる人の饗を受けて恩を報ゆる縁」）にみえる。『日本霊異記』は仏教説話集ともいえるものであり、記述の内容の信憑性はない。しかし、当時の観念がどのようなものであったか知る手がかりになるものとして貴重な史料である。

讃岐国山田郡に布敷臣衣女《ぬのしのおみきぬめ》といふひと有り。聖武天皇の代に、衣女忽に病を得。時に偉しく百の味を備へて門の左右に祭り、疫神に賂ひて饗す。閻羅王の使の鬼来りて衣女を召す。其の鬼走り疲れ、祭れる食を見て䩄《おもね》りて就きて受く。鬼衣女に語りて言はく「我汝の饗を受く。故に汝の恩を報いむ。もし同じき姓同じき名の人有りや」といふ。衣女答へて言はく「同じき国鵜垂郡に同じき姓の衣女有り」といふ。鬼衣女を率て、鵜垂郡の衣女の家に往きて、対面ふ。すなはち緋の嚢より一尺の鑿を出して、額に打立て、すなはち召して将て去る。

彼の山田郡の衣女は僁《かく》して家に帰す。時に閻羅王待ち校《かむが》へて言はく「此れ召せる衣女にあらず。誤ち召すなり。然れば暫此に留め捷《すみやか》に往きて山田郡の衣女を召して将て来る。閻羅王待ち見て言はく「当に是れ召せる衣女なり」とのたまふ。鬼僁《かく》すことを得ず。往ける彼の鵜垂郡の衣女は、家に帰る。三日の頃を経て鵜垂郡の衣女の身を焼失ふ。また還りて閻羅王に愁へて白《まふ》さく「体を失ひて依るところ無し」とまうす。時に王問ひて言はく「山田郡の衣女の体有りや」とのたまふ。答へて言さく「有り」とまうす。王言はく「其れを得て汝の身とせよ」とのたまふ。因りて鵜垂郡の衣女の身と為りて甦る。

この話は蘇生譚であり、「生まれかわり」とは異なるが、霊の器としての肉体という観念に共通点がみられる。肉体が焼かれてしまったために鵜垂郡の衣女は山田郡の衣女の体を得て「鵜垂郡の衣女」として蘇生する。ここでは肉体は単なる霊の器としての機能しか持たされていない。上では引用しなかったが、蘇生した「鵜垂郡の衣女」は山田郡の衣女の外姿のまま鵜垂郡の父母の元に帰り、自分は娘（鵜垂郡の衣女）であることを説明する。肉体よりも霊魂が優越している。この物語から、器としての肉体がなくなってしまうと、霊は現世での行き場を失ってしまうことがわかる。現世では肉体があっての霊の存在ということができよう。

生まれかわりの観念もまた、霊肉二元による観念に基づくものといえる。土葬においても、埋葬することで肉体は腐敗し消失するが、それは自然の摂理であり、不自然に肉体が破壊されることはない。したがって、いつかは生まれかわることが可能になると考えられるのであろう。一方、火葬は人工的に肉体を破壊するとの思いがあるといえる。

火葬を拒否するものではないが、興味深い事例が八木透によって報告されている。愛知県佐久島では昔から火葬が行われているが、火葬骨をきれいにすべて拾いあげないと、次に生まれてきたときに不具者になるといわれていたという［八木　一九九九　二一一］。この事例では、肉体が霊の器として意識されているというよりも、「肉体＝骨」の欠損に意識が払われているということができる。欠損なく葬ることができれば、生まれかわりに万全と考えられているといえる。火葬骨はもろい。したがって、①の事例でも、霊の器としての肉体保全だけではなく、欠損に対する恐れから火葬に対して抵抗感をもつことも考えられる。霊肉二元論的観念はすでに古代に見られていることを指摘している。しかしここで興味深いのは、「生まれかわり」が現世的問題として扱われていることである。霊の存在は信じても「来世」に生まれかわるのではないのである。来世観が乏しいことはすでに指摘しているが、このような感覚も火葬拒否につながってゆくといえよう。

b　「火に対する恐怖」による抵抗

「火に対する恐怖」は、肉体が「焼かれる」ことに対しての直接的な抵抗といえる。そのためにbは抵抗の第一次的理由として捉えることができる。「火に対する恐怖」は焼かれる身からすれば、「熱い」（⑧）ということになるが、また「残酷」「可哀想」（②・③）という感情もみられる。後者は焼かれる他者の遺体への感情移入によるものであり、送る側の意識を反映したものということができる。いずれにしても、「火」に対する恐怖から発する情緒的負の感情といえる。

母集団の個数が少ないので断定できないが、bに類別された地区での火葬の受容年代をみるならば、②世田谷区奥沢新田等々力は昭和初期以降、③綾瀬市小園は昭和四十年代後半であり、⑧因島市土生町箱崎では火葬は明治中期頃に入ってきてはいるが、ほとんどが火葬になるのは昭和三十年代後半となっている。この三地区では比較的に最近に火葬の受容が一般化されたといえるが、それは火葬を受容する必要・環境となったためということができよう。しかし、それに対し「火に対する恐怖」による抵抗がみられたということになる。火葬の受容年代が最近ということと、感情的な抵抗の発現に関係があるか、抵抗が強かったため、受容が最近になったかまではわからないが、「死」の観念が死者のその後よりも生者の現在の感覚に引きつけられる傾向が強いことがみられるものとなっている。このことも来世観の乏しさと関連があるだろう。

c 「伝染病と勘ぐられる」ことに対する抵抗

「伝染病と勘ぐられる」ために火葬を嫌うとした地区は、④と⑥である。土葬を行っていた時代でも、伝染病死した人は火葬されていた地区が多くみられる。

〈事例7〉愛媛県東宇和郡野村町大字高瀬字小滝
四国山地西部の山村で紙すきを行う。戸数は一七。伝染病などの悪い病気で死んだときに火葬する。

〈事例8〉静岡県磐田郡豊岡村（『豊岡村史』〔豊岡村史編さん委員会　一九九三　三八八〕）
土葬時代に伝染病死者にかぎっては火葬が行われた。この頃はノバ（埋葬地）の近くに穴を掘ってノデンで焼いた。

愛媛県東宇和郡野村町（現西予市）大字高瀬字小滝での報告では、伝染病による死者が火葬されることだけが記述されているが、静岡県磐田郡豊岡村（現磐田市）での報告によると、火葬は伝染病死者にかぎるとなっている。またこの場合の火葬は墓の近くに穴を掘って行われるとあることから、焼場としての空間が設定されていないことが推察される。

〈事例9〉神奈川県鎌倉市（［大藤　一九七七　二七九］）

火葬はだいたいわるい病気（伝染病）で死んだ人のときにおこなった。十二所・浄明寺では、光触寺裏のヤトバカにある大きな地蔵ヤグラや、お不動さん（明王院）の墓で焼いた。ヤグラは中世の横穴式の墓で、鎌倉の山々の裾や中腹にあり、鎌倉の特色でもある。薪を積んだ上にコシをおき、石油をかけて火をつける。魚を焼くときのように表を焼いたらころがして裏側を焼くのでコロガシヤキという。焼き番には組合の年よりがなったが、座り棺が焼けて仏がノビ、急に仁王立ちになったのでおったまげて逃げ出したという話もある。

西御門ではヤトの奥に三十坪ぐらいの竹藪があり、ランドー（ラントーバ）といってここで焼き、材木座では元海底電線のところをシバハラといって焼場があった。大町では長勝寺の竹藪のところが焼場であった。山ノ内の明月谷の石切場あとのヤグラも焼場であり、亀ヶ谷の坂上にある延寿堂というヤグラは建長寺の焼場で、ここを通るとコノシロのにおいがしたという。震災後に小坪に焼場ができるまでは、どこでもコロガシヤキであった。

この事例では、伝染病死という特異な死者に対しての火葬を行う場所が地区により固定されていることがわかる。鎌倉は特殊葬法である火葬の焼場が常設空間とされていた。特殊葬法の空間が固定化されていることは、その場をとくに強く意識する必要があったためか、あるいは使用頻度が高かったことを示しているといえよう。

また、『旅と伝説　第六十七号　誕生と葬礼号』に掲載されている地区の中にも土葬地区ではあるが伝染病死の場合は火葬とする報告がみられる。たとえば長野県諏訪地方（有賀恭一）、滋賀県高島郡西庄村（現高島市）（井花伊左衛門）、和歌山県田辺町（現田辺市）地方（雑賀貞次郎）、岡山県吉備郡生石村（現岡山市）馬揃（今村勝彦）、高知市付近（寺石正路）、熊本県宮地町（現八代市）地方（八木三二）などである。

また、先に紹介した「淡路国風俗問状答」にも、「疫病にて死去の者は、土葬せぬ所もあり」との記述がみえる。土葬ではないということは火葬であることが考えられ、伝染病死者に対する火葬葬法は近世末期には確認できる。

以上の事例では、「だから火葬を嫌う」との報告はみられないが、伝染病による死者の扱いが特別なものとなっていることが理解できよう。このことから、「火葬＝伝染病死」との図式が形成され、連想による誤解が生じることが推察される。雑賀貞次郎の和歌山県田辺町（現田辺市）の報告には、「田邊地方は古来専ら土葬を行ひ、火葬は伝染病等で死んだ者ある時など、所謂特殊の場合に限つた、明治中年から田邊に火葬場あるも、今日のなほ火葬するもの少なく、大部分は土葬である」［雑賀　一九三三　一一三］とあり、火葬の特殊化がみられるものとなっている。

以上のことから考えるならば、cによるものは、bのように火葬そのものに対しての直接的な感情の展開ではなく、上で示したように、従来の生活の中での火葬の背景に対する嫌悪によるもの、つまり伝染病への恐怖というよりは、社会からの排除の構造に対しての抵抗ということになろう。伝染病死を「勘ぐられる」との表現から理解されよう。そのために火葬が特殊化されて捉えられているのである。それは簡単に言い換えるならば、「世間体」への自己防衛によるものということになろう。葬法の特殊化については第四章第二節で検討する。

d 「神との関係」による抵抗

⑤と⑨は火葬の煙が神社をおかすために火葬をしないという。神社は神域であり、穢れ、とくに死穢を嫌うことはここでいまさら述べるまでもない。福井県小浜市下根来での神社の目隠しについてはすでに紹介したが、小林一男によると、福井県美浜町新庄でも、葬列が宮の前を通るときには、あらかじめ鳥居に注連縄をはって宮に穢れがかからないようにするという［小林　一九六三　九九］。小浜市下根来や美浜町新庄では葬列を神社から目隠しするというものであるが、和歌山県橋本市隅田町でも、西部の河瀬・下兵庫を除き、中島・中下・垂井・芋生・山内・霜草の各村は、明治初年頃まで、八朔から隅田八幡宮の秋祭りが終わる旧八月十六日の間に死者が出た場合には、各村の墓地に埋葬せず、神社から遠く離れた真土領大和国境近くの谷川のほとり、および霜草村と相賀荘細川村との境に近い山谷に埋葬したという（『日本民俗地図Ⅶ（葬制・墓制）解説書』）。この事例では、祭りの期間に死者が神社から遠ざけられており、これらは、土葬に伴う死穢の忌避という観念を窺うことができるものとなっている。火葬による煙が神社にかかることを怖れるということも、火葬の煙に死穢が観念されているためということができよう。ただし、小林の報告は、火葬の事例であり、火葬場までの葬列でのことのようである。そのために、死者を納めた棺はオンボ組の役目とある［小林　一九六三　九八］。

⑤・⑨と同様に、火葬の煙が問題視されている事例として長野県小川村桐山をあげることができる。桐山では、土葬から火葬へ変化したが、太陽に煙をかけると悪いといって、日没後に火を入れたという（『桐山の民俗』）。⑤・⑨および桐山の事例では太陽が神聖視され、太陽に死穢がかからないようにとの配慮で火葬が実行された事例として捉えることができよう。つまり、火葬によって生じる「煙」が死穢をもつという観念があるということになる。ただし、本章第一節で明治五年（一八七二）一一月八日に長野県が出した「管下ニ令シテ火葬ノ妄行ヲ戒ム」の文中

に、「火葬ノ義《ママ》ハ……路畔ニオイテ白昼天日ニ曝シ」とあることを紹介し、従来からの火葬では、太陽に煙がかかることに対する意識はなかったのではないかということは先に指摘している。新しい火葬の受容において火葬の煙が太陽にかからないようにするということは、明治以降の新たな観念のもとで形成されたものということができるであろう。このことは長野県下高井郡野沢温泉村平林では、すべて火葬になったのは昭和三十年（一九五五）代であるが、火葬が一般化する以前から火葬が行われており、焼場が決められていた。これは、後に移動するが、その場所は氏神さまの近くであったということである（『長野県下高井郡野沢温泉村　平林民俗誌稿』［長野県史刊行会民俗編編集委員会　一九八二　二三］）との報告からも理解できる。焼場の移動の理由については記述されていないのでわからないが、氏神さまに近いところに焼場がつくられたことは、平林では火葬による煙が神域を汚すとの認識が低かったといえるのであり、それが伝統的な火葬における認識であったと考えられるのである。ここで、興味がもたれるのは、⑦の広島県安芸郡矢野町（現広島市）では、真宗地区ゆえに火葬が一般的でありながら、神主家だけは昭和のはじめまで土葬であったことである。神主家ゆえ、真宗とは無関係であるので、第四章第二節で述べるように、社会的葬法の形式化による事例でもあるが、この事例や明治当初は火葬が皇国思想に反するものと捉えられていたことにより、神と火葬との間に対立構造がみられることも指摘できよう。しかし、神葬祭を奨励した明治政府は火葬を推し進めた。ここに思想と政策とのねじれ現象が起きていることは興味深いが、神職が思想の遵守を堅持していたことは、葬法が社会的に特化している事例としても読み取れよう。⑤の猿投社は延喜式に小社として列せられ、神社との深い関係の中で発達してきたとある。また⑨の宮園では雲八幡の地域的な位置付けは説明されていないが、「宮園」との地名から村の中の神社近辺の地域で、神社と関係の深い地域であることが推察される。

ところで、香川県坂出市府中町西福寺では、鎮守の福宮神社の境内に隣接して大塚と呼ばれる塚があるが、この塚は昔の土葬地であったという。現在でも当時の土葬に用いた石が多く転がっている。すると、神域と墓地との関係は「けがれ」だけでは説明できないことになる。dの理由は、総体的には、神を汚さないようにとの民俗的心意および思想的な方向性の中で言われてきたものということができるが、歴史的には明治以降に顕著になった感覚といえるかもしれない。

第四節　火葬への抵抗にみる葬法としての「火葬」認識

土葬から火葬への葬法の変化は、遺体処理の変化でもあり、遺体観念および死後の世界観の変化との関係が推察される。したがって、火葬導入に対しての葛藤は、観念変化への不適応から噴出するものと考えられる。しかし、前節でみたように、かならずしも観念変化に対する不適応とは捉えにくいものとなっている。ここであらためて前節でみた葛藤の類型をみてみよう。

a生まれかわれない
b火に対する恐怖
c伝染病と思われる
d神に触れることへのおそれ

aは明らかに現世への執着によるものということができる。死者の来世での在り方を希求するのではなく、現世に戻ってくることに大きな意味が置かれている。現世主義的な存在観念に基づく葛藤ということができよう。

bは遺体に、生前と同じ感覚を認めていることになり、死者を送る側の感情移入によるものといえる。著者は祖父の葬儀において、火葬のボタンをおしたが、その際の「ボッ」という点火音とその音を聞いたときの身が縮む思いが忘れられない。これは、遺体に生者と同じ皮膚感覚を認めているためといえる。それは生きている人の感情が照射されたものであり、やはり現世的な存在観念を前提としているということができる。

cは他者の目を気にするというものであるが、その他者の目とは否定的な意味によるものである。つまり否定的にみられることを忌避したいとの感情が働いているということである。これは社会的保守感覚であり、葬法が死者の問題ではなく、遺族の問題に還元される。したがって、このような理由は社会的動機によるものと位置付けることができよう。

dは思想的・信仰的動機あるいはそこから生じた観念によるものと考えられるが、それでも「おそれ」が前提であることを考えるならば、現世的である。つまり火葬の煙により神に対する穢れから祟りをおそれたものといえ、それは生者のもつ「おそれ」といえよう。

以上のことから、土葬地区での火葬の受容は、新たに従来の葬法とは異なる葬法を受け入れるというものではなく、すでに定型化されていた、社会的特定状況における葬法の拡大と一般化という形によるものと捉えることができる。そのために、受け入れに際して葛藤が生じたといえるのではないか。そしてその葛藤は社会性の中に求められるということである。つまり土葬地区においての火葬の受容は、土葬が行われていた時代における火葬に対しての社会的に特殊な意味付けにおける遺族側の感情と故人の社会的立場を背景とした対立構造ということができるのである。その対立構造が、火葬の受容に際して、さまざまな葛藤を生じ、この葛藤が受容にブレーキをかけていたといえよう。

第一章でみたように、受容理由は社会的な合理化の方向の中にあり、「時代」的な感覚の要請もあり、その必然性が叫ばれた。また、火葬導入の葛藤は、現世的存在観念および、現世的存在観念を前提とする社会的な動機によるものであったといえ、葬法そのもの、とくに火葬は目に見える形で行われるために、感情を移入しやすいという理由が一つ考えられる。また、社会的観点から見るならば、火葬に付与された意味付け、それが社会的にマイナスの意味であったために、火葬の受容が躊躇され、さらに一部で受容がはじまったとしても、全体にはすぐに広がらず、徐々に拡大していったと考えることができる。

第四章　火葬と土葬の社会的区別化

第一節　火葬と土葬の並立的展開の様相

前章で、土葬地区でも、伝統的に行われていた火葬が特殊化されて認識されていたことを指摘した。それは火葬に対する負価的な感情や社会的意味付けによるものであった。本章では具体的に、葬法の並立的展開および特化の様相を捉える。並立的展開とは、一つの共同体で土葬・火葬に序列が与えられずに区別化されて行われているもので、両者は対等の関係の基に成立している。特化は、一方が他方に対し、特別な意味を付与することで成立するものである。いずれにしても、一つの共同体の中に異なる葬法が混在していることになり、このような同一地域における異なる葬法の展開は一つの共同体の中で他界観の異なりを示すのであろうか。

まず、一つの地域において、土葬と火葬が伝統的に同時に行われていた事例をあらためてみる。両葬法にどのような相異がみられるのであろうか。また、相互の干渉や軋轢は認められないのであろうか。土葬と火葬が伝統的に同時に行われていたことは、葬式を出すにあたり、家によって葬法を変える必要があったということである。事例は香川県仲多度郡多度津町奥白方のものである。平成十四年（二〇〇二）四月に立ち寄り、聞き書きしたものである。

奥白方には約二百軒があるが、真宗と真言宗の家が入り混じっている。それぞれの宗派が固まって集落を形成しているわけではない。多度津町には、昭和三十九年（一九六四）に火葬場ができ、火葬が広まる。それでも第一章に見たように、多度津町見立《みたち》では初めて火葬が行われたのは昭和四十九年（一九七四）ということであった。見立は多度津町の最西部で海岸沿いに位置する。奥白方は見立と東側で隣接し、山に囲まれた村落である。奥白方では町の火葬場ができる以前、戦前より火葬が行われていた。この地では火葬を伝統的に行ってきたのは、真宗ではなく真言宗の家であった。

人が死ぬと、北枕に寝かせ、顔には白い布をかぶせる。十四、五軒からなる隣組の人たちが手伝いをする。枕飯を作ったり、知らせに出たり、また死者の着物を縫ったりなどの仕事をする。知らせは一人で行くものではないといい、必ず二人で行った。着物はさらしを買ってきて縫うが、そのときには玉止めはつくらない。

現在は祭壇を作るが、昔は祭壇はなく、仏壇の前に故人を安置していた。棺は座棺であり、購入した。入棺は死んだ晩に行う。入棺前に故人のからだを少し拭き、入棺する。座棺なので死後硬直があり、折り曲げるのに苦労したという。入棺は身内によって行われるが、入棺する人は縄をからだにかけて行う。その意味についてはわからないということであった。棺は仏壇の前に置かれ、葬式は棺の前で行われる。

晩は通夜である。通夜が済むと会葬者は帰るが、血の濃い人はずっと残り、線香の番をする。

葬式の後、出棺となる。だいたい二時から三時の間に出棺した。出棺は縁側からで、そのときに故人が生前に使っていた茶碗を割る。「戻ってくるな。戻ってきても茶碗はないぞ」といって割る。現在では葬儀というが、葬儀社が入ってくる以前は葬式と呼んでいたということである。

野辺の送りで墓地へ向かうが、宗派によって持ち物が違うようである。詳しいことまでは話者から聞くことはできなかったが、真言宗では龍頭を持つが、真宗は持たないということであった。

土葬の場合、講中の人が掘った穴に埋葬する。まず血の濃い人が土をかけ、後は講中の人が埋葬する。講中は二十軒から四十軒ほどからなり、隣組の社会的上部組織である。ただし、地縁的な領域の中で捉えられるのではなく、ばらばらに住んでいるということであった。話者によると、かつては一ヵ所に固まっていたが、それが散らばったために現在のようになったのではないかと推察している。家の散らばりの様子を具体的に調査していないので、なんともいえないが、ここでは話者の私見に興味を覚える。講中は地縁的に形成されるとの前提がみられるためである。本論の趣旨からずれるので、ここではこれ以上触れないが、いずれは地域論の一環として考える必要があろう。

多度津町奥白方の共同墓地
広場になっている所がかつての野焼き場

土饅頭をつくり、真言宗では塔婆を建てるが、真宗では何もおかずにそのままにしておく。棺が朽ちて墓が落ちると、家の者が掘り返して埋めなおす。なお、墓石を生前に作ると長生きするといわれている。

火葬の場合、墓地にある焼き場で火葬する。焼き場は石積みがあり、そこに薪をおいて焼く。焼くのは講中の役目であり、真宗の家で自分の家は土葬である場合でも、講中として役目を果たす。

翌朝、骨を拾い家に持ち帰る。病気の部分は焼き残るといわれている。遺骨は四十九日まで仏壇に安置し、その後、家の者が自ら墓地に穴を掘って埋葬する。

なお共同墓地は集落はずれのため池の横にあり、現在物置になっている墓地入り口の小さな広場が昔の野焼きの場所であったという。遺族は一年間は神さん（神社）に入ることはできず、祭りや行事では買い物係にまわるという。

奥白方では、以上のような形式で一つの講中・隣組の中で土葬と火葬とが併存していた。そのために土葬の家の人が講中の手伝いとして火葬の焼き番を担うことがあった。すでにみてきたように、奥白方でも宗派により葬法が固定化しており、それが社会性をもって受け入れられているが、互助的な関係は、真宗も真言宗も対等であり、どちらか一方が優越、あるいは劣位というような特化がなされてはいない。

ここで土葬・火葬による儀礼的形式を概観する。

〈土葬による儀礼形式〉
通夜―葬式―出棺―野辺の送り―埋葬
〈火葬による儀礼形式〉
通夜―葬式―出棺―野辺の送り―火葬―骨拾い―埋葬

上の形式図を見るかぎり、火葬の形式は土葬の流れと同じであり、野辺の送りと埋葬の間に「火葬―骨拾い」が挿入されただけの形式となっている。大まかな流れには差がないといえる。すると、ここでの並立は単にそのままただ埋葬するか、埋葬の前に焼くかの違いということになる。真宗が火葬であることはすでに何例も紹介し、また後にも触れるが、この場合は教義に基づく宗教的な意味において行われていたことは、江戸時代に本願寺が、儀礼化を進めてきたことからもわかる。しかし、奥白方では、真宗は土葬であり、真言宗が火葬となっている。このことはかならずしも、宗教的事由が火葬を行うことに結びつかないと理解される。つまり信仰心というものと葬法との結びつきは弱いということである。当地では檀那寺の宗派の違いが葬法に表れているだけとみることができ、地域の中では、葬法が人々の生き方に関わる問題として意識されるものではなく、単に処理法の相違程度の認識であったと考えることができる。また葬式の手伝いが宗派を超えて行われていることは、「死」の意味や「死後」の観念が、宗派によって異なるものではないことを示しているといえるのではないだろうか。しかし他界観が一つのムラの中で、統一的観念としての意識があったかどうか明確に指摘することはできない。この問題を檀那寺の問題に帰すならば、共通的他界観のもとで葬法が選択されているというよりは、他界観が不明確ゆえ、寺檀制度による檀那寺の宗派の問題が反映されたということができるかもしれない。

ところで、土葬・火葬のいずれにしても最終的には埋葬されるが、この場合の「埋葬」は等価値として捉えることができるのであろうか。土葬では、当然であるが「埋葬」が実質的な死体処理の方法でもある。一方、火葬では、死体処理は「埋葬」以前に終了している。火葬において、野辺の送りが埋葬のためではなく、焼く前に行われていることからも、焼くことが実質的な葬送であることは明らかであろう。したがって、先にも指摘したように、火葬での「埋葬」は物理的な意味における死体処理ではなく、観念を具現化した行為であるといえる。確かに、土葬でも火葬でも最終的に埋葬されるので、「遺体＝遺骨」との観念の存在を考えることはできる。しかし、第二章第四節でみた米原では墓を持たない家もあり、それが遺骨は本山へ納めるための宗教的な意味の中で捉えられていたように、奥白方でも、火葬は真言宗の家が行い、遺骨の一部は高野山に納めるという。

また土葬では、野辺の送りの後にすぐに埋葬されるのに対し、火葬では野辺の送りの後の火葬（骨拾い）直後に埋葬されるのではなく、しばらくは家（仏壇）に安置されてから埋葬される。四十九日の忌明け後の埋葬は簡単なものであり、また一部は高野山に納骨される。ここに、伝統的火葬は、宗教的な理由による火葬受容の意味が強く、埋骨の意識が低いことを指摘することができるが、さらに土葬と火葬との時間的な違いをみることができる。この問題については、第八章で詳しく検討する。

なお、土葬だからといって、かならずしも埋葬場所に故人が意識されるとはかぎらない。ここで指摘するまでもなく、いわゆる両墓制では、埋葬地は比較的に軽視される。多度津町では高見島・佐柳島・須賀などで両墓制が確認され報告されているが（『多度津町誌――本誌――』［多度津町誌編集委員会　一九九〇　一〇三六〜一〇三七］）、奥白方でも一例だけであるが、両墓制の可能性を持つ埋葬例が確認できた。ただし、『多度津町誌――本誌――』では奥白方においても、「ウズメバカ」があり、八王寺の境内に「オガミバカ」があったことが報告されている［多度津町誌編集委員会　一九九〇　一〇三七］。しかし聞き書きではこのような話は得られず、A家で幕末に死亡した人が、自宅の山林に埋葬されたと伝承されているが、その人の墓は、山林とはまったく別の寺院（多度津町の町にある勝林寺）に造られていることがわかった。A家では、この寺院に先祖の墓がいくつかあり、盆の時期には勝林寺に参っているが、とくに幕末に死亡した人についての埋葬地は具体的な場所さえもわからなくなってしまっているということであった。このことはA家だけではなく、奥白方の住民によっても、A家の埋葬地は奥白方の山林にあるが、その場所は特定できないという話であった。

以上のように、奥白方では、近世以来、火葬は土葬の形式とほとんど変わらずに行われていた。坂出市府中町西福寺は近代になっての火葬受容地区であるが、その形式は奥白方での火葬の形式と同様である。すなわち「火葬―骨拾い」が葬儀と埋葬の間に入り、埋葬は一周忌に行われ、一連の葬送儀礼とは別のものであった。

しかし、伝統的な土葬地区が火葬を導入するとき、儀礼に形式的な変化がみられないことは、新たに火葬が行われるにしても、土葬時と同じように「埋葬」の意味が強く意識されていることが考えられる事例もある。渡瀬では、火葬された遺骨を埋葬する際に、土葬と同じような装置を置き、少なくとも形の上では遺体埋葬と埋骨とに差異が認められないのである。

第二節　葬法の特化

本節では、葬法の一方が特化されている事例を取り上げて検討する。とくにことわりのない事例は『日本民俗地図Ⅶ（葬制・墓制）解説書』によるものである。

①青森県下北郡大間町大間

下北半島最北端の漁村で、戸数は一四〇五。火葬の場合、火葬用の薪は村中から一本ずつ集めた。このように、火葬が行われているが、十人のうち三～四人は土葬となっている。薪のない貧乏な人や親類の少ない人は火葬することができないためである。またお産で死亡すると必ず土葬にした。

②青森県下北郡東通村目名

下北半島東北部の農村で、広い共有林放牧地がある。戸数は四三。火葬地区であるが、お産で死亡したときには土葬する。

③山形県最上郡大蔵村大字南山字肘折

月山麓の湯治宿で、戸数は一四五。山所であるにもかかわらず、火葬には多額の費用がかかるために、土葬が行われている。

④新潟県見附市杉沢町
新潟平野東辺の農村で、戸数は一九一。禅宗や真言宗の人たちは小児の場合を除き、ほとんどが火葬であるが、門徒の人たちはごくまれに裕福な財産家が火葬するくらいで、大部分が土葬である。

⑤新潟県栃尾市山葵谷
山間豪雪地帯に位置し、戸数は五一。火葬はえらい人とか悪病で亡くなった人であり、しかもその人が火葬を望んだ場合にだけ使った。

⑥福井県敦賀市浦底
敦賀湾西部の半農半漁村で、戸数は一五。全戸が日蓮宗妙泉寺の檀家であるが、妙泉寺はもとは禅宗の善法寺が天授元年（一三七五）に改宗改名したものという。浦底では五十五歳から五十六歳以上で亡くなったときには火葬が行われ、それよりも若くして亡くなった場合には土葬するのが普通であった。

⑦青森県野辺地地方〔中市謙三　一九三三　四一二〕
火葬は昔は好まない、悪い病気（伝染病）ででも死なない限りすべて土葬にする。

⑧奈良県吉野郡西吉野村（現五條市）和田
吉野山地の山村で、もとは漆かきと筏流しが生業であった。戸数は一二〇。真言宗光明院と浄土真宗正覚寺がある。真言宗の家は土葬であるが、真宗の家は火葬である。

⑨兵庫県赤穂市御崎
千種川三角州の塩田地帯で、戸数は六四一。特別な人、おもに裕福な家の人だけが土葬され、ほとんどが火葬されている。

⑩熊本県球磨郡多良木町槻木
球磨川上流の焼畑農村で、しいたけの産地。戸数は二五九。土葬が一般的であるが町の病院で亡くなったときには火葬される。

⑧については先にあげた多度津町奥白方と同様に、葬法が宗教を背景として行われているが、対等的な関係にあるとみることができる。ここでは形式的にではなく、葬法を規定する背景を持つという観点から論の対象として取り上げている。その点では先の奥白方も同様に⑧の類型として捉えることができるものとなる。

まず、先の事例において、個々の内容を簡潔に捉えてまとめてみる。

①薪のない貧乏な人、親類の少ない人は土葬。お産で死亡したときには土葬。

②お産で死亡したときには土葬。
③火葬には多額の費用がかかるので土葬。
④裕福な財産家が火葬。
⑤えらい人が火葬。悪病は火葬。
⑥死亡年齢により土葬と火葬が異なる。
⑦伝染病は火葬。
⑧宗派により火葬。
⑨裕福な人が土葬。
⑩町の病院で亡くなると火葬。

これからさらにその内容を類別すると、

aお産で死亡すると土葬（①・②）。
b伝染病で死亡すると火葬（⑤・⑦）。
c社会的地位および経済力が強い家は火葬（土葬）（①・③・④・⑤・⑨）。
d死者の年齢により規定（⑥）。
e宗派による（⑧）。
f町の病院で亡くなると火葬（⑩）。

のようになり、葬法の社会的背景に基づく特化的認識は明確である。

ここでこれら特化の様相をもう少し具体的に捉えることにする。土葬および火葬が一般化された葬法のなかで、他方の葬法がどのように社会的に特化されているのであろうか。波平恵美子は「異常死者の葬法と習俗」で「「普通ではない死に方」をした者を葬る方法」［波平　一九八八］について検討している。また、筆者の昭和六十三年（一九八八）の調査によると天竜市石神では、自死の場合、葬法は変えないが、普通は四文字の戒名が三文字となるという。戒名は死後の名前であるので、戒名による差別化は、来世での差別化ということになり、そこに来世の観念が認められることになる。しかし実際には、来世という具体的な世界観があるわけではなく、戒名が違うという現世を通した区別化となっているのである。

a　お産で死亡すると土葬

これは火葬地帯でみられるものであり、普遍化された火葬の中で土葬が特化されている事例である。上では青森県の下北半島での二つの事例をあげたが、八木透によれば、愛知県幡豆郡一色町佐久島でも火葬が昔から行われているが、子どもや妊婦が死ぬと火葬せずにヤマバカに埋葬するという［八木　一九九九　一一五］。お産による死は子ども（含胎児）の死という意味において処理されているといえるかもしれない。今村勝彦の大阪府三島郡春日村（現茨木市）の報告においても、「幼児の死亡せる時は土葬にし、他は全部火葬にする」［今村　一九三三　一三五］とあり、高取正男によれば、京都府相楽郡和束町撰原では村はずれにある石地蔵の後ろあたりを子墓と呼び、明治末年から大正初年の頃までは、七歳にならないうちに死んだ子どもを埋葬したという［高取　一九八二　一三六］。高取の事例では、dと関係を持つものであるが、とくに七歳未満の子どもは墓が別になるというものである。

そして、高取は「子供の身体にやどった「若葉の魂」は大人のそれとちがってこの世の汚れに染まることが少ないため、いったん子供の身体からはなれてあの世にもどったとしても、すぐに別の身体にやどってこの世に生まれてくることができるし、そうあってほしいと願われた。七歳の氏子入りまでに死んだ子は大人たちのように遠く離れたところに送ろうとせず、なるべく近いところに休ませてやり、もういちど生まれかわってくるのにきやすいようにはからってやった」[高取　一九八二　一三八]と述べる。このように子どもが死亡すると火葬ではなく、土葬にするという事例は多く確認される。五十年程前に土葬から火葬に変わった香川県坂出市府中町西福寺でも、子どもは火葬にせず土葬にしたということであった。

佐久島では第三章第三節で紹介したように、八木によれば火葬骨をきれいに拾わなければ次に生まれてきたときに不具者になるといわれていたということであり[八木　一九九九　二一一]、生まれかわるとの観念が認められる。ここで興味深いのは、佐久島では昔から火葬といわれているが、八木の見解としては、「明治のある時期に外部からの影響もあって火葬が普及し」[八木　一九九九　二一六]たということである。前章では火葬されると生まれかわれなくなるからということで葛藤がみられることをみたが、佐久島では火葬を導入するかわりに、完全な火葬骨を指向したということになろう。すると、火葬化においても、子どもと妊婦だけは旧来の葬法(土葬)が遺されたということは、高取の指摘のとおり、生まれかわりが強く意識されていたためとみることができるかもしれない。

b　伝染病で死亡すると火葬

一般には土葬するという地区でも、伝染病で死亡すると火葬にするという地区は先に述べたように非常に多い。

これは「伝染」に対する予防によるものといえる。ここでは、特別に火葬されるということが問題となる。前章でみたように、このような地区では、火葬をすると、伝染病や悪い病気で死んだのではないかと疑われることがあり、火葬受容への躊躇の理由となっていた。伝染病死ならば火葬という社会的共通認識から、火葬ならば伝染病死という逆命題の連想が生じるほど特化されていたということができる。

c　社会的地位および経済力の強い家は火葬（土葬）

社会的地位および経済力の強い家が、または逆の家が他家とは異なる葬法をとるとする地区が散見する。具体的には貧富の差・階層によって葬法が選択されるというものである。上の例からこれを細かくみると、

①一般に火葬であるが、薪のない貧乏な人は土葬。
③火葬には多額の費用がかかるから土葬。
④一般に土葬であるが、裕福な財産家が火葬。
⑤一般に土葬であるが、えらい人は火葬。
⑨一般に火葬であるが、裕福な人は土葬。

となっている。③は一般に土葬が行われ、火葬が行われない理由となっているが、共通していることは、一般の葬法に対して、特別な階層がそれとは異なる葬法を選択するというものであり、社会的な目を通して、その選択は形式化・固定化されているということになる。葬法と階層とが結びついているということである。古代においても

その可能性を指摘することができた。③は特定の階層が他とは異なる葬法を制度的に選択する形式が定められているものではないが、他の事例の背景を裏付けるものとして捉えることができよう。①・③・④・⑤から、火葬には多額の費用がかかり、そのために火葬ができるのは裕福な家となっていることが理解される。

ただし、ここでは制度として形式化されているところまでは至っていないようであるが、家により葬法が選択されるにしても、それは世間体が考慮されることになることは想像に難くない。著者の家の葬儀で（香川県坂出市）、著者が到着したときには同行の人たちによって、準備がすすめられていたが、祭壇の等級も同行の人たちによって、おたくはこの位と勝手に決められ、飾り付けが行われていた。喪主である著者の到着が遅かったこともあるが、事後承諾であった。

一方の⑨は、第一章でみたような、土葬から火葬への移行における理由にあがった埋葬可能な土地の不足を前提として、土地持ちがあえて土葬されたことが考えられる。埋葬地が自前で確保できる人は土葬を続けていたということである。この場合は、共同墓地ではなく、屋敷墓であることが前提として考えられる。このような家は無理に火葬を受け入れる必要がないということになる。あるいは⑨の記述にはみられないが、「土地持ち＝裕福」という図式が成り立つならば、裕福な家が、自らの家の地位を優越させるために他家とは異なる葬法、つまり土葬を選択したことも考えられる。このように考えるならば、上層階層の優越意識が葬法においても特化されたということになる。

ところで、ここであがった①・③・④・⑤・⑨は、記述の仕方をそのまま受け入れるならば、選択の在り方にニュアンスの違いが認められる。①は貧乏人が特別扱い。④・⑤・⑨は裕福な人が特別扱いとなっている。ただし、③は一般社会の状況説明で特別扱いとなる存在は確認できない。しかし、これにより火葬に多額の費用がかかることがわかり、仮にこの地区で火葬が行われるとすれば、裕福な家ということになろう。このようなニュアンスの相違は、その土地の歴史的・地理的背景および社会状況に基づくものということができる。

⑤と同様の事例が中村亮雄によって報告されている。中村によれば、和歌山県西牟婁郡日置川町（現白浜町）の旧日置町にある浄土宗正光寺は両墓制をとっているが、格式の高い人だけは土葬によりシタノトバ（埋墓）ではなく、火葬されてウワノトバ（詣り墓）に直接埋葬されたという［中村　一九五七　四］。この事例では格式のある家は火葬され、その他の家は土葬である。上でみた社会的な地位による葬法区別をみることができる。以上の事例から、火葬の受容が改葬との関係で捉えられることになるが、第一章で受容理由についてみたように、近代においては、改葬の習俗と火葬の受容とは直接的に結びつく事例はみられない。改葬との関係の件に関しては第九章第一節で後述する。

いずれにしても、これらの事例では、土葬・火葬という葬法が社会的な階層により特化される形で選択されているということができる。このことから社会的に土葬であるべきとの家が火葬を行うと、非難されることが推察される。そのような行動を民意として規制する形になる。

d　死亡年齢による規定

aで火葬地区においても子どもが死亡したときのみは土葬にするとの事例をあげたが、大人においても死亡年齢によって葬法が選択される事例がある。ここで取り上げたのは⑥であるが、⑥では死亡時の年齢が高いと火葬に、低いと土葬にされる。

福井県小浜市下根来は江戸時代の旧村で、八幡神社を鎮守とする。八幡神社の祭祀組織は講衆と呼ばれ、村中のすべての家の戸主により構成されている。講衆は年齢階梯制により秩序化され、長老六人がとくに六役と呼ばれ、もっとも責任の重い地位が与えられている。最高位の一和尚《いっちゃんじょ》を終えると講衆を引退するが、このときには家の戸主の地位も長男に譲り、長男が新たに講衆に加入する。ムラの現役としては一和尚が最高位であり、八幡神社の神事を最高責任者として取り仕切り、そのために厳しい禁忌が課せられている［林　一九九三b・一九九七］。下根来では、年齢が、個人を社会の中に位置付けられているということができる。

このような年齢と社会的な位置付けとの関係を関沢まゆみが追究している。関沢は「「村の年齢」をさずける者――近江における長老と『座人帳』――」において、「村の長老は、神に非常に近い存在であり、村人の生死を掌握し、人々に「村の年齢」をさずけることのできるもの」［関沢　一九八八　二一二〜二一三］と述べ、また「宮座における年齢秩序と老いの意味の変化――奈良坂の老中の分析から――」によると、奈良市奈良坂では「一老から三老までを神様のような存在とみる特別扱い」［関沢　一九九七　五六］がみられるという。

近畿地方の宮座など年齢階梯的な秩序がみられる地区では顕著に、高年齢が神的存在として認識される。千葉県市原市西広においても、世代階梯が確認できる。出羽三山へ参詣した年齢のグループが「世代」を構成し、年齢が高くなると指導者的立場になるというものである［林　一九九六・一九九七］。すると⑥の事例のように、高齢者が火葬されるということは、神的存在としての意識が根底にあると考えることができるのであろうか。子どもが神に近い存在として考えられていることはよく知られている。その子どもは土葬されるのである。すると観念的背景と葬法とはかならずしも結びつかないということになる。

死亡年齢は葬法の社会的形式においては後次的な問題であるが、死者の生物学的な差異が葬法に影響を与える例もみられる。具体的には性別による儀礼的な相違が形式化されている地域もみられるのである。新潟県長岡市栖吉町では、火葬を行うが、男は仰向けにして、女はうつぶせにして焼くという（『日本民俗地図Ⅶ（葬制・墓制）解説書』）。また同県刈羽郡北条町（現柏崎市）東長島では、子供墓・男墓・女墓が分かれ、また焼場も異なっていたという（『日本民俗地図Ⅶ（葬制・墓制）解説書』）。さらに、京都府長岡京市浄土谷では両墓制がみられるが、埋め墓（オボリバカ）は「六〇歳以上の男性の墓、六〇歳未満の男性と女性の墓、赤子の墓と、死者の性別や死亡時の年齢によって、墓域が区別され」、「盆の墓参りに、戸主はセキトウバカに参り、女性はオボリバカに参る」ことが報告されている（『長岡京市史　民俗編』［長岡京市史編さん委員会　一九九二　一六六］）。

ここで興味深いのは墓域や火葬場、そして焼く向きが男女の別によって異なっているということである。この差異はジェンダー的問題に基づくものであろうか。これらの区別も、現世の「存在」を前提としたものである。ただし、社会性をもつ場合には、現世の存在のうちに変化する可能性もあり（たとえば、富裕層・支配層の没落）、生物学的な区別についてはそれが先天的事項であるために固定的である。しかし、その差異は社会により意味付けされたものであり、この場合においても、社会的な形式化として捉えられるものである。

e　宗派によるもの

何度も、真宗地区に火葬が多く見られることを指摘している。この場合は宗教的動機による形式化ということができよう。一つの共同体がすべて同じ宗派である場合には問題はない。たとえば滋賀県米原町（現米原市）米原ではすべてが真宗であり、一般に火葬が行われていた。高松市沖に浮かぶ通称鬼が島（女木島）も真宗であり、昔から火葬が行われていたという。昔は、現在の郵便局の近くに墓地と焼き場があり、薪で焼いていたが、昭和三十年代に墓地も集落から離れた岡の上に移転し、その近くに焼き場ができ、そこで焼いていたという。重油で焼かれるので、それまでの野焼きに比べるとかなり時間が短縮されたが、現在ではほとんど使われていない。

しかし、一つの共同体に複数の檀那寺が存在することは普通にみられ、それらが異なる宗派である場合もある。宗派の相違は儀礼的な相違を生じさせる。混在する場合に軋轢は起きないのであろうか。神奈川県綾瀬市深谷では、曹洞宗長龍寺と日蓮宗大法寺があり、檀家は混在している。葬儀において本膳の後に、曹洞宗の家では念仏をあげ、日蓮宗の家では題目をあげる

高松市女木島の火葬場

が、葬式の互助組織である講中あるいはその下部組織である組合の人たちは、自分の宗旨とは関係なく、葬家の宗旨に合わせて念仏か題目をあげている（『深谷の民俗』）。ここでは一つの共同体のなかでの宗教的な差異・信仰的差異は社会的に問題とはなっていないといえよう。念仏と題目の違いであればそれほどでもないが、これが土葬と火葬の違いとなると大きいことが推察される。このような事例としては、香川県仲多度郡多度津町奥白方を例としてあげた。

また、『日本民俗地図Ⅷ（葬制・墓制）解説書』によると、鳥取県西伯郡大山町平木では、火葬地区であるが一戸だけは土葬であるといい、また広島県御調郡久井町（現三原市）江木では、火葬を行う真宗の家の中にも土葬を行う家があったという。江木は禅宗と真宗の混在する地区であり、禅宗の家は土葬（大正年間まで）、真宗の家は火葬となっていたといい、宗旨による葬法の混在がここでも確認できる。この場合、全体的にみるならば、単なる宗派別の葬法選択ということができる。本来は教義上の問題であるが、宗派の相異が共同体内の葬法の社会的区別化を意識させることになる。

f　町の病院で亡くなると火葬

次に問題となるのは、死亡した場所によって葬法が異なる事例があることである。熊本県球磨郡多良木町槻木では、一般に土葬であるが、町の病院で死んだときには火葬されるという（『日本民俗地図Ⅶ（葬制・墓制）解説書』）。また、八木橋伸浩が高知県宿毛市鵜来島では、宿毛の病院で亡くなった人は宿毛の火葬場で火葬にするが、島で亡くなった人は土葬するという事例を報告している［八木橋　二〇〇〇　一三二］。香川県仲多度郡多度津町沖の佐柳《さなぎ》島（多度津町）では両墓制が現在でも残り、県の指定文化財となっているが、現在では島内で葬式をせず、マチの病院で亡くなった場合には、たいていそのままマチのセレモニーホールで行い、火葬して持ち帰るという。両墓はそれでも造られる。ただし、島で亡くなった場合には、まだ土葬することがあるということである。土葬の場合は、集落（本浦と長崎の集落があり、それぞれが両墓を持っている）全体で穴掘りなどの手伝いに出るということである。著者が訪れた平成十六年（二〇〇四）九月十九日には、佐柳島の長崎の方の葬式がマチのセレモニーホールで行われており、会葬者が大勢マチへ出かけていた。著者が帰途乗船する、多度津から来た折り返しのフェリーから、多くの喪服姿の島民が降りてきた。

日常生活空間とは異なる空間で死亡した場合に、普段とは異なる葬法が適用されるということであろうか。また、八木橋は、町で亡くなった人を火葬にすることや、「葬儀屋の介入、精進料理や皿鉢料理の採用など、経済的側面を無視できない部分に変化がみられる」とし、葬法の変化が経済的な側面によるものがあることを指摘する［八木橋　二〇〇〇　一四一］。土葬から火葬への変化の第一次的段階として、まず町での死亡が経済的問題をかかえることから火葬されることとなったということであろうか。町から島への遺体の輸送には経費がかかることは理解できる。とするならば、本質的には社会的な意味での形式化ではないことになるが、経済的な事情によりながらも、

香川県多度津町沖の佐柳島の埋め墓
佐柳島では両墓制が行われ、本浦と長崎の２ヵ所に墓がある。これは長崎のもの。平成16年には高潮で本浦の墓は大きな被害を受けた。

火葬が慣習として定着すれば、社会的形式化の一つの形として捉えることができるであろう。つまり、外で死亡したか、内で死亡したかが問題となり得るということである。この場合、死亡した場所に価値が認められていることになるが、そこまでの事例は確認できていない。上の事例にはあげなかったが、岐阜県不破郡関ヶ原町今須字平井では、子どもが小さかったり、血族者の心境、死者の遺言、死因、時期により、土葬と火葬とが使い分けられているという（『日本民俗地図Ⅶ（葬制・墓制）解説書』）。この事例では、葬法の選択が死後の観念に基づいてなされているのではなく、明らかに現世での在り方や遺族の都合によって決められている。選択の基準が具体的にどのようなものかはわからないが、生きている者、つまり送り出す側の現世的論理によって決まるということである。このことは葬儀が死者の遺言は別にして、遺族の考え、死因、時期が葬法の決定要因となり、これらは現世的問題として捉えられるものである。①〜⑩のように具体的な相は確認できなかったが、①〜⑩を含め、これらの事例は、「死後」の問題として葬法が決まるのではない。選択の基準が個人の任意ではなく、現世の社会の中で形式化されているといえる。ここではその社会的な背景をまとめてみる。

　以上までで、一つの共同体の中で土葬・火葬という異なる二つの葬法が共時的に行われている例についてみた。それは、おもに、社会的な意味付けによる形式化・固定化によって選択されるものであり、任意によるものではなかった。本節であげた類型をさらにまとめるならば、特別死・階層による形式化・宗教的動機や経済的事情として捉えることができる。この中で、宗教的な動機については、すでにみてきたように教義に基づくものであり、死後の存在の在り方が意味付けられての選択ということができるが、実際の調査では、火葬にする理由として、死後観が語られるのではなく、真宗だから真言宗だからという形での回答となる。所属の相異による制度的な選択と考えられるのである。また、真宗すべてが火葬ではなく、多度津町奥白方のように、真宗は土葬という地区も認められ、かならずしも教義上の選択とはいいきれない。このように捉えるならば、いずれの選択においても、死後の存在あるいは観念とは無関係であるといえ、あくまで現世的論理に基づいたものということができる。そして、そのために社会性を帯び制度化されたとみることができよう。

さらに、二つの葬法は宗教的対等性が保持されている例を除いては、対等に位置付けられているのではなく、片方が一方に優越するという形で受け入れられている例が多い。葬法を選択すべき社会的な意味と葬法とが密接に結びついているためであり、葬法が現世的な意味付けにおいて選択されているためである。つまり一般的に行われている葬法に対して、社会的に個別化された部分での葬法として一方の葬法が形式化される形で選択されているのである。

制度化は、一般的葬法に対して、他方の葬法を特化させるが、その方向性は二通りである。一つは一般よりも低く固定化するもの、一つは優越するものである。前者は伝染病死における火葬の事例でもわかるように、社会からの排除の観念を包含し、積極的に特化する場合と、経済的事情などから、一般から上へはじかれる場合が考えられる。後者についても、当事者は優越的であるが、一般から上への排除の意識が見て取れるのである。

前章でみた火葬受容に対する葛藤は、このような特化を背景とした現実世界での排除へのおそれを根底にみることができよう。

第五章　日記にみる葬送儀礼の形式

今までは、火葬の受容そのものに視点をおいて論を進めてきたが、本章では、江戸時代末期から大正時代にかけて書かれた日記を手がかりとして当時の葬送儀礼の様相を捉える。本書では「近代」における火葬の受容の在り方をテーマとしているが、本章は火葬の受容という葬法変化だけではなく、葬送儀礼が時代によってどのように行われてきたか、つまり儀礼的「変化」を具体的に捉えようとするものである。そこに火葬受容の背景が時間軸的問題として捉えることができるかもしれないと考えたためである。

日記は生活記録として捉えることができるが、生活を記録化することの背景とその記録を民俗資料として用いることの意味についてはすでに検討している［林　二〇〇一b］。その際にも引用しているが、小川直之は「神奈川県内の日記史料の所在」の中で、日記史料について「文字記録というものを所与のものとして考えるのではなく、記録の必然性とでもいう状況が存在しているのではなかろうか」、「伝承の枠組みだけでは個人・家の行く末がおぼつかなく、生活の枠組みを確認・定着していこうという心意なのだろうか」［小川　一九九〇　一四九］と述べ、さらに、「伝承・フィールド・地域」では、「十八世紀中期頃から日記という形で記録することが広まったのは、文化や社会に対する個別認識化が行われるようになったということで、日常の生活のなかの民俗伝承に、質的な変化があったのではないかと推測できないだろうか」［小川　一九九三　七］と述べている。小川は「文化や社会に対する個別認識化」が日記をつける動機として捉えられるという。社会の質的変化や環境変化が「自己」形成、さらには社会に対する個を基盤とした認識を生じさせることとなった。そして日記をつけることで自己認識の再確認を行ったと考えられる。日記は自己記録である。「個」の認識による記録である。「記録化＝定着化」として捉えるならば、日記は「自己」による「自己認識」の確認ということになる。そのために日記はいたって主観的である。記録者の目を通した「社会」が描かれているためである。そのために日記を客観的資料として用いることは危険である。しかし日記を読み込むことによって、それが記述された時代の社会の変化を記述者の目を通して抽出することはできる。

小川は、「日記研究は、現時点では特定の枠をはめず、さまざまな面からの研究を積み重ねながら、各自の問題認識を深めていくのが生産的なように思う」［小川　一九九〇　一四九］と述べる。そして、「記述内容を素材とした具体的な研究」と「日記をつける理由についての関心」という二つの方向性を指摘する［小川　一九九〇　一四九］。本章では、二つの日記から、葬送儀礼をみる。葬送儀礼のとくに「個」と「社会」との在り方に視点を置く。その意味では主観的な記述は本章ではいたって意義のあるものということができ、小川のいう日記研究の方向性によれば、前者ということになる。

利用する日記は、『市川家日記』と『昼間家日記』である。どちらも、比較的には現在に近い時代のものであるが、聞き書きによる史料採集およびその資料化は不可能になってしまった時代である。今までに、記録史料を資料化することで、葬送儀礼が近世と近代とは連続的に捉えられ得ることをみてきたが、これらの資料を用いることによって、近代を迎える前後での具体的な様相について捉えることができる。ただし、その前に資料化のための検討が必要であることはいうまでもない。日記を書く必然性を認めるならば、本書のテーマである葬送儀礼についても、何らかの時代的展開を読み取ることができるのではないか。そもそも「死」は少なくとも「近代」では「個」の主観的問題なのである。しかしだからといって、主観的問題にとどまるわけにはいかない。記録された主観的眼を通しながらも、「社会」を、客観的に読み解く作業も必要となる。そのために本章では、主観的視点を中心においた「社会」という形での客観化をも試みる。

第一節　『市川家日記』にみる葬送儀礼の変化

一　『市川家日記』に記された葬送儀礼

『市川家日記』は、南小曾木村（現東京都青梅市小曾木小布市）に伝わる。河岡武春による「解題」によると、南小曾木村は岩槻・大岡領と川越・田安領からなり、岩倉・小虫・荒田・厚沢・小布市の五つの庭場から成り立っているという。記述者は市川庄右衛門で、市川庄右衛門家は小布市にある。また、小布市は下ケ谷戸・外原・中組・南小布市（南庭場）から成立するとし、筆者の市川庄右衛門家は「御林の山守をつとめていたが、政治色がなく篤農の、いわば庭場のまとめ役としてあったようで、そのことがいわゆる名主家の日記と異なり、クミ（生活共同体）を内面から描いた、貴重記録」［河岡　一九七一　五六九］と位置付ける。実際に、庄右衛門の視点で庭場を始めとする近隣地域の動きをそのまま記述したものであり、その意味において江戸末期から明治にかけての貴重な記録ということができる。また、滝沢博によれば、「庭場の社会的な下部組織は組であり、小布市庭場は南組・外原組・下ケ谷組の三つか、あるいはこれに北組を加えた四つの組により構成されているという。ここでの組は江戸時代の五人組というが、五人組を基調とするが必ずしも五軒からなるものではなかった」［滝沢　一九八三　一五］とのことである。

『新編武蔵風土記稿』によれば、南小曾木村は一六五軒からなり、多くは「北の山際に住」すとある。また水田は少なく、陸田が多く「旱損ノ地」ということである。

日記は安政六年（一八五九）から明治三十年（一八九七）にかけてのものとなっている。河岡武春が「市川家日記は、南小曾木郷中、各庭場もしくは庭場連合、檀中、氏子中、若衆組あるいは周辺村の日常生活記録」［河岡　一九七一　五七〇］と述べているように、庄右衛門の体験および見聞が細かく記述されている。

『市川家日記』には、市川庄右衛門の家の近所の葬式の記録が随所にみられる。日記における葬儀は火葬によるものではないが、本節では葬送に関する記述のすべてをここに引用する。引用した記述をもとにして、当時の葬送儀礼の動きについて概観する。なお日付についてはすべての項目の初めに明記されているとは限らず、本文中に記されている部分もあるが、わかりやすくするために年・月日をはじめに記した。

安政六年
四月十四日　下ケ谷戸傳兵衛父庄左衛門死去。今日そうれい。
十二月廿日　藤右衛門母死去。廿一日葬式也。
安政七年
四月十七日　下ケ谷戸傳兵衛の母病死。十八日のそうれい。水穴ばにて念仏を申。

十二月十三日　村の清五郎養母おなか死去す。十四日のそうれいなり。十五日朝女人呼れる。十六日の朝男子呼れるなり。

萬延貳年

五月一日　（五月一日より）村の治兵衛病気に付有之候。八日の夜より大病に付、九日に庭場頼みせんこり信心有。医者四人を頼み候へ共、九日七ツ時に死す。十日にそうれい。十二日中陰払いに相成候。

六月廿三日　当所直右衛門三男寅吉当廿歳にて長病にて死す。今日そうれい。廿四日だんばらい也。

九月十六日　日向安次郎妻病死。十八日にそうれい有。十九日に見舞行。

十二月廿九日　外原元右衛門母病死す。大晦日にそうれい。

文久二年

正月九日　大□（平）里吉母病死す。今日そうれい有。

同日　鹽舟村安五郎祖母、あら田定五郎母病死。尤八十余歳の老人也。同日のそうれい也。

十七日　外原元右衛門母の報（法）事。村中呼れる。夜に入念仏有。

閏八月三日　村の清左衛門養母死す。四日にそうれい。五日に念仏有。

九月十日　鹽舟村安五郎伯父死去。十日にそうれい有。彌左衛門見舞に行。十一日にも見舞に庄右衛門行。

文久三年

四月十一日　日向安太郎の父幸造病死す。十二日のそうれい、十三日見舞に行申候。

六月廿六日　村の又右衛門姑、七日市ば太兵衛の母死去。廿八日そうれい也。七月二日又右衛門方へ見舞に行。

八月十日　村の安之丞兄にいほりの市蔵、ころり病にて死去す。十二日には同人父も同病にて死去す也。十六日は見舞に行。

十一月一日　（海蔵院の量道ばば）死去す。同二日そうれい也。三日報（法）事にて旦中他旦中共に一日呼れ候。

文久四年

七月五日　（村の傳左衛門事、去五月より病気にて疛（中）気（ちうき）の病にて候処、七月三日朝、大病に相成、物言事なくして）五日八ツ時に相果候。六日のそうれい也。七日九ツ時に内義呼（ママ）れ候。

十二月十六日　外原才次郎母おなみ病死す。十六日そうれい成。十七日九ツ時に呼れ候。十七日の夜念仏に行申候。

元治二年

正月三日　野上栄次郎女房お久病死す。今日沙汰有。四日のそうれい。庄右衛門見舞に行申候。

廿九日　岩倉蔵王院不幸見舞に行。尤廿七日のそうれい有。

五月廿六日　夜、山下勘次郎の母死去す。年九十二歳也。廿七日のそうれい。廿八日にだんばらいにて候。

十一月十日　大柳安五郎病死致し、四ツ時頃に飛脚来る。今日暮方過のそうれい也。庄右衛門行。

慶応二年

二月廿二日　大柳安五郎の母病死す。廿三日のそうれいなり。

三月廿三日　（二月十五日より）父彌左衛門病気付、十六日木蓮寺（入間市木蓮寺）医師坂本氏を頼み、薬用ひ候へ共一向宜敷無之、祈禱うらなひ等も致し候へ共しるし無之。廿九日医者をかへ、今井村の中島氏を頼み、薬を用ひ候処少々宜敷事有之候へ共、猶又病気重く相成、尤初りより食物多分は不喰して腹中のとう気有。同夜くるしみ申候ゆへ、所々親類より病気見舞に来り、尤三月節句頃よりは少々らくに相成、横寝も致し候へ共、たんにてくろう致し居、三月十日頃よりは薬も相やすみ候。然れ共大病にて腹大につかれける。終に廿三日の夜の四ツ時頃にいききれ死去致し候。依て廿四日のそうれい。廿五日に見舞受、夜村方念仏有。

四月廿七日　廿六日村方親類へ時（斎）を出し、同日だんばらい致し候。五七日にて忌明の法事致し、方丈壹人、組合は二人つつ、親類は壹人、又は二人の処も有、呼申候。

八月十二日　村の亀右衛門父の三年忌に付、石塔立法事致し、両人に子とも壹人呼れ申候。うんとん（うどん）ふるまいなり。

十二月三日　清五郎養母の七ヵ年廻に付、今日四ツ時庄右衛門壹人呼れ候。うんどん振舞御茶酒出る。

十七日　厚澤日向常吉死去す。十八日のそうれい也。十九日朝見舞に行。

慶応三年

三月廿三日　亡父壹周忌に付塔波（婆）を立る。

六月四日　山下粂吉母おもと病死致し、五日のそうれい、一日にてだんばらい迄相済候。

十月四日　夜、村の清五郎養母死去し、荒田本家へ送り遣し候。六日に見舞に行ける。

十一月八日　村の清五郎女房おふみ母、去る十月四日死去致し候。此度三十五日の忌明の法事に付、庄右衛門壹人呼れ候。そば切振舞にて引菓子にあんひん餅五ツ出る也。

十二月六日　村の吉兵衛妹おみき病死す。組合親類斗にて取しまい致し候。

慶応四年（明治元年）

七月十日　富岡彦四郎女房おそで、長病気にて悪く相成候に付、十日の夜隣の者迎に来り、夜中おちよ行。十一日に帰り候処、十一日の夜に入死去す。

十二日　飛脚二人来り候におちよ壹り行。跡より大手定吉に又右衛門殿の内おりき、下のおきく三人行ける。今日そうれい致し、だんばらひ迄済ける。

八月十四日　大手定吉の養女おこう、産後にて病死す。十五日のそうれい也。庄右衛門見舞に行。

十二月九日　夜、下ケ谷戸吉兵衛死去す。十日にそうれい。十一日に両人共に見舞に行ける。

明治二年

七月廿九日　村の庄兵衛父次郎右衛門夫婦は下成木安楽寺に留守居致し居候処、今日急病気にて翌朝死去致し候に付、八月朔日より支度して二日のそうれい、但し橋南斗にて立会、三日のだんばらいの節、南組の者夫婦隠居迄も皆呼れける。男は庭場中呼れ候。

八月二日　桶屋與之介、去る七月廿七日より病気付、二日に死去す。三日のそうれいなり。四日に見舞行ける。

八月廿四日　早朝に水穴伊左衛門の女子おさと病死去。組合の者、但し女は近所三軒斗行。親類は岩倉より二軒の男一人つつ来り、是にて御寺壹人来る。くれ合迄に皆済に相成候。

明治三年
正月三日　夜明前に熊次郎病死致し、今日そうれいあり。五日見舞を受く、六日檀払に候。
六月十八日　大手幸蔵の娘とく相果、そうれいあり。十九日九ツ過に見舞に行候也。
明治四年
八月朔日　上の庄兵衛亡父三年忌石塔立、法事に付、庄右衛門と内両人呼れ申候。御茶酒うどん振舞、引菓子焼まんじゅう出る。
明治五年
正月元日　夜中過に、外原の徳右衛門長病にて死去す。二日の葬礼あり。三日に見舞に行。
五月廿九日　（大柳清助）相果候に付、飛脚に成替り野上の方へ沙汰あり。依て晦日の葬礼におちよ名代として遣し申候。
六月十八日　今日は下ケ谷戸にせんごり有候。（中略）此病人終に相果候と也。十九日にそうれいなり。よって廿日に男女共に見舞に行也。
七月廿七日　外原徳兵衛病死す。（中略）廿八日のそうれい也。
九月四日　夜、下ケ谷戸の八五郎死去す。五日のそうれい也。六日村中男女共に見舞に行。
明治六年
十月七日　下の川しま神主の女房病死す。今日そうれい也。然共此者は村弘め無之に依て、村方よりは見舞も不参致す。
明治八年

九月十七日　谷野おこと死去にて葬礼あり。庄右衛門行也。十八日男女両人呼れ候。

明治九年

一月二日　海蔵院禅量和尚死去に付、二日より旦頭世話人、村役人立会相談にて五日茶毘式と相定め、三日より宗旦中の者支度に取掛り、四日五日六日七日迄にて片付候。又世話人中は八日九日にも寄合、帳面調等致し候。

八月廿五日　日向紺屋伊三吉の妹おさだ、小家の二階にて自害致し候に依て、らそつけんさ有。廿五日の夜是をほうむり候との事故、見舞に行也。廿六日の朝行。

八月三十日　夜、上見世おくま病気に就て花の木の神主を頼み蟇目祈禱致し候。組合六人の者、皆々立会候也。

九月六日　夜の内に右病人死去す。六日葬礼。七日見舞。八日片付致し相済候。

九月六日　上見せのおくま病死致し候に付、今日葬礼あり。北組の人と組合にて立会也。七日見舞受、七日の檀払には和尚両人と組合、外に北組の者、藤介、おふみ、両人斗りにて候。諸色片附共に相済、昼八ツ時過に皆々引取候。

十月廿七日　又右衛門娘おさだ、産にて病気重く相成せんこりを取。但し廿七日の夜中頃、医師両人立会にて候へ共、相叶わず死去致し、廿九日に葬礼有。三十日は見舞受也。

明治十年

一月廿日　下ケ谷戸清左衛門の妻おふで病気後にて居候処、今日急死致し、廿一日の葬礼あり。廿二日男女共に皆々見舞に行。

廿一日　下の熊太郎の母病死、同日葬礼有。廿二日見舞に両人共に行也。

廿二日　厚澤白髭明神の社に乞食の男老衰の者相果候に付、夫より会所江届、廿三日の夜の四時頃に順《（巡）》査貳人来り見分の上、死骸はひやう所原へうづめ、雑物は村用方へ預けに相成候。

八月廿二日　下ケ谷戸伊藤清七の女子病死致す。廿三日取仕舞有候也。

十月廿九日　庄右衛門の母死去に付、組合親類立会、葬礼致し、廿九日より三十日三十一日共にて相済候。

明治十一年

一月十八日　下の清七後妻の子死す。

六月五日　芳三郎の父直右衛門病死致し候に付、今日葬礼有之候。親類組合北組立会にて海蔵院、常福寺先僧常秀院三人来る。五日より六日七日に檀払い片付迄終る。

七月廿三日　右同人忌明に付、組合貳人つつ、外に子供呼れ、親類中来る。此時石塔直右衛門夫婦の塔壹本、おくまの塔壹本立る也。

十月十一日　野上栄次郎の母病死致し候に付、飛脚二人来り十二日葬式に付、庄右衛門行也。

十三日　外原仁兵衛の母病気にて付物致し候処、今日死去に相成、葬礼あり。十四日男女貳人つつ見舞に行成。

廿四日　小貝戸富蔵の姑病死致し候に付、今日葬礼有。廿五日、庭場中江振舞有。外原より下ケ谷戸は男壹人つつ呼、北組は男女貳人つつ呼、元組合は家内中呼れ候。其外親類等の人々見舞人来る。廿六日檀払にて三ケ寺の和尚と組合斗りにて少々片付を致し候。都合三日は組合中立会候也。

明治十二年

三月十三日　芳三郎の子幾太郎病死致し候に付、吊法事組合中の者呼れ、寺壹人斗にて親類へは沙汰なし。

右幾太郎事は去丑年中栗村にて盗み致し一件に付、去年一月より相州横須賀へ罪人にて送り、五ケ年のテウエキを相成候処、病死致し候と、今九日に戸長方より沙汰有に付、今日吊法事有之候。

四月十六日　野上栄次郎病死に付飛脚二人来る。十七日の葬礼也。

十月廿三日　廿三日頃より下ケ谷戸市川重左衛門少々病気付、廿七八頃より大病に相成、廿九日に病死致し候。三十日に葬礼有。三十一日に檀払に相済候。此時庄右衛門行。金三郎も葬礼の日は手伝ニ（ママ）也。三十一日に庄右衛門壹人行也。

十二月十七日　右重左衛門事、五十日の忌明に付呼れ、庄右衛門壹人行也。

廿五日　夜、村の藤右衛門病死す。廿六日に葬礼、今夜念仏有。此時振舞膳出る也。

明治十三年

一月十九日　大柳廣吉の祖母、長病にて死去。廿日に葬礼あり、庄右衛門行。此人九十九歳。

十一月一日　村の又右衛門急病にて死去。年八十五歳なり。二日に葬礼、今夜も念仏あり。

廿二日　外原彦左衛門七十六歳にて病死去。同日葬礼也。今夜念仏もあり。

十二月十六日　芳三郎の後妻おうめの男子死去す。

明治十四年

一月十七日　北の定吉の養母おりき病死す。十八日葬礼あり。

明治十五年

一月五日　鹽舟才次郎の壹女おしづ急病にて死す。

四月三十日　三月七日頃に村の藤介、青梅入小河内（西多摩郡奥多摩町）に行居てやけどを致し候に付持来り候へ共、平癒不致して、四月三十日に死す。

五月一日　藤介の葬礼あり、今夜念仏檀払迄相済候。

六月廿日　下の伊八の女子生れる。此産後にておまさ病気出、段々大病に相成、七月三日に死去す。四日の葬礼あり。庄右衛門、金三郎は箱造りに行。

七月五日　外原安藤才次郎急病にて大病に相成、霍乱の病気成と云事にて十四日に死去致し、十五日に神葬祭に致し候。十六日男女両人見舞に行。

十八日　下の熊太郎の女子生れ、夫より母病気にて候。廿五日に死去致し、廿六日葬礼あり。廿七日に男女両人つつ見舞に行。男見舞に行候時にあんひん餅二つ、今坂餅一つ得る。

十一月十八日　外原槇太郎の母病死致し、十九日神葬祭に致し候。廿日男女両人見舞に行。

明治十六年

十一月七日　（十月）此頃下の清七の後妻病気にて有之候処、十一月七日頃に至て病死す。八日葬礼あり。九日に見舞に行也。

明治十七年

一月十五日　水穴伊左衛門父清兵衛、去年冬より病気にて有之候処、当一月十五日死去致し、十六日葬礼あり。十七日十八日にて檀払相済候。

三月十七日　水穴伊左衛門父清兵衛の忌明に付、石塔弐本立。法事塔波（婆）四本立。此時に組合家内中呼れ候也。

四月廿六日　村の亀右衛門病死致し候に付、廿七日葬礼。廿八日男女両人呼れ行也。

六月廿九日　夜、谷つの喜宗次死去致し、七月一日葬礼あり。二日に男女両人呼れ候。

九月一日　村の綱五郎父政右衛門死去す。一日の夜迄に所方親類等へ飛脚を出し候。二日の葬礼にて、三日見舞受、檀払に相成候。

十月十二日　村の青木清五良、先月中より病気にて有之候処、十月十二日夜、病死致し候也。十四日葬礼あり。十五日諸方より見舞受、村中の者呼れ候。十六日檀払に相成候。

十月十九日　綱五郎父の忌明に付、石塔を立、親類組合中を呼れ候。

明治十八年

五月三日　上見せのおうめの二女子病死す。

八月廿一日　当村川しま早川氏の老父死去。廿三日の葬礼也。

廿一日　下の早川元左京殿死去す。廿三日葬礼也と云。此事は前にも書出置候也。

九月　外原の油屋清吉の男子生れる。此子十二月に死す。

明治十九年

四月廿四日　海蔵院の店借木蓮寺村の大久保五右衛門跡取娘、（中略）今日死去す。廿五日葬礼。木蓮寺村へ送り行。

明治二十年

一月二日　夜、青木粂造の男子百蔵、当五歳成る病死す。然共、南隣家立会にて取仕舞に相成候。外の者は唯見舞に四日の朝行なり。

二月十四日　大柳林蔵病死致し飛脚到来十五日に葬礼の沙汰に付、庄右衛門行。

廿八日　下ケ谷戸市川熊次郎父清左衛門老死す。三月一日葬礼有。二日に男女に見舞に行也。

四月九日　水穴伊左衛門の母おのぶ病死す。十日に葬礼也。親類は一日きり。十一日外より見舞の少々有。中組の女衆を呼、寺方は二ヶ寺来る。今日檀払に候。但し中組の男衆は十日の夜□の砌本膳出し候也。

廿五日　市川伊左衛門母の忌明有。貮人呼れ候。

十二月十七日　下ケ谷戸安藤八十吉の妻おくに、長病にて死す。今日そうれい有。

明治二十一年

一月四日　外原の安藤清吉の子病死す。

六月廿八日　日向入の嶋崎伊之吉、大病にて死去す。

十二月　安藤清吉の子生れ、翌丑年一月十八日に死する。

明治二十二年

一月十八日　外原安藤清吉の赤子死する。

三月廿日　野上伊勢太郎父母の石塔を立、法事に呼れ庄右衛門行也。

十一月六日　夜、青木粂次郎の二女、急病にて翌七日の前六時に死去致し、七日親類中へ沙汰し、八日の葬礼に付、組合親類立会、一日にて檀払に相成申候。

明治二十三年

一月八日　鹽舟村の加藤才次郎の祖母（中略）今日死去す。一月十日に葬礼あり。庄右衛門行也。

三十一日　夜、青木安太郎養母おふみ死去す。二月一日葬礼あり。

二月廿五日　右（加藤才次郎の祖母）の忌明に呼れ候。庄右衛門行也。

三月廿四日　村の青木安太郎の養母忌明法事有。庄右衛門呼れ行也。

四月七日　外原油屋清吉の祖母死去。八日葬礼也。九日に見舞に両人行也。

六月廿一日　附木や喜之介の祖母死去す。廿二日葬礼に付、庄右衛門穴ほりに行。又念仏に行。

廿五日　村の青木惣七（中略）今日死去す。廿六日葬礼あり。廿七日男女両（ママ）つつ呼れ候。念仏あり。

十月廿一日　伊藤喜之介の妻死去す。廿二日葬礼あり。穴ほりに行。夜念仏に行。翌廿三日女見舞に行也。

十二月一日　夜に入、青木安太郎急病にて二日の後の二時頃に死去す。三日の葬礼有。四日男女両人呼れる。

明治二十四年

八月三日　市川伊八の二男、岩次郎水にて死す。四日に葬礼あり。但し外原槇太郎宅西の岩間淵に入死す。

九月六日　市川伊八の二男子、三十五日の忌明に付呼れ、庄右衛門行也。

十一月十九日　夜、村の青木庄兵衛の老母死去す。八十九歳也。廿一日の葬礼也。

明治二十五年

五月六日　下ケ谷戸宗右衛門死去。葬礼あり。七日に両人共に見舞に行。

八月十四日　村の青木粂次郎の男子病死致し候。

明治二十六年

三月二日　鹽舟才次郎伯父常吉病死す。三日葬礼に付長次郎行。此事飛脚貳人、三日の朝来り候。

四月三日　才次郎、右の忌明を来る五日に致し候間、御出可被下と呼に来り候。同五日に長次郎行也。

廿四日　大柳雨宮忠次郎母死去に付、飛脚一人来り、今日の葬礼に致しと申に付、長次郎行。下の伊八事は仕事に行候に付、不参にて香奠は届け遣し候也。

六月一日　下ケ谷戸伊藤清七の娘、二十歳、よの女病死。今日葬礼あり。

明治二十七年

三月廿二日　市川富蔵、両親と兄熊次郎の石塔を立、法事に施餓鬼致し候。本山天寧寺方丈、外に六人の僧来り、親類組合中組の壹人つつ呼れ来る。組合は近所三軒は家内中、外三軒は両人呼れ候に付、当日は一日行。翌日おちよ、かた付に頼まれ行也。尤此時は組合中の女頼れ候。

五月十九日　市川伊左衛門病死に付、今夜の内に所々へ飛脚出る。廿日の葬礼あり。今日三人働きに行。廿一日檀払にて組合中の女衆片付済。

九月廿六日　夜に入、小布市外原安藤要蔵の母とん死致し、廿七日葬礼有に付、翌廿日《(ママ)》には皆両人つつ見舞に行也。

明治二十八年
十月十二日　朝より水穴の千代松病気に付、十三日に死去。然共今日は寺に客来等有、皆々立会にて翌十四日の水穴不幸の葬礼。組合中組立会親類は近き所ばかりにて立会、十四日一日限りにて相済候。
廿一日　青木馬次郎母おりせ病死致し、廿二日葬礼に付、長次郎穴ほりに行。夜に入呼れ本膳出る。夫より念仏あり。翌廿三日の九時頃に女呼れ候也。おちよ行。
明治二十九年
二月七日　外原安藤和吉の次男十八歳成者、でんせん病にて死すに付、今夜の内に火葬場の地へ埋め候也。
明治三十年
三月十日　夜、青木綱五郎の母死去に付、今夜より組合中寄、夜の中より飛脚に出る。十一日葬礼に付一同立寄、今夜限りに相済候。
四月十四日　青木綱五郎母の忌明に付両人呼れ候。
六月一日　夜、我等父病気にて次第大病に相成候に付、（中略）同九日午後六時頃死亡す。十一日葬礼也。
九月廿八日　豆腐（屋）武田清太郎二女死去す。
十月上旬　上の青の馬次郎娘死去。
十一月廿日頃　青木定吉二女死去す。

十二月廿四日　外原安藤與蔵祖母おこの死去す。廿五日葬礼なり。

以上が『市川家日記』での葬送儀礼に関する記述である。

なお、明治五年十二月三日は改暦により新暦の明治六年一月一日となったが、暦が替わることについてのおもしろい記述が『市川家日記』にみられる。

申の十二月三日、新暦一月一日と相成候に依て年礼致す事に候。戸帳(長)副戸帳方寺へ礼に行候也。村方庭場中の年礼は咄し合の上相互に致し候。神祭り松飾り等の少々つつ致し候。村方に依、又人々の心持に依て思ひ々に致し、神祭り松かざり等も不致者も有之候。又餅つき、まい玉飾の事も二月に相成致し候もあり、先年通りに一月二十九日を元日として祝ひ候もあり、世上様々の次第に候。二月一日稲荷祭り、まい玉飾り致す村も有。

福澤昭司は明治新政府による政治的意図による改暦に視点を置き、当時の史資料や現行習俗の様相から、長野県での改暦による民俗の対応を整理している［福澤　一九九二］。福澤によると、「新暦実施七、八〇年後の状況を雛祭りを例に長野県の中信地方でみる限り、ひと月遅れで行う所が圧倒的に多い」［福澤　一九九二　二三］ということである。

また小川直之は「明治改暦と年中行事」において、東京都八王子市東浅川に伝わる『石川日記』から、改暦による行事日の変化をまとめている。それによると、

①旧暦から新暦の同期日に移行
②旧暦から一度月遅れになり、旧暦と同じ新暦の期日に移行
③旧暦から月遅れの期日に移行
④旧暦のまま続行

の四グループに分けられるという［小川　一九九八　三三］。小川の研究は年中行事に対する意識をみる上でまことに興味深いものがある。著者が調査した岐阜県加茂郡白川町でも、雛祭りだけではなく、多くの年中行事が一月遅れで行われており［林　一九九七］、現在では期日と行事の関係が直接的に認識されていない。

ここであげた資料も、旧暦から新暦への移行にあたっての人々の対応が当事者の目を通して記述されたものであり、その点、まことに興味深いものとなっている。この記述から、十二月三日が元日になったことへの人々の惑いがみられる。「咄し合の上」で相互に「年礼」を行うこととし、松飾りも「少々つつ」という状態となっているのである。

また改暦にともない、年中行事の日取りが村により、人により異なったことがわかる。年中行事の日取りは、元日を新暦で祝うか、旧のまま祝うかによる。行事に対しての意識の差がこのような混乱を招いたといえようか。日取りに重きを置くか、季節に重きを置くかによって対応が異なったということであろうか。そしてこのような混在は、すでに行事の庭場あるいは組合のような地縁的組織の観念的一体化が薄れてきていることを示している。

ところで、庄右衛門は明治三十年（一八九七）六月九日に病没している。そのため庄右衛門による日記は同年四月二十二日の「後の三時頃北より大風吹出しける。此時八王子町に出火初り、大火にて五千戸程も焼失、けが人有。

死人も六拾人も有之候との評判也」が最後といえる。しかし、『市川家日記』にはこれに続く部分がある。葬儀に関しては、同年十二月二十四日までが記述がみられ、その中には記述者である庄右衛門の葬儀の記録もあるのである。その部分では、庄右衛門に対し、「我等父」との形で記述されていることから、この部分は息子が引き継いだものであることがわかる。

二　葬送儀礼の形式

さて、上でみてきた記録から、江戸時代後期から明治にかけての小曾木での葬儀の様子がわかる。具体的に土葬との記述はないが、明治二十三年（一八九〇）十月二十一日の項には「穴ほりに行」とあり、土葬による葬送が行われていたことがわかる。ただし、明治二十九年（一八九六）二月七日の項には、「火葬場」の文字が見え、火葬も行われていたことがわかるが、このことについては後述する。

後に検討するが、当時の葬送儀礼の形式は、だいたい「葬礼―見舞―念仏―檀払い」となっている。ここでそれぞれの様相を記述にしたがって概観する。本文中では「檀払い」となっているが、これは「壇払い」のことだろう。以後は「壇払い」で統一して論を進める。

1　死ぬまでの対応

病気になると医師を頼み、薬を用いて治療することは当然であるが、一方で、「せんこり」や祈禱を行った記録がみえる。

史料中に万延二年五月一日とあるが、万延二年は、二月十九日に「文久」に改元されているため、文久元年（一八六二）の記録である。したがって治兵衛は文久元年五月一日から病になった。そして八日の夜には大病となるに至って、翌九日に「せんこり」を庭場に頼んでいる。また明治九年（一八七六）十月二十七日に産後の病気で死亡した又右衛門の娘おさだが、病が重くなったときに「せんこり」を取っている。ここで「せんこり」が具体的にどのような形で行われたかは記述がなくわからないが、死期の近い病人のために、庭場の人たちが川に入り平癒祈願を行ったことが考えられる。そして、「せんこり」は庭場の人たちが自発的に行うものではなく、当事者の家の者が頼んで行ってもらっていることがわかる。

庄右衛門の父彌左衛門のとき（慶応二年二月十五日）には、庄右衛門は「祈禱うらなひ等も致し」たが、「しるし無之」に終わったことが記されている。庄右衛門が頼んだ「祈禱うらなひ」についても具体的な記述はないが、明治九年八月三十日の項では、上見世おくまの病気に対し「花の木の神主を頼み蟇目祈禱」を行ったとある。「花の木」がどこであるのかはわからない。

ちなみに、『新編武蔵風土記稿』によれば、南小曾木村には蔵王権現社および蔵王院が岩倉にある。蔵王院は当山派修験であり、蔵王権現社は蔵王院持ちとある。また常法院が村の西よりにあり、これも当山派修験と記述されている。当地での里修験の活動の様相は明らかではないが、里修験の存在が確認できることから、これらが何らかの形で祈禱を行っていたことは推察される。ただし、記述の在り方にしたがうならば、死に至る病において、人は「せんこり」を行ったり、祈禱を頼むなどして平癒を祈願したりしたが、「せんこり」は庭場によって行われ、「祈禱」は組合の者が「立会い」との記述になっている。そこに、具体的な修験者の関与についての記述はみえない。しかし「立会」っての祈禱であることから、そこに祈禱の専門家が存在したことがわかる。上見世おくまの病気に対しては「花の木の神主を頼」んだが、蔵王院という修験寺の存在は、里修験が祈禱に関わっていたことを推察させるのである。

福井県小浜市下根来では吉野山（金峯山）に登った人が行者と呼ばれ、病人があるとき、行者に「オカワ」を頼んだという。「オカワ」とは、夜、川に入って行をするものであり、このとき数珠についた露を病人に飲ますと病が治るという。ただし、寿命がない場合には、数珠に露はつかないといわれている［林　一九九七　一二八］。ここでの行者は先達の資格を持つ人たちであるが、修験の専門家ではなく、俗修験にあたる人たちと考えられる。下根来では昭和の初期まで行者参りが行われていたということであり、行者が使う鉦や数珠が残されているが、残念ながら俗修験としての活動についてはこれらのこと以上は話が聞けなかった。それでも、昭和初期までは非職業者としての祈禱師が地域的に密着して作られていたことがわかる。俗修験に関しては、岐阜県加茂郡白川町黒川で確認し、多少の記録が残されていた［林　二〇〇一b］。このように、地域によっては修験の一般の人々の生活への関与がみられる史料が残されており、蔵王院の活動もそれより推察されるのである。

また「せんこり」と「祈禱」の間には社会的な意味の区別があったことが記述からわかる。前者は庭場により、後者は組合によるとあり、「せんこり」のほうがより広い範囲の互助を必要としていたのかもしれない。しかし、具体的な区別の在り方までは記述が少なく不明である。

2　葬礼

不幸にして、「せんこり」や「祈禱」の甲斐もなく亡くなってしまうと、「葬礼」が行われることになる。まず、その連絡を親類や縁者にまわすことになるが、その仕事は「飛脚」と呼ばれている。

「葬礼」については、「葬礼」とだけ記述され、その方法については具体的には記されていない。したがって、いわゆる湯灌・納棺などの儀礼的な形式についてはわからないだけではなく、「埋葬」の記述もなく、「葬礼」は死者の取り扱いから埋葬までの一連の動きの総称として記述されているようである。

①儀礼に関わる地縁的組織

「葬礼」は地縁的な関係社会の中で行われる。明治十二年（一八七九）十月二十三日の項で、下ケ谷戸の市川重左衛門の葬礼には、庄右衛門が手伝いに行っている。また、明治十五年（一八八二）六月二十日の項では、伊八の妻の産後死において、箱造りに行っている。穴掘りや箱造りなどの手伝いによって、「葬礼」が滞りなく行われるといえよう。

ここで、「葬礼」に関わる組織について概観する。葬送儀礼の形式は、基本的に「葬礼―見舞―念仏―壇払い」と捉えられることを指摘したが、その後には忌明や法事も行われる。『市川家日記』にはこれらに地縁的な組織の関わりも記されており、儀礼の社会的な位置付けがわかるものとなっている。儀礼に関わる地縁的な組織が明確に記された部分を表化したものが表4である。

表4は遺族以外が葬送儀礼に関わった記述を表化したものであるが、面白いことに葬家以外の組織は「葬礼」よりも壇払い・忌明けなどの法事への関わりを示す記述の方が多い。「葬礼」はただ「葬礼」とだけ記されるのがほとんどである。箱造り・穴掘り・手伝いの記述がいくつかみえることから、近隣の者が「葬礼」において、準備・運営という形で関わっていたことが推察される。このような、手伝いを行う近隣が、葬式の互助組織として機能していることがわかるが、組織としての範囲までは明確ではない。

そして、記述上はこのような関わりの在り方が「立会」あるいは「取仕舞」となっている。「取仕舞」は運営を

表4　葬送儀礼に関わる社会的組織

年	人	儀礼	社会組織
安政7年	傳兵衛母	葬礼	水穴ば
安政7年	清五郎養母おなか	葬礼翌日朝	女呼ばれる
		葬礼翌々日朝	男呼ばれる
文久2年	元右衛門母	法事	村中
文久3年	海蔵院量道ばば	法事	旦中呼ばれる
慶応2年	彌左衛門	念仏	村方念仏
		忌明法事	組合2人ずつ、親類1人あるいは2人
慶応3年	吉兵衛妹おみき		組合親類ばかりにて取りしまい
明治2年	庄兵衛父次郎右衛門	葬礼	橋南ばかりにて立会
		壇払	南組者夫婦隠居まで、男は庭場中
明治2年	伊左衛門女子おさと	葬礼	組合、女は近所3軒ばかり
明治5年	八五郎	葬礼翌日見舞	村中男女
明治9年	おくま	葬礼	北組、組合にて立会
		壇払	北組、組合
明治11年	芳三郎父直右衛門	葬礼	親類組合北組
		忌明	組合2人ずつ、他に子ども、親類
明治11年	富蔵姑	葬礼	庭場へ振舞、外原より下ケ谷戸は男1人ずつ
			北組は男女2人ずつ、元組合は家内中
			組合立会
明治12年	芳三郎子幾太郎	吊法事	組合中
明治17年	伊左衛門父清兵衛	忌明	組合家内中呼ばれる
明治17年	綱五郎父政右衛門	忌明	親類組合中
明治20年	青木粂造の男子百蔵		南隣家立会（5歳）
明治20年	伊左衛門母おのぶ	葬礼翌日	中組の女衆を呼ぶ
		翌日夜の本膳	中組の男衆
明治22年	青木粂次郎二女	葬礼	組合親戚立会
明治27年	市川富蔵両親・兄	法事	親類組合中組
			組合は近所3軒は家内中、他3軒は両人
		翌日の片付け	組合中の女
明治27年	市川伊左衛門	壇払片付け	組合中の女衆
明治28年	千代松	葬礼	組合中組立会
明治30年	青木綱五郎母	死亡当日	組合中
		葬礼	組合中

示唆する言葉であるが、「立会」には第三者的なニュアンスが感じられる。庄右衛門と故人の家との地縁的関係に基づく差異として捉えるのが妥当であろう。壇払いや忌明けという法事では人々が呼ばれていることが記述されている。このときには葬家が主体となり、人々に「振舞」をしたことが考えられる。つまり呼ばれる側は客体として位置付けられるということである。これに対し、「葬礼」では近隣の者が比較的に主体的な意味合いが強いといえるかもしれない。葬送儀礼においての互助組織の主体的展開については『民俗と内的「他者」』［林　一九九七］で考察している。

呼ばれる人は親類以外は個人的にではなく組織として呼ばれている。それは組合・庭場・村であり、地縁的な社会組織を呼ぶ単位と合致している。

法事に呼ぶときの組織の範囲は基本的には組合のようであるが、葬家の属する組合とは別の組合をも呼ぶ例がみられる。記述の在り方から、自分の属する組合の場合はただ「組合」とし、そうではない場合には、組合の名称が記されている。たとえば、明治九年（一八七六）のおくまの葬礼・壇払いのときには、「組合」の他に北組が呼ばれている。また、明治十一年（一八七八）の富蔵姑の葬礼の翌日に行われた振舞では、組合・北組・庭場が呼ばれている。ただしこの事例では、組合は家内中、北組は男女二人、庭場は外原より下ケ谷戸は男一人と記述しており、葬家との位置的関係（＝社会的関係）の遠近により、呼ぶ人数が異なっていることがわかる。近いほど一軒の家から多くの人が呼ばれているのである。

ただし、すべての壇払いや忌明けなどの法事で、同じ範囲の組織が呼ばれているわけではない。ただ「組合」とだけ記されたものもあり、一方で「村中」と記されたものもある。このことから、呼ぶ範囲の原則が組合であり、家によってはそれ以上の範囲で呼ぶことがあったということができる。葬家との関係の遠近によって呼ぶ人数が異なることは、葬送儀礼が社会的な意味の中で行われていることを示しているといえる。もちろん、葬送儀礼における地縁的組織の関わりは、青梅市小曾木に特有のものではなく、一般的にみられるものである。しかし、ここでは原則だけではなく、家ごとに範囲の狭広があることを指摘しておく。

ところで『市川家日記』の筆者市川庄右衛門はどの組に属していたのだろうか。記述を見ていると、外原・下ケ谷戸が頻出する。わざわざ組名を記していることは、庄右衛門の属する組ではないためと考えられる。また先述のようにおくまの壇払いで北組が呼ばれるとある。滝沢博が指摘するように小布市の庭場が南組・外原組・下ケ谷組、北組とするならば「滝沢　一九八三　一五」、下ケ谷は下ケ谷戸と考えられるので、南組であったと推察することができる。

②葬送儀礼の形式

先にも指摘したように、『市川家日記』には、「埋葬」についての具体的な記述はない。それでも、「穴ほり」の役があることが記述されており、土葬が行われていたことがわかる。ただし、明治九年（一八七六）一月二日の海蔵院禅量和尚死去の記述には、「村役人立会相談にて五日荼毘式」とあり、僧の場合は火葬されたことがわかる。なお、『新編武蔵風土記稿』によれば、海蔵院は曹洞宗であり、根ヶ布村天寧寺末ということである。（根ヶ布村は現在青梅市東青梅）『全国寺院名鑑』によれば、天寧寺は平将門の草創といわれる寺院であり、現在も存在する。曹洞宗と火葬との関係で捉えられるかどうかはわからないが、土葬地区において僧だけが特別に火葬されていたことは、第四章第二節でみたような火葬の特化の一例として捉えることができよう。

ここで儀礼の形式の様相を詳しくみる。表5は上の引用から、儀礼の形式を抽出したものである。ただし、地名と姓の区別が難しいものがあったが、前後の文脈から表5を作った。

『市川家日記』から、儀礼に関する言葉を取り出すと、「葬礼」「見舞」「檀払＝壇払」「念仏」となる。先にも述べたように、「葬礼」は死直後から埋葬まで、すべてを表した語句となっている。ここで取り上げる儀礼は、一連の「葬礼」とその後の儀礼の関係が示されるものである。これらの言葉が意味する具体的内容についても記述されておらずわからない。それでも、これらの時間的な流れから、葬送に関しての観念をある程度は抽出することができる。ただし、明治二十八年（一八九五）十月二十一日の青木馬次郎母おりせの葬礼のときには、「夜に入呼れ本膳出る。夫より念仏あり」と記述され、「本膳」が振舞われていたことがわかる。

表5から、さらに葬送儀礼に関する言葉を時間系列に並べて捉えるならば、次のようになる。

葬礼
葬礼―呼ばれる
葬礼―中蔭払い
葬礼―壇払い
葬礼―見舞
葬礼―法事―念仏
葬礼―念仏
葬礼―法事
葬礼―呼ばれる―念仏

表5　『市川家日記』にみる葬送儀礼の流れ

年月日	場所	人　物	儀　礼
安政6年4月14日	下ケ谷戸	庄左衛門	死 葬礼
安政6年12月20日 21日		藤右衛門母	死 葬礼
安政7年4月17日	下ケ谷戸	傳兵衛母	死 葬礼
安政7年12月13日 14日 15日 16日		清五郎養母おなか	死 葬礼 女人呼 男子呼
萬延2年6月9日 10日 12日		治兵衛	死（七ツ） 葬礼 中陰払い
萬延2年6月23日 24日		寅吉	死 葬礼 壇払い
萬延2年9月16日 18日 19日	日向	安次郎妻	死 葬礼 見舞
萬延2年12月29日 30日 文久2年1月17日	外原	元右衛門母	死 葬礼 法事 念仏（夜）
文久2年1月9日		里吉母	死 葬礼
文久2年1月9日	荒田	定五郎母	死 葬礼
文久2年閏8月3日 4日 5日		清左衛門養母	死 葬礼 念仏
文久2年9月10日 11日	鹽舟村	安五郎伯父	死 葬礼、庄右衛門見舞 庄右衛門見舞
文久3年4月11日 12日 13日	日向	幸造	死 葬礼 見舞
文久3年6月26日 28日 7月2日		又右衛門姑（太兵衛母）	死 葬礼 見舞
文久3年8月10日 12日 16日		市蔵 同人父	死（ころり） 死（ころり） 見舞
文久3年11月1日 2日 3日		海蔵院量道ばば	死 葬礼 法事

元治１年７月５日 ６日 ７日		傳左衛門	死 葬礼 内儀呼ばれる
元治１年12月16日 17日	外原	才次郎母おなみ	死 葬礼 呼ばれる、念仏（夜）
元治２年１月３日 ４日	野上	栄次郎妻お久	死 葬礼、見舞
慶応１年５月26日 27日 28日		勘次郎母	死 葬礼 壇払い
慶応１年11月10日	大柳	安五郎	死 葬礼
慶応２年２月22日 23日	大柳	安五郎母	死 葬礼
慶応２年３月23日 24日 25日 26日 ４月27日 慶応３年３月23日		彌左衛門（庄右衛門父）	死（夜） 葬礼 見舞受け 村方念仏（夜） 斎 壇払い 五七忌 一周忌（塔婆立てる）
慶応２年12月17日 18日 19日	厚澤日向	常吉	死 葬礼 見舞
慶応３年６月４日 ５日		粂吉母おもと	死 葬礼 壇払い
慶応３年10月４日 ６日 11月８日		清五郎女房おふみ母	死 見舞 三十五日の忌明け
明治１年７月11日 12日	富岡	彦四郎女房おそで	死（夜） 葬礼 壇払い
明治１年８月14日 15日		定吉養女おこう	死（産後） 葬礼
明治１年12月９日 10日 11日	下ケ谷戸	吉兵衛	死（夜） 葬礼 見舞
明治２年７月30日 ８月１日 ２日 ３日 明治４年８月１日		次郎右衛門	死 支度 葬礼 壇払い 三年忌（石塔立てる）
明治２年８月２日 ３日 ４日		桶屋與之介	死 葬礼 見舞

明治2年8月24日		伊左衛門女子おさと	死（早朝） 皆済
明治3年1月4日 5日 6日		熊次郎	死（夜明前） 葬礼 見舞 壇払い
明治3年6月18日 19日		幸蔵娘とく	死 葬礼 見舞
明治5年1月1日 2日 3日	外原	徳右衛門	死（夜中） 葬礼 見舞
明治5年5月29日 30日	大柳	清助	死 葬礼
明治5年6月18日 19日 20日	下ケ谷戸	不記述	死 葬礼 見舞
明治5年7月27日 28日	外原	徳兵衛	死 葬礼
明治5年9月4日 5日 6日	下ケ谷戸	八五郎	死（夜） 葬礼 見舞
明治6年10月7日	川しま	神主女房	死 葬礼
明治8年9月17日 18日	谷野	おこと	死 葬礼 男女呼ばれる
明治9年1月2日 5日 7日		海蔵院禅量和尚	死 荼毘式 片付けおわり
明治9年8月25日 26日	日向	紺屋伊三吉妹おさだ	自害 ほうむる（夜） 見舞
明治9年9月6日 7日 明治11年7月23日		おくま	死（朝） 葬礼 見舞 壇払い 片付け 塔を立てる
明治9年10月27日 29日 30日		又右衛門娘おさだ	死（産後） 葬礼 見舞
明治10年1月20日 21日 22日	下ケ谷戸	清左衛門妻おふで	死 葬礼 見舞
明治10年1月21日 22日	下	熊太郎母	死 葬礼 見舞

明治10年 8 月22日 23日	下ケ谷戸	伊藤清七の女子	死 取仕舞
明治10年10月29日 31日		庄右衛門母	死 葬礼 相済
明治11年 1 月18日	下	清七後妻の子	死
明治11年 6 月 5 日 6 日 7 日 7 月23日		芳三郎父直右衛門	死 葬礼 壇払い (片付) 忌明け（石塔）
明治11年10月11日 12日	野上	栄次郎母	死 葬礼
明治11年10月13日 14日	外原	仁兵衛母	死 葬礼 見舞
明治11年10月24日 25日 26日		富蔵姑	死 葬礼 呼ばれる 壇払い（都合三日立会）
明治12年 4 月16日 17日	野上	栄次郎	死 葬礼
明治12年10月29日 30日 31日 12月17日	下ケ谷戸	市川重左衛門	死 葬礼 壇払い 五十日の忌明け
明治12年12月25日 26日	村	藤右衛門	死 葬礼 念仏（夜、振舞）
明治13年 1 月19日 20日	大柳	廣吉祖母	死 葬礼
明治13年11月 1 日 2 日	村	又右衛門	死 葬礼 念仏
明治13年11月22日	外原	彦左衛門	死 葬礼 念仏
明治13年12月16日		芳三郎後妻おうめの男子	死
明治14年 1 月17日 18日	北	定吉養母おりき	死 葬礼
明治15年 1 月 5 日	鹽舟	才次郎一女おしづ	死
明治15年 4 月30日 5 月 1 日	村	藤介	死 葬礼 念仏 壇払い
明治15年 7 月 3 日 4 日	下	伊八妻おまさ	死（産後） 葬礼

明治15年７月14日 15日 16日	外原	安藤才次郎	死 神葬祭 見舞
明治15年７月25日 26日 27日	下	熊太郎妻	死（産後） 葬礼 見舞
明治15年11月18日 19日 20日	外原	槇太郎母	死 神葬祭 見舞
明治16年11月７日 ８日 ９日	下	清七後妻	死 葬礼 見舞
明治17年１月15日 16日 17日 18日 ３月17日		伊左衛門父清兵衛	死 葬礼 壇払い (壇払い) 忌明け（石塔立)
明治17年４月26日 27日 28日	村	亀右衛門	死 葬礼 呼ばれる
明治17年６月29日 ７月１日 ２日	谷つ	喜宗次	死 葬礼 呼ばれる
明治17年９月１日 ２日 ３日 10月19日	村	綱五郎父政右衛門	死 葬礼 見舞 壇払い 忌明け（石塔)
明治17年10月12日 14日 15日 16日	村	青木清五良	死（夜) 葬礼 見舞 壇払い
明治18年５月３日		おうめ二女	死
明治18年８月21日 23日	川しま	早川元左京	死 葬礼
明治18年12月	外原	油屋清吉の男子(９月生まれ)	死
明治19年４月24日 25日	海蔵院店借	大久保五右衛門娘	死 葬礼
明治20年１月２日 ４日		青木粂造子百蔵（５歳)	死 取りしまい 見舞
明治20年２月14日 15日	大柳	林蔵	死 葬礼
明治20年２月28日 ３月１日 ２日	下ケ谷戸	市川熊次郎父清左衛門	死 葬礼 見舞

明治20年４月９日 10日 11日 25日		伊左衛門母おのぶ	死 葬礼 見舞 壇払い 忌明け
明治20年12月17日	下ケ谷戸	安藤八十吉妻おくに	死 葬礼
明治21年１月４日	外原	安藤清吉子	死
明治21年６月28日	日向	嶋崎伊之吉	死
明治22年１月18日	外原	安藤清吉赤子（12月生）	死
明治22年11月７日 ８日		青木粂次郎二女	死（午前６時） 葬礼 壇払い
明治23年１月８日 10日 ２月25日	鹽舟	加藤才次郎祖母	死 葬礼 忌明け
明治23年１月31日 ２月１日 ３月24日		青木安太郎養母おふみ	死（夜） 葬礼 忌明法事
明治23年４月７日 ８日 ９日	外原	油屋清吉祖母	死 葬礼 見舞
明治23年６月21日 22日		附木や喜之介祖母	死 葬礼 念仏
明治23年６月25日 26日 27日	村	青木惣七	死 葬礼 見舞 念仏
明治23年10月21日 22日 23日		伊藤喜之介妻	死 葬礼 念仏 見舞（女）
明治23年12月２日 ３日 ４日		青木安太郎	死 葬礼 呼ばれる
明治24年８月３日 ４日 ９月６日		市川伊八二男岩次郎	死（入水） 葬礼 三十五日の忌明け
明治24年11月19日 21日		青木庄兵衛母	死（夜） 葬礼
明治25年５月６日 ７日	下ケ谷戸	宗右衛門	死 葬礼 見舞
明治25年８月14日	村	青木粂次郎男子	死
明治26年３月２日 ３日 ４月５日	鹽舟	才次郎伯父常吉	死 葬礼 忌明け

明治26年４月24日	大柳	雨宮忠次郎母	死 葬礼
明治26年６月１日	下ケ谷戸	伊藤清七娘よの女(20歳)	死 葬礼
明治27年５月19日 20日 21日		市川伊左衛門	死 葬礼 壇払い 片付け（女）
明治27年９月26日 27日	外原	安藤要蔵母	死 葬礼
明治28年10月13日 14日		千代松	死 葬礼（一日限りで皆済）
明治28年10月21日 22日 23日		青木馬次郎母おりせ	死 葬礼 本膳（夜） 念仏 呼ばれる（女）
明治29年２月７日	外原	安藤和吉次男（18歳）	死（伝染病） 火葬場に埋葬（夜）
明治30年３月10日 11日 ４月14日		青木綱五郎母	死（夜） 葬礼（皆済） 忌明け
明治30年６月９日 11日	南	庄右衛門	死（午後６時） 葬礼
明治30年９月28日		武田清太郎二女	死
明治30年10月上旬	上	青の馬次郎娘	死
明治30年11月20日頃		青木定吉二女	死
明治30年12月24日 25日	外原	安藤與蔵祖母おこの	死 葬礼

＊アミ掛けは、死亡日当日に「葬礼」が行われたもの。

葬礼—見舞—念仏—壇払い
葬礼—見舞—壇払い
葬礼—呼ばれる—壇払い
葬礼—念仏—壇払い
葬礼—見舞—念仏
葬礼—念仏—見舞
葬礼—念仏—呼ばれる

記述にしたがえば、ここで抽出したように、葬送儀礼には多くの形式が認められ、地域としての固定的な制度化はみられないことになる。儀礼群が一つの地域の中で多様的である。

もっとも単純なものは「葬礼」とだけ記された形式で、もっとも複雑なものは彌左衛門の「葬礼—見舞—念仏—壇払い」である。彌左衛門は庄右衛門の父親であり、当事者の記録であるためにより詳細になったことも考えられる。それでも、記述の在り方の問題として捉えるには形式の多様さが大きすぎるのではないか。やはり、ここでは多様化した形式が実際に認められるとする方が自然である。

全体的にみて、「葬礼」とだけ記されたものがもっとも多く、「葬礼—見舞」がそれに次いでいるが、形式の多様化は何を意味しているのであろう。家格によるものであろうか。

「見舞」は文字通り葬家にお悔やみに行くことであろうか。すると個人的な行為を表したものということになる。実際に、「見舞」に関しての記述は「庄右衛門行」という形になっている。しかし、彌左衛門の葬儀では「見舞受」とあり、人々の「見舞」に対応していたことがわかるが、それが特定の日に記述されていることは、「見舞」が形式化していたことを推察させる。すると、「葬礼」とだけの記述も、庄右衛門の立場によるものであり、庄右衛門が見舞に行かなかっただけと捉えることも可能であろう。「臨舟」は現在の青梅市大門塩船であろう。小曾木地区に隣接する野上谷野も大門地区である。また大柳は青梅市青梅。その他富岡・荒田・厚沢は青梅市小曾木であるが、小布市外である。

また「日向」は現在では青梅市青梅に日向和田との地名があるが、慶応二年十二月十七日に「厚澤日向常吉」とみえ、日向が姓であるのか、あるいは厚澤の中の組名であるのか判断が難しい。しかし明治九年八月二十五日には「日向紺屋伊三吉」とあり、ここでは「日向」が組名あるいは他の地名を示していることは明らかである。したがって、地名として厚澤日向を考えるのが妥当と思う。

なお「上見世」「小貝戸」「水穴」「山下」は確認できなかったが、「水穴」に関してはすべて伊左衛門関連の記述であり、庄右衛門と親しい人物で「水穴」と呼ばれるどこかの庭場の組とも考えられるが、明治二十年四月九日に死亡した「水穴伊左衛門の母おのぶ」の葬礼において、「中組」が主な働きをしていることがわかる。「中組」は小布市の中の庭場にある。この中組であるならば「水穴」は姓か屋号である可能性が高いのではないか。ただし判然としないので表5には「水穴」は記していない。「山下」「小貝戸」「上見世」も同様である。

このように記述をみてみるならば、すべてではないが、「葬礼」とだけある地区は野上や塩舟など小曾木村外である。野上、塩舟は隣村近村であるが、村外である点は変わりない。するとこの記述の在り方は、庄右衛門と葬家との距離が反映されたものといえる。ただし、単に距離的問題であるのか、そこに社会的通念があるのかまでは判断しかねる。いずれにしても小曾木の人間にとって野上、塩舟は生活構造を異とする別の共同体に属するということとである。

以上のことから、『市川家日記』に見られる葬送儀礼は、「葬礼—見舞」を基本とする形式として成り立っているといえよう。

ところで、「見舞」において、「あんひん餅」「今坂餅」が振舞われたことが、明治十五年（一八八二）の記述にみられる。これらがどのような餅であるかはわからないが、見舞に来てくれた人に対しての振舞の品であることが考えられる。また「念仏」が行われたことの記述もある。

河岡武春は補注で、小曾木の小布市での念仏は、ナムアミダブツだけ唱えるものであり、これをはじめはおそく、あとは早口に鉦を叩きながらあげるという。葬家の近所の家と濃い親戚によって念仏があげられる。またこれとは別に、「村廻り念仏」があるが、これは各戸を廻り百万遍の数珠を繰り念仏をあげて祈禱して最後におさめるという［河岡　一九七一　六五六］。日記中にみえる葬式での「念仏」も近所と濃い親戚によるものとなっている。死者供養を目的とする念仏の在り方としては変化はみられないようである。

壇払いは一般に祭壇を片付ける際に行われる。葬送儀礼は、壇払いによって一段落つくことになる。ここでの「檀払」も同じ性質のものであろう。

ところで、「念仏」も「檀払」も人を呼び振舞がなされている。葬家にとっては経済的な負担がかかることが推察される。そのために両方を同時に行うことが少ないのであろうか。

また、「念仏」や「檀払」が多く記述されるのは、比較的に遅くなってからである。日記の初期にも記述はあるが、明治の半ば頃から頻出するようになる。儀礼の基本が「葬礼—見舞」であるとするならば、これを核にして、後次的に「念仏」や「檀払」が付加されるようになったといえるかもしれない。とするならば、儀礼の成立と変化を時代的展開の中で捉える必要がある。明治の半ばをすぎて、葬礼が大げさに行われるようになったと考えられるためである。

三　儀礼の時間的展開

前項で葬送儀礼の核となる形式が「葬礼―見舞」であることをみた。「葬礼」についての具体的な記述はないが、死の直後から埋葬に関わるまでの部分を表していることが推察された。本項では「葬礼」とその後の儀礼がどのような流れ（時間経過）の中で行われているかについてみる。表5は死亡日・葬礼・壇払い・念仏がいつ行われたか、時間的な流れを追った表でもある。

1　葬礼

現在、一般に行われている葬式では、死亡日か翌日の晩に通夜があり、その翌日に告別式が行われる。ところが、『市川家日記』には、「通夜」の語はまったくみられない。それだけではなく、死亡日に「葬礼」が行われたとする記述が多くみられるのである。だからといって必ず当日に「葬礼」が行われるのではなく、翌日かあるいは翌々日に行われている例も少なからずあり、時間的な形式は明確ではない。しかし、夜に死亡した場合には、「葬礼」が翌日になるようで、死亡時間との関係が考えられるかもしれない。「通夜」の語句がなく、死亡日当日に葬られていた例は、第二章第三節で小林一茶の「父の終焉日記」でもみた。

『市川家日記』を年代的に細かくみると、死亡日当日に「葬礼」が行われるのは、明治前期に集中していることがわかる。表5でアミ掛けをした部分は、葬礼が死亡日の当日に行われたものである。死亡日当日の葬礼が明治時代の前半に集中する理由としては、明治十七年（一八八四）十月四日に出された太政官布達第二十五号「墓地及埋葬取締規則」によることが考えられる。太政官布達第二十五号には、「埋火葬は死後二十四時間経過しなければ行い得ないものとし市町村長の許可をうけること」（『逐条解説　墓地、埋葬等に関する法律』〔生活衛生法規研究会　一九九九　二〇〇〕）とある。この布達にしたがえば、死亡日の翌日か翌々日でなければ「葬礼」はできないことになる。『市川家日記』においても、明治十七年以降の記録では、確かに死亡日当日の「葬礼」はあまりみられなくなる。法的規制による民俗変化の一例であろう。それでも、明治十七年十月四日以降に死亡日当日に「葬礼」が行われた記録が六例だけ認められる。しかし明治二十年一月二日の青木粂造子百蔵は五歳であり、「葬礼」との記録はなく、ただ「取りしまい」となっている。後に述べるように子どもの場合には葬儀を行わない事例が多く認められ、ここでは子どもの死は数に含まないことにする。すると五例ということになる。また伝染病死や自殺は特殊事例となるので、これも含めない。さらに「葬礼」の記述がみられないものもある。判断しかねるので、これも除外して考える。すると太政官布達が発布された明治十七年十月四日前に、死亡日に葬礼が行われたのは六七例中一九例で、二八・四%、以後は二八例中四例で一四・三%という結果となる。太政官布達の発布を境にして、死亡日に葬礼が行われた例が大幅に減少したということがわかる。しかし、〇にはなっていない。

平出の『東京風俗志』（下）にこの布達による東京の様子が記されている。

> 葬儀は制規〔明治十七年十月、太政官布達第二十五号〕の上より、死後二十四時間を経ざれば営むこと能はず、これを遅うするに従うて費用自ら崇めば、貧しきに従うて弥弥取急がんとするなるべし。富めるはこれに反して四五日乃至一週日の後にもするあり。中流は大抵一日を隔てて執行す、

〔平出　二〇〇〇　一〇四～一〇五〕

ここでは、「貧しきに従うて弥弥取急がんとするなるべし」に着目する。この記録より、法的規則が儀礼に直接的に影響をおよぼしてはいないことがわかる。外的要因による変化というよりは、経済的格差に基づく内的要因が外圧に関係なく、葬儀に影響を与えているということである。それにしても、富める層がたっぷりと日をとる理由はどこにあるのであろうか。名残を惜しむということであり、そのために、日を多くとっても必要となる出費が賄えるということは理解できるが、観念・意識についてはわからない。

『市川家日記』中では、明治十七年（一八八四）十月以降にも、死亡日当日に「葬礼」が行われた家があることから「死」の認識からすぐにその対処を行うという根強い感覚があったのではないか。しかし明治十七年十月以前にも、翌日での葬礼が七〇％以上みられ、「死」とその対処との時間的関係における認識は明確とはいえない。それでもこのことは、布達による混乱はあまりなかったことを推察させる。するとこの問題は『東京風俗志』（下）に記録されているように、経済的問題に還元されるのであろうか。

それでも詳しく見るならば、死亡日の翌日に「葬礼」が行われる場合には、死亡時刻との関連が大きいとみられる。「飛脚」を出して死亡通知をなし、遠方の親類縁者の到着を待つならば、夜になって死亡した場合には、その日のうちに「葬礼」を行うことは物理的に不可能であろう。このことを考慮すると、死亡日に「葬礼」を行うことが普通であったことは否定し得ない。前述したように『市川家日記』には「通夜」あるいはそれに類する言葉は記述されていない。言葉の記述がないから、葬礼を死亡当日に行うのが原則であったとするにはあまりにも乱暴であるが、少なくとも現在のような儀礼的なことは行われていなかったことは、『市川家日記』の記述の詳細さから窺い知ることはできるであろう。そして、朝死亡した場合には晩に葬礼が行われているのである。死亡日当日に埋葬という原則が、夜死亡の場合は不可能なので、葬礼が物理的に翌日になり、二日にわたっているように見えるということまでは言いきれないが、できるだけ早く埋葬という意識があったといえよう。ただし、日常生活社会の広りの中で、当日埋葬は実質的に不可能となり、それが定着していったといえるかもしれない。表5を見ると、初期に当日葬礼が多く、それは比較的近場であったためと考えられよう。

現在の葬式では、我々は通夜の席で、故人を前にして、故人を偲ぶ。酒を飲みながら、線香・ろうそくの火を絶やさないよう注意しながら、思い出話に花をさかせる。しかし、死亡日当日に「葬礼」を行うとき、偲ぶ時間は僅かしかない。また、遺影も昔はなかったであろうことから、故人を埋葬してしまってから、追想する媒介は墓標や位牌という、即物的なものしかないのである。阿南透によると、近代以降の葬式において、「遺影は故人を表わすものとして重要な位置を占め、その重要性はいまや位牌を追い越しつつある」〔阿南　一九八八　八六〕と述べるように、遺影は故人を追想するための装置として機能するが直接的にその「存在」を認識できるという意味において、写真（遺影）の持つ意味は大きい。現在では遺影は葬儀には欠かすことのできないものとなっており、生前に遺影を作る人もいるようである。

さらに、死亡確認から埋葬までの時間の短さは、蘇生の可能性に対する願いは認められず、死者への未練も認められないことになる。ここに、死の確認はすなわち死の受容であるということができ、死後すぐに葬礼により埋葬されることから、「死」がすなわち、現実世界からの移出を意味しているといえよう。死の在り方が、現世に執着していないように見受けられる。だからといって「人」に対しての思いが稀薄なのではない。死の直前までは治癒のためにさまざまな方法がとられているのである。医療だけではなく、祈禱もなされた。しかし、死が確認されるや否や、次の段階に入っているのである。埋葬までの時間の短さは、死穢の払拭とも読み取ることができる。しかし、死穢を避けるためであるとするならば、『東京風俗志』でみたような階層的な差異は認められないのではないか。

なお、明治十七年には先の「墓地及埋葬取締規則」の他に、「墓地及埋葬取締規則施行方法細目標準」（十一月十八日、内務省達乙第四十号）、「墓地及埋葬取締規則に違背する者処分方」（十月四日、太政官達第八十二号）が出されている。これら一連の法律が後の墓地行政の基本となるという（『逐条解説　墓地、埋葬等に関する法律』［生活衛生法規研究会　一九九九　三］）。内務省達乙第四十号は太政官布達第二十五号を受けて、行政の側から太政官布達第二十五号を運用するために出された政令であろうことが、「施行方法細目標準」とされていることからわかる。

2　忌の期間

人の死により、葬家には忌がかかる。忌は一定期間の後に消える（明ける）が、その期間は地域・時代によりさまざまであるだけではなく、複合的に構成されている。かつて「死の忌の複合的構成」において、埼玉県児玉郡神川町渡瀬の事例などから、忌は単層ではなく、いくつかが複合している様相を捉え、その明け方も層により異なっていることを論じた［林　一九九四・一九九七］。これはかつての「忌」と「服」が一つの用語で混同されたために起きた現象として捉えることができるのではないか。「忌」を「ブク」と呼ぶ地域も見られるが、「ブク」は「服」であろう。『市川家日記』から忌の複合的な展開の様相までを抽出することはできないが、ここでは忌の期間の長さに着目してみたい。「死の忌の複合的構成」では一般に忌の期間が短縮傾向にあることを指摘した。ただし、時間軸にそって傾向をみるところまではできていない。聞き書き（報告書）から、「昔」と「今」という形での比較から導いたものであり、あくまでも「今」を中心とした相対的な様相である。その結果、「昔」の方が忌の期間は長かったことがわかった。具体的には「昔」は四十九日であったが、「今」は三十五日に短縮されているということである。

『市川家日記』では忌明けについても記述されている。表6は死亡日と忌明けの関係、つまり忌の期間の長さを表したものである。全体の例数が少なく、統計的な厳密性はもとめられないが、時間軸上における傾向は読み取れる。全体的な傾向としては、江戸時代末期は短く、明治十年代から二十年代にかけて長くなり、二十年代後半以降になるとまた短くなっている。

具体的にみると、江戸時代末期は十八日か三十五日、明治十年代から二十年代にかけてが五十日前後、二十年代後半以降は三十五日となっている。ただし、明治二十年（一八八七）の伊左衛門母おのぶの場合は十七日であり、最短である。これは「萬延二年」の元右衛門母の場合と同じである。

なぜ忌の期間が延びたのかはわからない。最長は明治十七年の伊左衛門父清兵衛の六十二日となっている。最短の記録と最長の記録は同じ家によるものである。したがって、家の事情によるものとはいい難い。推察でしかないが、明治政府による神道化政策と関係があるかもしれない。忌の期間が長くなった時期にあたる明治十五年七月十四日死去、外原の安藤才次郎、同年十一月十八日死去の槇太郎母が神葬祭で行われており、神道的な観念・思想が入り込んでいることがわかる。その影響で忌の期間が延びたが、明治二十年代後半になると、現実的な生活、および従来の観念から、もとの長さにもどったといえるかもしれない。

有賀恭一によれば、長野県諏訪湖畔地方において、昔は三十五日目に当たる前の晩から僧侶・親類を呼んで法事を行ったが、中には十七日あるいは二十七日に忌中払いをした家があったという［有賀　一九三三　七七］。ここ

表６　忌の期間

地区	人　物	日	忌の期間
外原	元右衛門母	萬延２年12月29日死 文久２年１月17日法事	18日
南	弥左衛門	慶応２年３月23日死 ２年４月27日五七忌	35日
	清五郎女房おふみ母	慶応３年10月４日死 11月８日三十五日忌明	35日
	芳三郎父直右衛門	明治11年６月５日死 ７月23日忌明	49日
下ケ谷戸	市川重左衛門	明治12年10月29日死 12月17日五十日の忌明	50日
	伊左衛門父清兵衛	明治17年１月15日死 ３月17日忌明	62日
村	綱五郎父政右衛門	明治17年９月１日死 10月19日忌明	50日
	伊左衛門母おのぶ	明治20年４月９日死 ４月25日忌明	17日
塩舟	加藤才次郎祖母	明治23年１月８日死 ２月25日忌明	49日
	青木安太郎養母おふみ	明治23年１月31日死 ３月24日忌明	53日
	市川伊八二男岩次郎	明治24年８月３日死 ９月６日三十五日忌明	35日
塩舟	才次郎伯父常吉	明治26年３月２日死 ４月５日忌明	35日
	青木綱五郎母	明治30年３月10日死 ４月14日忌明	35日

での「昔」がどの程度のものであるかはわからない。昭和八年（一九三三）に書かれた報告であることを考えるならば、明治後期から大正にかけてのことであろう。忌の期間は必ずしも時代を遡るほど長いというわけではないようである。

3　壇払い

壇払いは葬儀において、祭壇を片付ける際に行われる儀礼であり、僧が呼ばれたとの記述もみられることから、僧による読経が行われたことがわかる。埼玉県児玉郡神川町渡瀬では、壇払いは四十九日か三十五日の忌明けの法要の後で行われるという［林　一九九三ａ］。忌が明けて祭壇が片されるのである。『市川家日記』の記述をみると、「葬礼」直後に行われる例が散見する。直後でない場合には、翌日となっている。

壇払いが空間の日常化をはかる儀礼とするならば、「葬礼」直後に壇払いが行われることは、忌という異常空間からの復帰がすばやく行われることになる。このことからも、故人に対する観念的な対応があまりみられないといえる。死者はすぐにあの世に送られ、現世と決別させられるのである。ただし、あの世との観念は明確ではないことを考えるならば、現世からの追放とした方が正確かもしれない。

なお、『東京の民俗　7』に青梅市小曾木（小曾木村南小曾木）が調査地としてあげられている。これによると、人が死ぬと二人一組で飛脚をたて、知らせに行った親類の家では、飛脚に土間の上がり口でおぜんと酒一本をごちそうする。また、葬儀の日に村の人が念仏をあげ、それがすむと壇払いを行うという［東京都教育庁生涯学習部文化課　一九九一　一四］。この報告書によれば、比較的最近でも葬儀の日に壇払いが行われていることがわかる。青梅市教育委員会による『人生儀礼緊急調査報告書』によると、小曾木では「埋葬に行っている間に、坊さんが壇払いの経をあげる。隣組のオンナシが立ち会う」［青梅市教育委員会　一九八七　一〇〇］とある。さらに小曾木が土葬から火葬になるのは昭和三十年頃とのことであり［青梅市教育委員会　一九八七　一〇二］、またこの報告書が「緊急調査」をうたい、古い民俗の調査であることから考えて、埋葬の間に壇払いをすますということは土葬時代の報告であると考えられる。『市川家日記』でも「葬礼」直後の「壇払い」が散見していることから、当地では「壇払い」が葬儀直後のものとして、昭和時代まで認識されていたことがわかる。死者が死後すぐに現世から決別させられることは、江戸時代末期から明治にかけてだけの問題ではないことがわかる。

4　子どもの葬儀

『市川家日記』には、子どもが死去した記述も多くみられる。しかし、その場合には「葬礼」の記述がない。たとえば、明治二十年（一八八七）一月二日に死亡した青木粂造の五歳になる子ども百蔵の記述は「病死す。然共、南隣家立会にて取仕舞に相成候」となっている。このときに「葬礼」は行われていないようである。子どもが死んだときには葬儀をしない地区は多い。第四章第二節で紹介したように、愛知県佐久島では、一般に火葬が行われているが、子どもの場合は土葬となり、大人の葬法とは異なるものとなっているという［八木透　一九九九　二一五］。葬礼は現世からの決別を残された者により儀礼的に行うものといえるが、すると葬式を行わないことは、現世との決別をなさないということになろう。現世へ生まれかわることを願って、あの世へ送り出すことはしないということが考えられる。高取正男も「地蔵菩薩と民間信仰」の中で七歳までの子どもは生まれかわることができるようにとの認識があることを報告している［高取　一九八二　一三八］。そして、子どもと大人とは扱いが違うことを指摘している。また井之口章次は『日本の葬式』で、「青森県三戸郡などには、「七つ以下は神のうち」という諺があって、七歳以下の子供が死ぬと、紫色の着物を着せ、干鰯を一尾くわえさせて葬る習慣があり、愛媛県宇和島地方でも鰶《このしろ》をそえて埋めると、その子は早く生まれかわるといっている」［井之口　一九七七　一三一］という。高取も井之口も「生まれかわり」を問題にしている。しかしここで興味深いのは、井之口の事例で干鰯や鰶をそえることである。井之口自身、『日本の葬式』の中で、このことは「生臭物をそえることによって、精進に服さないということであり、仏教の統制の外に出して、幼児の魂を仏にするまい――十万億土には送りこまない、とするための作法」［井之口　一九七七　一三二］と述べている。仏教が葬儀に関わるようになる背景や経緯については、まだ検討中だが、少なくとも、現在わかるかぎりにおいて、葬式は死者を仏にすることであり、子どもの場合、それを避けようと考えられた。

ところで『市川家日記』の記述に葬礼がないことと「生まれかわれない」という観念の存在との関連までは認められない。堀哲によると三重県阿山郡東柘植村倉部（現伊賀市伊賀町倉部）でも「幼児死亡の場合は、葬式をしない」［堀　一九七八　一六〇］とのことであり、子どの場合葬式を出さない地域が他にもあることがわかる。そしてこれは「葬」＝「仏教」という概念に基づくものである可能性が、高取や井之口の事例や論から推察される。

5　特別死

子どもの死も特別死といえるが、『市川家日記』には、自殺や伝染病死の記事もみられる。自殺についての記事は三件である。明治九年（一八七六）八月二十五日に自害した日向紺屋伊三吉の妹おさだ、明治十九年（一八八六）十二月には、荒田の根岸平三郎の弟が多摩川で入水自殺、明治二十四年（一八九一）八月三日には、市川伊八の二男岩次郎が入水している。おさだのときには、「らそつ検査」の後に、夜に「ほうむ」るとあり、「葬礼」の記述はない。しかし、他の二例は「葬礼」が行われている。先の引用では、明治十九年十二月、荒田の根岸平三郎の弟の入水の記述は紹介していないが、次のようなものである。

去る明治十九年十二月下旬に、南小曾木村荒田根岸平三郎の弟玉川へ入水致し、是友田村(現青梅市友田)に留り候に付、此所にて仮葬致し候処、身元より段々尋来り候に付、実正相知れ、死骸引取事極、明治二十年一月六日頃にほり出し、荒田実家へ引取葬礼有之候。

この記事では、身元が確認されてから葬礼が行われたので、先に引用しなかった。事例数が少ないので、即断はできないが、自殺の場合でも、普通死と同じように「葬礼」によって送り出されたことがわかる。それでも、おさだの件を考えるならば、明治初期までは自殺は普通死とは区別されていた可能性は否定できない。「夜」に「ほうむ」ると記述されている。このような記述は他にみられず、「夜」であることに意味があることが考えられよう。人目を避けるためと捉えられるためである。

伝染病死の場合にも、「葬礼」の記述はみられない。それだけではなく、伝染病死における葬法についての記述もほとんどなくよくわからない。葬法が確認できるのは、明治二十九年(一八九六)二月七日、外原安藤和吉の次男が伝染病死したときに、「今夜の内に火葬場の地へ埋め候也」とあるものだけである。この記事から、火葬が行われたことが推察される。この場合、火葬され埋葬された。当地でも伝染病死が社会的に特別視され、そのために土葬とは異なる葬法が行われていたことがわかる。

6　神葬祭

二例だけ神葬祭での葬礼が行われている記述がある。明治十五年（一八八二）七月十四日に死去した外原の安藤才次郎と同年十一月十八日に死去し、十九日に葬された外原の槇太郎母である。他の「外原」での葬礼には念仏があり（明治十三年十一月二十二日の彦左衛門）、外原組全体が神葬祭になっていたわけではないことがわかる。なぜ神葬祭が行われたか、日記からは不明であるが、翌日「男女両人見舞に行」とあり、他の葬礼と変わりはない。旧苗木藩の岐阜県加茂郡白川町では、廃仏毀釈で寺院が破壊され、葬儀も神葬祭になった。しかし、明治の半ばには寺院が再興されたり、新興されたりして、元の仏教に戻った家も多い。それでも、黒川地区の北部では寺院が南部に新興されたため、現在でも神葬祭であり、仏壇のかわりに神壇がある。外原ではそこまで徹底した形での神葬祭ではなさそうである。当地では寺院は破却されていない。すると外原組のいくつかの家が明治政府の意向にしたがったか、あるいは外原槇太郎と安藤才次郎は外原の人間であることから、両者に縁戚関係があり、さらに神社とも関係をもっていた家であることが考えられるかもしれない。

第二節　『昼間家日記』にみる葬送儀礼

一　『昼間家日記』にみる葬儀の様相

鈴木良明によると、『昼間家日記』は横浜市鶴見区獅子ヶ谷の昼間光治氏所蔵の日記史料である。光治氏の曾祖父昼間末吉による明治四十三年（一九一〇）から大正七年（一九一八）の八年間の日記であり、「本日記は明治後期から大正中期にかけて昼間末吉家の農業経営を中心に書かれた日次記録である。しかし、農業経営主眼の記載ばかりではなく、家づきあい、村づきあい、家族の行動等昼間家を中心とした生活全般に亘る内容を含むもの」［鈴木一九九〇　一四五］であり、時代的には、前節の『市川家日記』に続くものである。ただし、地域的差異があるので、両日記が整合的につながるものではないことはいうまでもない。

『昼間家日記』は『市川家日記』に比べて個々の記述内容は簡潔である。鈴木良明が指摘するように、農業経営に関する記録が中心となっているが、葬送に関しての記述も多く、当時の葬送儀礼の様相が把握できるものとなっている。

『昼間家日記』における葬送に関する記述を引用する。

明治四十四年　三月七日　孫キミ病気ニテ夜二時半死亡ス
　　　　　　　　八日　吾田中屋ニテ指揮シ　鶴吉使ニ出シ　直四時頃来り
　　　　　　　　九日　十時出棺　慶運寺へ土葬
　　　　　　六月十七日　捻鉄屋金蔵死亡　直通夜ニ行
　　　　　　　　十九日　二時半出棺　寺へ行キ経ヲ上ケ　三時半ヨリ火葬場へ担キ行　六時半火ヲ付
　　　　　　　　二十日　捻鉄屋七日仏参ニ行
明治四十五年　六月四日　昼間国蔵死亡葬儀
大正二年　　一月十二日　捻鉄屋五才児死亡シ吾会葬　七日迄一日ニ施行ス
　　　　　　　二月三日　志村貞吉死亡　午後ヨリ盛国働

四日　盛国葬式へ働ニ行ク
三月六日　吾午後小山孫次郎死亡葬式へ行
四月十九日　松蔭町恩田桂六氏死亡葬儀ニ行ク　一時出棺本覚寺迄一同人力車　三時執行
火葬場へ行ク
五月五日　池辺寄り鉄五郎・三蔵佐野半右衛門死亡知ニ来リ
六日　朝七時出立池辺へ行　佐野半右衛門葬儀香料一円　引物饅頭平菓子　池辺へ
泊ス
十四日　昼間喜三郎母死亡ス
十五日　吾線香十五束持ユキ葬式へ行
十月三日　新羽老婆死亡ノ人来ル
四日　盛国・ウメ葬儀へ行
五日　駒岡由五郎新羽ヨリ七日馳走引物共二人分　外九ッ配リ物
十一月十日　直ハ滝川長五郎妻死亡葬儀ニ行

大正三年

四月二十一日　昼間清五郎死亡葬儀へ行ク
十月十一日　汐田長女死亡ニ付折一線香七持行

大正四年

六月十日　夜九時頃与四郎長女キク死亡
十一日　与四郎長女死亡セシニ付色々指図
十二日　与四郎宅へ直・吾葬式ニ行

八月三十一日　此日兵八（ママ）死亡
九月一日　兵蔵葬儀へ行
二日　下女篠原ノ伯母死亡葬儀ニ行ク

大正五年

四月十一日　三右衛門今朝四時死亡セシニ付　吾・直手伝ニ行　講中一人宛頼ミ使者立ツ
（中略）香料一円白米弐升
十二日　三右衛門葬儀　講中二人宛　馳走ハ吸物一ツ酒若布ヌタ平坪（ママ）　猪口ハ菓子十五銭饅頭五ツ弐十銭　都合上盛国穴掘トテ行ク
十三日　市太郎宅へ七日ニ二人行　引物馳走前日同様　口取甘煮麩の酢物　松茸椎竹（ママ）ノ吸物　盛物饅頭十　盛国穴堀（ママ）ナレドモ行カズ　馳走一人分届ク
五月二十五日　横須賀与四郎死亡ウメ葬式へ行
六月三日　十一時ヨリ河田熊次郎死亡葬式へ行ク　引物小麦饅頭坪平ハ菓子
二十九日　浅次郎死亡　葬式香料二十銭

大正六年

二月三日　朝七時頃市太郎床中ニテ昏睡状態トナリ　医師間ニ合ズ九時頃死亡ス　脳溢血
四日　市太郎葬儀　講中二人宛　香料一円白米弐升菓子折十八銭　引物四銭五厘小麦慢（ママ）頭五引
五日　谷戸方七日馳走二人　口取甘煮坪平菓子引物二人　盛物饅頭十
三月十六日　昼間泰次郎死亡葬式へ行

大正七年　　四月十二日　　昼間金蔵二女死亡セシトテ分家ニテ光明寺墓地へ埋葬五十銭香料　饅頭菓子ニテ五ツ入折一ツ
　　　　八月三日　　昼間惣四郎午後五時頃死亡
　　　　　四日　　吾ハ藤吉宅へ葬式準備ニ行ク
　　　　　五日　　吾昼間惣四郎葬式へ行ク
　　　　十一月十一日　　串田半蔵死亡セシトテ人来リ
　　　　　十二日　　朝七時田中家出立　八時馬車ニ乗リ串田家へ九時着本膳豆腐ニ麩酢物坪平菓子折二十五銭　引物七銭ノ五ツ香料一円五十銭
　　　　　十三日　　会葬シ台へ泊ス　十時串田へ行七日の馳走前日ト同様　寺参リ五銭　二時半出立五時帰宅ス
　　　　十二月十三日　　午後老母（捻鉄屋）死亡　通夜ス
　　　　　十四日　　捻鉄屋ニ逗留通夜シ
　　　　　十五日　　葬式火葬場へ行ク
　　　　　十六日　　八時骨上ゲ埋葬終リ　浜ノ屋ノ仕出シニテ馳走

二　地域概況

日記の主体は記述者であろうことから、文中の「吾」は末吉と考えられる。鈴木良明は昼間家の系図を記している。それによると、記述者の「末吉」は養子であり、妻「直」が昼間の人間である。また「盛国」は長男、「ウメ」はその嫁である［鈴木　一九九〇　一三六］。

また、引用文中に池辺、新羽という地名がみえる。池辺は現横浜市都筑区にあり、末吉の出身地である［鈴木　一九九〇　一三五］。獅子ヶ谷から直線距離にして約七キロメートルある。新羽は現横浜市港北区にあり、ウメの出身地である［鈴木　一九九〇　一三五］。新羽は直線距離にして約三キロメートルのところにある。

さらに、引用文中に、慶運寺・光明寺・本覚寺という寺院の名前がみえる。光明寺は獅子ヶ谷にあり、大正七年（一九一八）四月十二日に死亡した昼間金蔵二女が埋葬されている。光明寺に関する葬儀以外の記述も多い。たとえば、明治四十四年（一九一一）二月四日には「光明寺年始ニ来リ」、大正三年（一九一四）四月四日には「光明寺中回向　世話人檀家二人宛」とあり、光明寺が獅子ヶ谷地区の檀那寺として機能していることがわかる。

一方、慶運寺は神奈川（現横浜市神奈川区）にある。引用文中では、明治四十四年三月七日に死亡した孫のキミが土葬されたとの記録だけである。キミの葬儀では、末吉は田中屋で指揮をとっている。田中屋は神奈川にあり、二男が養子に入っている。キミが二男の子であれば慶運寺に土葬されることは当然といえる。しかし、鈴木によれば、当地では葬儀のときには両寺が来ていたといい、また未成年者は光明寺、成人は慶運寺が葬儀の中心になっていたということである［鈴木　一九九〇　一三四］。すると当地では年齢による葬送の社会特化の様相をみることができることになる。そのために、明治四十四年（一九一一）七月十八日には直が慶運寺施餓鬼へ行ったのであろう。しかし、大正二年四月二十日には「慶運寺新住式アリ　世話人一同行ク」という、獅子ヶ谷と慶運寺との関係が少なからずあることを推察させる文章がある。このことは鈴木が指摘するように、当地においては葬式に慶運寺・光明寺の両僧がやってきたということから、両寺と村全体が関わりを持っていたと考えることができる。このことに関しては、鈴木は半檀家が見られることに理由をもとめている［鈴木　一九九〇　一三四〜一三五］。

本覚寺は、大正二年（一九一三）四月十九日に死亡した恩田桂六の葬儀の記録にみえる。獅子ヶ谷にも本覚寺があるが、松蔭町での葬儀とあり、また「本覚寺迄一同人力車」とあることから、ここでの本覚寺は獅子ヶ谷にある寺院とは別の寺院であることが考えられる。ちなみに、現住所において、近隣では横浜市中区に松影町があるが、日記中の松蔭町が松影町であるかどうかはわからないだけではなく、松影町に本覚寺という寺院は確認できない。そのために、記述中の本覚寺については不明である。

大正七年（一九一八）十一月十一日に死亡した串田半蔵の葬儀では、「台へ泊ス」とある。「台」は、現在の横浜市神奈川区青木町台町か鎌倉市台であることが推察される。このように、『昼間家日記』には獅子ヶ谷以外の地と思われる場所での葬式の記録が多く含まれている。交通手段の発達を背景とした活動範囲・交流の拡大によるものと考えられる。

大正五年（一九一六）四月十一日死亡の三右衛門の葬式の際には、「講中一人宛頼ミ使者立ツ」、また「講中二人宛」との記述があり、葬式に関わる社会的組織の呼称が「講中」であることがわかる。

三　葬式の形式

『昼間家日記』には葬送儀礼には、「葬儀」「葬式」と名称が混在している。使い分けがなされていたのであろうか。使い分けがなされていたとしても、その根拠が日記からはわからないので、ここでは「葬式」に語句を統一して論をすすめることにする。

『昼間家日記』でも葬送儀礼についての具体的な内容までは記述されておらず、儀礼を細かく捉えることはできない。それでも、「通夜」「葬式（葬儀）ニ行」「会葬」の語により、形式を捉えることはできそうである。

また、すべての記述が葬式の全体を捉えてはいない。昼間末吉との距離による記述の差異であることが考えられる。その中から葬送儀礼の形式を抽出すると「通夜—葬式—土葬（火葬）—七日」となっているといえる。死亡した日の晩が通夜であり、翌日か翌々日に葬式が行われている。時代的に二十四時間以上経ってからの埋葬（火葬）との法的規制が一般化していたためとも考えられる。

また、「七日」は初七日のことであろうが、葬式の翌日に行われ、現在と同じように儀礼の時間的な短縮がはかられていることがわかる。ただし、大正二年（一九一三）一月十二日に死亡した捻鉄屋の五歳になる子どもの場合には、「七日迄一日ニ施行ス」とあり、一日ですべてを終わらせることもあった。しかし、孫キミの場合は死亡日の翌々日に土葬が行われており、子どもの葬儀をすべて一日で行っていたわけではなく、これだけの史料からは子どもだからといって特別な意識があったかどうか見出すことはできない。

なお、初七日が葬式の翌日に行われていることが、当地で本来は字義どおり七日目に行われていたことにはならないであろう。葬式の翌日の儀礼が「初七日」という行事名称として受け入れられた可能性もあるのである。

次に、獅子ヶ谷での葬法が明確な記述を取り出すと次のようになる。ほとんどが「葬儀」「葬式」とだけ記されており、葬法が明確な記述は少ない。

明治四十四年三月	孫キミ	慶運寺	土葬
六月	捻鉄屋金蔵		火葬
大正二年　四月	松蔭町恩田桂六氏		火葬
大正五年　四月	三右衛門		土葬

大正七年　四月　昼間金蔵二女　光明寺　土葬
　　　　十二月　捻鉄屋老母　　　　　火葬

三右衛門が土葬であったことは、「穴掘」に行くとの記述から理解される。なお三右衛門葬儀の記述の翌日に、「市太郎宅へ七日ニ二人行」とある。七日の項には市太郎についての記述はない。しかし上の一文に続けて「引物馳走前日同様」とあり、市太郎が死亡したのではなく市太郎の親族が三右衛門であり、四月十三日は三右衛門の初七日であったのではないか。すると葬式の翌日に初七日をあげたことになる。このことは三右衛門の葬式で盛国が穴掘として行っているが、翌日の市太郎宅へは「盛国穴堀（掘）ナレドモ行カズ」とあることからも推察できる。同一人物が二日続けて穴掘役となることはないだろうし、さらに市太郎宅へは盛国は行っていないのに「馳走一人分届ク」とあり、これは前日の穴掘に対するものと考えるのが自然であろう。

火葬は三例あるが、うち一例は場所不明の松蔭町のもの。他の名前に関する記述に敬称は用いられていないが、この例だけ「恩田桂六氏」とされている。昼間末吉（日記記述者）にとって特別な存在であったのだろう。この例を除くと二例とも捻鉄屋のものである。捻鉄屋の家の問題として火葬が行われていたのであろうか。他地区の例を考えるならば、捻鉄屋が真宗であるような宗教的な理由があるかもしれない。そこのところは記述がなくわからないが、日記上は土葬と火葬が並立し、そこに混乱はみられないようである。

火葬による形式を捉えてみると、「通夜―葬式―火葬―骨上げ―埋葬」となっている。捻鉄屋金蔵の葬式の際は「出棺―寺で経―火葬場」とある。また、火葬では「六時半火ヲ付」とあり、夕方から夜がけての火葬であったということができる。ここでも火葬は夜に行われている。骨上げは翌日であるが、その後すぐに埋葬されたようである。

『昼間家日記』に記された「葬儀」「葬式」は寺で行われたのであろうか。大正七年（一九一八）八月三日に死亡した昼間惣四郎の葬式の際には、翌四日に「吾ハ藤吉宅ヘ葬式準備ニ行ク」と記されている。「藤吉宅」とは個人宅であろう。講中が葬家に集まって準備したことが考えられる。とするならば、葬式は家であげられていたことになる。

このことから、獅子ヶ谷で並行して行われていた土葬と火葬の大きな違いは、葬式をあげる場、つまり祭場の差異をあげることができよう。形式的な差異は、土葬での「葬式」と「埋葬」の間に「火葬—骨上げ」が挿入されることだけである。火葬の流れは土葬の流れと同じように捉えられよう。

ところで三右衛門や市太郎の葬式では膳の内容も記されている。「吸物一ツ酒若布ヌタ」とあり、これは同じ講中への膳と考えられる。市太郎の記述では「甘煮麩の酢物、松茸椎竹《ママ》ノ吸物」となっている。

また引物についての記述が散見する。まんじゅうである。昭和初期の埼玉県児玉郡神川町渡瀬では、昭和四年（一九二九）生まれの話者によると、葬式があると子どもたちが葬列の後をついて歩いたという。葬式まんじゅう目当てである。このように葬式にまんじゅうを配ることは横浜だけではない。渡瀬での話者によると、当時は甘い菓子がなかったので、子どもにとって、葬式まんじゅうは楽しみであったということである。

本章で検討してきた『市川家日記』『昼間家日記』は、幕末から大正時代にかけての葬送儀礼の様相を捉えるのに十分な資料であるが、いずれも、火葬の導入の背景が具体的にわかるものではない。しかし『市川家日記』では、近世末から明治という新しい社会を迎える時期に、葬送儀礼がどのような影響を受けているかが理解できた。当地では明治という時代、新政府の政策や新たな時代としての環境が火葬の受容と結びついているものではないが、当然のことながら、法的規制が葬送儀礼に大きな影響を及ぼしていること、また、実際に「死」の確認から「埋葬」までの時間に完全にではないが、ある程度の影響をみることができた。さらに忌の時間の長さが相対的に変化していることをみることもできた。すでに火葬の受容は明治以降の合理的思想に基づくことをみてきている。小曾木での火葬受容は昭和三十年頃ということであり、江戸時代末期から明治にかけて、火葬受容の直接的背景としての観念の変化を読み取ることはできなかった。

『昼間家日記』では、近代といわれる時代もすすみ、葬式への会葬も広い範囲にわたるようになったことがわかる。会葬が広い範囲にわたることは交通手段の発達が背景にあることが考えられるが、これは観念的問題ではなく、実利的問題である。『市川家日記』『昼間家日記』から読み取れたこととしては、火葬の受容問題に直接関わるものではないにしても、幕末から明治にかけて、明治から大正にかけて、人々の社会環境の変化（交通機関の発達による交流範囲の拡大）や政府による規制、そして経済活動の変化により、葬送儀礼の在り方が少しずつではあるが変化していく様子を捉えることができた。

とくに『市川家日記』では明治十七年（一八八四）に出された太政官布達第二十五号による死から埋葬までの時間の長さにある程度の変化がみられた。日記から直接的に死生観の変化まで読み取ることはできなかったが、「死」やそれに伴う「埋葬」は死生観に基づいて行われるものだろう。上のような外的な要因による変化が死生観に何らかの影響を与えていることは考えられる。さらに『昼間家日記』では香料に変化が大きく表れている。大正のごく初期は線香の束を持参するだけだったのが、大正五年（一九一六）以降は香料として現金と米・菓子を持参するように変化している。事例数が少ないので、明確に言うことはできないが、大正時代の初期に貨幣経済がそれまでの葬儀における単なる弔いから経済援助へという変化が、少なくとも横浜近在では起こりはじめたといえるかもしれない。そしてこのことは葬式の在り方の変化が背景にあることが考えられる。三右衛門の葬式では、講中への振舞が大がかりになっているのである。ちなみに『市川家日記』では慶応二年（一八六六）八月十二日の「村の亀右衛門父」の三回忌でうどんが振舞われ、慶応三年十一月八日に「村の清五郎女房おふみ母」の忌明法要でそば切と「あんひん餅」が出されている。いずれも法事であり、江戸時代から明治初期にかけて葬式で「振舞」の記述はない。初出は明治十二年（一八七九）十二月二十五日に死亡し二十六日に葬礼が行われた「村の藤右衛門」である。しかし、ここでは「振舞膳出る也」とだけ記述され、内容まではわからない。そして明治二十六年（一八九三）四月二十四日の「大柳雨宮忠次郎母」の葬礼で、はじめて「香奠」との語句が出てくるが、これは会葬できなかったので届けたものである。

ほとんどの葬礼では「振舞」がない。そのために香料の類の必要性はなかったのだろう。明治二十八年十月二十一日死亡の「青木馬次郎母おりせ」の葬礼でも本膳が出されているが、全体的に「振舞」についての記述はいたって少ない中、葬礼に本膳が出されるのは、明治十二年以降で、しかも二例だけである。『昼間家日記』と合わせて考えるならば、明治以降、少しずつ葬礼が派手になり、単に死者を弔うだけのものではなくなっているということができるのではないか。

火葬との関係を問うならば、大正時代においても近世と同様、土葬と火葬の異なる葬法が制度的に並立していることが考えられ、明治および大正時代になっても、葬法の土葬から火葬への傾斜は認められない。このことは、新聞では「近代」を鼓舞するような論調をみることができたが、少なくとも、内面的な意味において火葬の受容が歴史区画としての「近代化」の流れとして単純に捉えることができないということになる。

第六章　火葬受容の個別地域的展開の様相

本章では、火葬が受け入れられる地域的な展開の様相についてみる。火葬が一つの地域でどのように受容されていったか。著者が市史執筆に関わった神奈川県綾瀬市を事例の中心にしてみることにする。綾瀬市は県中央部の相模台地上に位置する旧八ヵ村が合併してできた市である。

第一節　焼場設置願

綾瀬市小園に、明治十三年（一八八〇）に神奈川県令宛に出された「小園村共用焼場取設願」（栗原和子さん所蔵）が残されている。この史料は翻刻されておらず、綾瀬市が管理している古文書の一つである。このような古文書を利用することは、翻刻されているものも含めて、当時の民衆の動きを知る上で非常に貴重なものとなる。ただし、このような断片的史料が民俗学の資料になり得るかという問題がある。文書の心意的背景までは知る由もないためである。しかしこのような断片的記録であっても、その時代背景などを勘案しながら見ていくならば、当時の人々の生活が理解できると考える。なお、「小園村共用焼場取設願」は著者が翻刻したものである。

小園村共用焼場取設願

小園村
字南原
第六百九十二□
一山五拾壱坪
小園村栗原能克所有地
右者今般本縣第七拾六号布達ニヨリ協議ノ上前
記ノ地所小園村共用焼場取設度□聞御許
被成下度奉願□以上

明治十三年八月三日
小園村議長
斎藤喜右衛門
議員
栗原長右衛門
衛生委員
栗原能克
戸長
近藤彌助

神奈川県令野村靖殿

〔図面省略〕

右の史料は、小園村の栗原能克所有の地に村の共用焼場を設置することの許可を小園村が県に願い出たものである。小園は綾瀬市の北西部に位置し、海老名市と隣接する市内ではもっとも小さい旧村落である。共用焼場の設置および場所は「神奈川県第七十六号」の布達にしたがって協議され、決められたことが右の文章からわかる。「神奈川県第七拾六号」布達とは明治十三年（一八八〇）五月三日に出された「墓地規則左ノ通相定候条此旨布達候事」である。その一部についてはすでに紹介しており、前との重複もあるが、ここで「墓地規則左ノ通相定候条此旨布達候事」の全文を紹介する。

甲第七十六号
墓地規則左ノ通相定候条此旨布達候事
但横浜区内ニ於テハ従前ノ通埋葬ヲ禁止候事
明治十三年五月三日　　　神奈川県令野村　靖

墓地規則

第一章　死亡及流産届規則ニ係ル者取扱方

第一条　墓地ノ広狭ハ喪主ノ適宜タルヘシト雖モ土葬ハ一棺方四半坪（壱坪四分ノ一）ヨリ縮減スヘカラス

第二条　火葬ノ穿壙浅深等ハ喪主ノ適宜タルヘシ

第三条　土葬ノ穿壙ハ地ノ平面ヨリ棺蓋ニ至ル迄ノ深サ三尺ヨリ浅カルヘカラス
第四条　本県下居住ノ者（本籍寄留及ヒ一時ノ止宿ヲ問ハス）ニシテ埋葬承認証及他府県下居住ノ者ニシテ該町村衛生委員又ハ戸長調印ノ保証書ナキ死屍ハ一切火葬埋葬スル事ヲ禁ス
第五条　墓地ヲ管理スル寺院又ハ墓地扱所等ニ於テ死者ノ家人ヨリ埋葬承認証及保証書ヲ領収シタル時ハ予メ「証書領収簿」ヲ設ケ置キ死者ノ人名時日等順次之ニ記入シ該証書ノ保存方精々注意スヘシ
但本文ノ証書ハ衛生及警察吏員等臨時検閲スル事アルヘシ
第六条　仮埋葬承認証ヲ以埋葬ヲ要スルモノハ之ヲ墓地内ニ仮葬セシメ追テ本葬ヲ行フ時更ニ埋葬承認証ヲ出サシムヘシ
第七条　改葬ハ人生ノ健康ヲ害スルヲ以テ其事由ヲ具申シ県庁ノ認可ヲ得タルモノニ非サレハ一切之ヲ為ス事ヲ禁ス
但火葬ノ遺骨ハ此限リニ非ス

第二章　虎列剌病死者取扱方

第一条　虎列剌病者ハ通常墓地内ニ埋葬スル事ヲ禁ス
但焼後ノ遺骨ハ通常病死者ノ如ク葬ムル事ヲ得
第二条　虎列剌病死者埋葬ノ墓地ハ一町村或ハ数町村聯合スル等適宜之ヲ予定シ県ノ許可ヲ得ヘシ
第三条　埋葬墓地ノ広狭ハ喪主ノ適宜タルヘシト雖モ一棺方曲尺九尺ヨリ縮減スヘカラス
第四条　埋葬ノ穿壙ハ地ノ平面ヨリ棺蓋ニ至ル迄ノ深サ八尺ヨリ浅カルヘカラス若シ地中ニ岩石等アリテ定規

ノ穴ヲ穿ツ能ハサル時ハ其死屍ヲ甕ニ入硫酸若クハ生石灰ヲ以充塡スヘシ

第五条　既ニ埋葬シタル病死者ハ一切改葬スル事ヲ禁ス

第六条　埋葬承認証及保証書ニ係ル諸般ノ取扱ハ渾テ第一章ニ準拠シ証書領収簿中ニ虎列刺病死者タル事ヲ記入スヘシ

第三章　第一章二章ニ関スル取扱方

第一条　墓地ヲ管理スル寺院又ハ墓地扱所ニ於テハ毎月火葬埋葬シタル死屍ノ人名年齢等前月分翌月五日限リ取調戸長役場及郡区役所ヲ経テ之ヲ衛生課ヘ差出スヘシ

第二条　墓地内ハ時々掃除シ専ラ清潔ヲ要スヘシ

以上である。この布達は埋葬方法、たとえば土葬の場合には、穴の深さや広さまで規定するなど、かなり細かいところまで指示したものとなっているが、それは衛生面が重視されたものであることが、土葬・火葬ともに衛生委員の関わりがもとめられ、また改葬については「健康を害する」ことを理由に禁止していることなどからわかる。

この布達には、神奈川県内では「横浜区内」を除き、土葬を禁止する、あるいは火葬を促進するような条項はない。「小園村共用焼場取設願」で火葬場を設置する必要性において、「第七十六号布達」で該当すると考えられるのは、「第二章　虎列刺病死者取扱方」の「第一条・第二条」であろう。虎列刺病死者を埋葬する場合には、許可を得た特別な墓地が必要とされている。この条文にしたがって、特別な墓地ではなく、焼場の設置が検討されたと考えられる。「協議ノ上」との文言から、村民による協議で、小園村では衛生委員の土地が提供された。このことはほとんどの人々が火葬場を自分の所有地に設置することに抵抗をもったためではないか。火葬場の設置をめぐっては反対感情が強くみられることはすでにみてきている。そのために小園村でも簡単に場所が決まったとは考え難い。そこで責任者となる衛生委員の土地に最終的に設置されることで調整されたことが推察される。

ところで、すでにみてきているように、土葬地区において、伝染病死の場合には火葬したとの報告は多く得られている。聞き書きでの資料では、伝染病死が火葬されるようになった時期や理由についての具体的な動きはわからない。仮に明治時代前半から行われるようになったとしても、聞き書きで得られる時代にはすでに「伝統」的になっている可能性がある。したがって、綾瀬において、明治十三年（一八八〇）以前にどうであったかはわからない。ここで明確なのは、明治十三年に、コレラによる死者の扱いが法的に規制されたということである。遅くとも、明治十三年以降、土葬地区でもコレラによる死者を火葬するようにとの行政指導があったということである。

なお、神奈川県第七十六号布達第二章の欄外に「第二章中総テ虎列刺ノ下ヘ〇発疹窒扶斯及ヒ痘瘡流行ノ際、〇ノ十三字追加十四年七月四日第十三号」とあり、明治十四年には、コレラだけではなく、チフスや天然痘も対象として追加されている。「第七十六号」では埋葬の仕方や行政的手続きを定めたものといえるが、第三章の最後に「第三条　許可ヲ経ルニ非レハ墓地ヲ新設シ或ハ区域ヲ広ムルヲ許サス」と手書きされ、欄外に「十四年七月甲第百十三号にて追加」とある。ここで興味深いのは、小園村が「願」を出したのが明治十三年八月であり、この時点で「第七十六号」は新しい火葬地や墓地の場所を届け出ることは義務付けられていないのである。それでも「願」の中で「第七十六号」を理由としているのは第二章第二条に基づいたものと考えられる。なお、「第七十六号」は、神奈川県立公文書館が平成十三年（二〇〇一）三月二十二日に調査し、官報マイクロフィルムに納められたものを史料として使用した。

ところで、「小園村共用焼場取設願」は、小園のある地番を共用の焼場として「新規設置」を願い出たものである。このことは、それ以前には共用の焼場、そして公的に認可されていた焼場はなかったことを示す。また史料は「場」の設置許可を求めたものであり、そこに建物を設置することについては記されていない。そのために、この当時の焼場がどのようなものであるか明確ではない。

浅香勝輔は『火葬場』の「火葬場の歴史と系統」の中で、現在の神奈川県横須賀市浦賀・大津・鴨居・走水において、明治九年（一八七六）から明治十三年（一八八〇）にかけていっせいに火葬場建設の請願が出されているという「浅香　一九八三　六〇」。浅香は八つの「新規火葬場願」「伝染病死者焼場設置願」などを紹介している。浅香は文書のみを紹介しているので、ここでそれらを引用し、分析を試みる。

新規火葬場願

第十五大区三小区

相州三浦郡

浦賀町

弐千九百廿三番

字西久比里

民有地

持主

臼井　伝左衛門
但反金弐銭

林反別弐反歩之内
一　反別弐拾歩
此税金壱厘三毛
人家ヨリ凡六丁程隔

四千廿五番
字川間
民有地　持主

一　火葬場敷地反別壱畆廿歩　相沢　次郎右衛門
此税金三銭四厘　但反金廿銭四厘
人家ヨリ凡五丁程隔

七百四拾三番
字大坂
民有地

林反別八反七畝歩之内　　　　持主

一　反別弐畝拾七歩　　　　　生盛　伝左衛門

　此税金五厘壱毛　　　　　　但反銭弐銭

　　人家ヨリ凡五丁程隔

右ハ去八年第百壱号御布達奉相承取調候処

村内無税適宜之場所無御座実際差支候間

前書民有地江火葬場設立支度図面相添

此段奉願候以上

明治九年五月

右

地主

臼井　伝左衛門

相沢　次郎右衛門

生盛　伝左衛門

代議人

臼井　清吉

町用掛
斉藤　専之助
副戸長
石井　三郎
戸長
高橋　勝七

神奈川権令　野村　靖殿

〔図面省略〕

〔浅香　一九八三　六〇～六一〕

この「新規火葬場願」は、明治九年（一八七六）に出されたものであり、文中の「八年」とは明治八年のことであろう。適当な無税地がないので新しく火葬場を設置したい旨を願い出たものとなっている。すると文中にある「第百壱号布達」は、明治八年に出されたものと考えられる。しかし「第百壱号布達」は確認できなかった。「新規火葬場願」ではこの布達を受け、適当な無税地を探したが、それがなかったために新設の願いを提出したものである。

この史料から、この地においても小園村と同様に、従来は火葬の地が一定していなかったことが推察される。火葬が滅多になかったので、特定の空間を設定する必要がなかったか、あるいはそもそも火葬が行われることがなかったか、さらに「無税地」となることから、固定的に設置しておいた方が税金対策になるといったことも考えられる。

伝染病死者焼場設置願

相州三浦郡浦賀町

字青池

参番

旧秣山共有林反別六町四反歩ノ内

一　火葬場反別五畝歩　　民有地第壱種

但　東方　浦賀芝生町江距離七丁

南方　同　荒巻町江距離七丁

西方　同　吉井町江距離七丁

北方　大津村江　　距離拾丁

右者今般火葬場取調可申立旨御達ニ基キ取調候処本町ノ儀ハ無税地適当ノ場所無之依テ前書ノ通知所人家遠隔罷在候間已来右地所火葬場ニ支度依テ麁絵図面相添此段奉願候也

明治十二年七月

右町総代

生盛　壱郎左衛門

地主
相沢　次郎左衛門
戸長
藤波　保教
大津村総代
雑賀　源兵衛
戸長
石渡　真三郎

神奈川県令　野村　靖殿

〔麁絵図面省略〕

〔浅香　一九八三　六五〕

この「伝染病死者焼場設置願」は、先の「新規火葬場願」と同様に、新たに火葬場の設置を願い出たものであるが、字青池は前の文書にはない字である。これによると適当な無税地がなかったために、新しく場所を定めたとのことであるが、法的に「無税地」を要求してはいない。これも、時期的に考えるならば、明治八年に出された第百一号に基づくものといえよう。先の「第七十六号」は明治十三年のものであり、しかも焼場の届けは指示されていなかった。明治十四年に追加されたものであった小園村の「願」も第七十六号ではなく、「第百一号」が前提にあり、さらに「第七十六号」により、墓地行政の強化された結果によるものかもしれない。

さらにここでは、「伝染病死者焼場設置願」とされている。火葬はあくまでも一般的な葬法としてではなく、伝染病による死者に適用される葬法との、はっきりとした意識が読み取れる。

さて、上は「願」であり、許可をもとめるものであるが、数年後には「届」が出されている。

焼場届

字川間
四千廿五番
一　焼場壱畝廿歩
字西久比里
三千廿二番
一　焼場六畝四歩
右従来設置ニ候間此段御届申上候也
明治十三年十一月
右町総代
鈴木　甚左衛門㊞
岡本　彦八㊞
相沢　次郎右衛門㊞
臼井　利右衛門
戸長

藤波　保教　㊞

神奈川県令　野村　靖殿

〔浅香　一九八三　六五〜六六〕

字川間、字西久比里については、先に願いが出されているが、地番をよくみると、字西久比里が異なっている。四年の間に何か不都合があり、場所が変更となったのであろうか。場所の変更に伴い、広さも変わっている。その経緯についてはわからないが、「届」には、「従来設置」とあり、「届」を出すにあたり突如変わったのではなさそうである。

虎列刺病死者焼場届

三浦郡浦賀町

字青池

第壱番地

一　焼場五畝歩

右ハ寅歳九月中図面相添出願候場所予メ設置仕候間此段御届申上候也

明治十三年六月

右町

衛生委員
（人名略）

三浦郡長　小川茂周殿

［浅香　一九八三　六六〜六七］

この「届」においても、先の「願」と地所が異なっている。しかし、「出願候場所予メ設置仕候」となっており、これは何を意味するのであろうか。先の「願」は明治十二年（一八七九）七月付であるが、「届」には、「寅歳九月中図面相添出願候」とある。「寅歳」で考えられるのは、明治十一年であり、先の「願」とは年月も異なっている。すると、字青池では少なくとも二ヵ所の焼場が設置されたが、先の「願」以降、地所に変更があったのかということになるが、そこまではわからない。

いずれにしても、神奈川県内では法を受けて、明治十年前後に、焼場が各地区で設置されるようになったことがわかる。だからといって、この火葬場が一般的な葬法としての火葬の普及に直接的に関係しているとみることはできないようである。あくまでも特化に基づく葬法として捉えられていた。

第三章で紹介したように、東京都国分寺市にも明治十三年（一八八〇）に出された火葬場をめぐる「約定証」に、「火葬焼場設置可致御布告ニ基き、前書之通リ取設ヶ候」との一文がみえ、火葬場設置の動きは神奈川県固有のものではない。

ところで、『逐条解説　墓地、埋葬等に関する法律』によれば、明治三十年（一八九七）に「伝染病予防法」が制定され、伝染病による死亡者を火葬することが義務付けられ、自治体による火葬施設の設置が促進された［生活衛生法規研究会　一九九九　三］という。すると、上でみてきた動きは、国の法的な規制よりも早い時期におけるものということができる。

第二節　火葬窯建造

大正時代になると、綾瀬村では火葬窯が建設される（『綾瀬村事務報告書』）。『綾瀬村事務報告書』は現在の神奈川県綾瀬市の行政史料を翻刻したものであり、行政側からの住民に対する動きがよくわかるものとなっている。

大正六年（一九一七）事務報告

本村在来ノ火葬ノ方法タル聞クモ惨タル扱ヒナリキ、古人死尸ニ苔ツヲ大ナル罪悪トナス、在来ノ火葬法ニ至ツテハ其行為ニ於テ更ニ酷ナルモノアルハ、常ニ憂慮シテ止マザル所ナリキ、本年ニ至リ火葬窯建設ノ議起リ、其専門技師タル神戸市従五位葉若雄次設計ノ下ニ一基ヲ造営シ、十二月末迄ニ全部竣工以テ単ニ伝染病屍体ノミナラズ、普通葬儀ノ場合ニモ使用シ得ル事トセリ

〔綾瀬市　一九九九　六三〕

以上は「大正六年事務報告」の「事務報告」の部分である。ここで引用した文の前に二名の伝染病患者が発生し、内一名は死亡して火葬したことが報告されている。同年の「十六営造物」の項でも、火葬窯についての記録がみえる。

十六営造物

本村深谷字與蔵山四千八百三十一番ロ号火葬地へ、葉若式火葬窯壱基ヲ建設ス、請負人ハ大阪市煉瓦建築業宇崎三男三ニシテ十一月七日着手、拾弐月弐拾七日ニ上屋共全部竣工セリ、　［綾瀬市　一九九九　六六］

従来からの火葬の方法が「聞クモ惨タル」ものであったために、火葬窯を建設しようということになり、大正六年十二月に火葬窯が完成したことを示す記録である。前節でみた焼場での火葬がどのようなものであったかは、他に記録がなくわからないが、村会で取り上げられたことを考えると、かなり「惨タル」ものであったことが推察される。前節でみてきた火葬場は、土地の固定化、つまり常設の空間を設置するが、そこに火葬のための特別な施設についての記述はみられず、火葬はあくまでも、あったとしても簡単な設備による、ほとんど野焼きによって行われていたことが考えられる。野焼きによる火葬の様相を聞き書きすると、たいてい「こわかった」といわれる。棺を破って死体が起き上がってくることがあるためである。また火力が弱くきちんと焼くことは難しい。そのために窯を使うようにして、外から見えないようにし、また火力を強めたと考えられる。

新たに建設された火葬窯は、神戸市従五位葉若雄次が設計したもので、大阪市の煉瓦建築業宇崎三男三が請け負った。「葉若式火葬窯」と呼ばれることから、当時は少なくともある程度は普及していた火葬窯であったのであろう。その建築技術を持っていたのが宇崎三男三であったことになる。火葬窯の上には上屋も作られ、約一ヵ月半で完成している。

「事務報告」の、「伝染病屍体ノミナラズ、普通葬儀ノ場合ニモ使用シ得ル事トセリ」との一文からは、綾瀬では火葬が一般化してはおらず、伝染病死のみ火葬していたということになる。先にみた小園の「小園村共用焼場取設願」には具体的な記述はないが、この焼場は時代的にみても伝染病死の場合に使用されるものとして届けられたということになろう。そして役場としては、火葬窯の建設にあたり、火葬を一般化しようとの意図が見て取れる。大正六年（一九一七）頃において、土葬から火葬へ移行させる行政指導の何らかの必要性があったのであろうか。

ところで、上であげた資料では、火葬場の場所が「本村深谷字與蔵山四千八百三十一番ロ号火葬地」となっている。このことから、深谷字与蔵山にもともと焼場があったことが推察される。綾瀬村は江戸時代の独立した旧村であった早川村・深谷村・吉岡村・上土棚村・寺尾村・小園村・蓼川村・本蓼川村が明治二十二年（一八八九）に合併してできた村である（『綾瀬市史8（下）別編民俗』〔綾瀬市　二〇〇一　二〕）。したがって、先に紹介した県の布達が出された明治十三年（一八八〇）当時には、それぞれの村は独立しており、小園村だけではなく、深谷村でも独自の焼場を布達に従って設置していたであろうことが考えられる。そしてその場所が「字與蔵山四千八百三十一番ロ号」であり、それが綾瀬村の火葬地として選定されたと考えられる。深谷が綾瀬村の中心地となるためである。

第三節　関東大震災による火葬窯崩壊

大正十二年（一九二三）九月一日に関東地方を記録的な大地震が襲い、多大な被害をうけたことはここで今さら述べるまでもなかろう。神奈川県の中央部に位置する綾瀬市も例外ではない。「大正十二年事務報告　九恤救」に被害状況が記録されている。「九月一日大地震襲来民家倒壊スル事一、三七〇棟、内居宅全潰四〇六、半潰三〇二、蚕室倉庫其他九百六十四棟、死亡者十七名、負傷者二五名ヲ出セリ」（『綾瀬村事務報告書』〔綾瀬市　一九九九　八五〕）という状況であった。

綾瀬市域では、地神講がさかんに行われていた。地神さまは地の神さま、百姓の神さまと呼ばれ、オヒョウゴ

（＝掛軸）を祭祀対象として講中、あるいは組合といった地縁的組織によって講が営まれるが、石碑も造られている。『深谷の民俗』［綾瀬市秘書課市史編集係　一九九四　二八六］によれば、深谷では三基が関東大震災を記念して造立されたものとなっている。このような地神塔を造立したのは、深谷大上東・深谷中村谷戸・深谷中村秀之木の各講中である。この中で、深谷中村谷戸と深谷中村秀之木の地神塔には、震災の被害状況が刻まれている。綾瀬市の民俗調査には著者も加わっており、これら地神塔は著者自身も確認している。

深谷中村谷戸の地神塔

正面　復興　地神塔

右面　大正十二年九月一日大震
　　　災アリ講中二十一戸ノ内住
　　　家十一棟其他二十四棟全潰
　　　シ餘ハ皆半潰ス

左面　大正十四年九月吉日建之
　　　深谷中村谷戸

深谷中村秀之木の地神塔

正面　震災記念　地神塔

右面　大正十二年九月一日古今未曾有ノ大震

災アリ講中十四戸ノ内住家全潰八棟其他
十二棟余ハ半潰セリ
左面　昭和二年三月廿五日建設
深谷中村秀之木

深谷中村は深谷の中心的な場所であるが、上の銘文からとくに深刻な被害状況であったことがわかる。火葬窯が建設された与蔵山は、大きな被害を受けた中村の背後に位置する。煉瓦造りの窯もひとたまりもなかったろう。「大正十二年事務報告」の「十八営造物」の項で、「火葬窯ハ全部崩壊セリ」［綾瀬市　一九九九　八七］と報告されている。

第四節　伝染病死者数の変遷

「小園村共用焼場取設願」をはじめとした神奈川県内での明治十年（一八七七）前後の火葬場設置の動きや、また大正六年（一九一七）に設置された火葬窯も伝染病死者対策という性格が強かった。

『綾瀬村事務報告書』より、明治四十一年（一九〇八）から昭和十四年（一九三九）にかけての伝染病による死亡者数をもとめてみた。表7である。表7より、大正時代には年間数名の死亡者がほとんど毎年あったのに対し、昭和になってから死亡者が〇の年が長い間維持されていることがわかる。これは、たとえば昭和三年（一九二八）の「八　衛生」の項に、「四月下旬春期衛生検査ヲ執行シ、特ニ清潔方励行シタルタメ一名ノ伝染病患者ヲモ見ス」

［綾瀬市　一九九九　九七］とあるように、行政の努力によるものが大きかった。それでも発生してしまうことがあり、昭和十年（一九三五）「九　衛生」には、「例年ノ通リ春季清潔法検査施行セリ、伝染病ノ発生防止ノ為メ清潔検査ナル為メ一曽（層）厳重ニ行ヒタリ、然レ共疫痢患者続発シ七戸十二名ノ患者ヲ出ス」［綾瀬市　一九九九　一二八］との状況であった。そして、不幸にも昭和八年（一九三三）と十三年（一九三八）には多くの死者が出てしまった。それでも、表7をみるかぎり、伝染病による死亡者の存在は特殊な事態として受け止めることができるであろう。

関東大震災で火葬窯が崩壊してからの、窯の再建築についての記録がみえない。しかし、『綾瀬村誌』「第二編

表7　伝染病による年間死亡者数

年	死亡者数および病名
明治41年	0名
43年	0名
44年	ジフテリア1名
大正1年	赤痢1名
2年	腸チフス1名、赤痢3名
3年	0名
4年	0名
5年	赤痢・腸チフス5名
6年	赤痢擬似症1名、赤痢1名
7年	0名
8年	0名
9年	チフス3名
10年	チフス2名、赤痢擬似症4名
11年	腸チフス2名
12年	0名
昭和1年	0名
2年	0名
3年	0名
4年	0名
5年	0名
6年	0名
7年	0名
8年	赤痢10名
9年	0名
10年	0名
11年	0名
12年	0名
13年	伝染病9名
14年	0名

人文的研究　第一章　住民　第十五節　衛生」の項には、昭和二年度調査として「火葬場一」［綾瀬市　一九九六　五九］と記されている。しかし『綾瀬市史8（下）　別編民俗』では、それぞれの地区に野焼きで火葬する場所があり、薪を積んで焼いたと報告されている［綾瀬市　二〇〇一　二二四］。記録として火葬窯の新たな建設に関するものは見つからず、関東大震災後は現在の市内で火葬窯が建設されずに、従来のような「焼場」が設けられていたと考えられよう。

行政の努力により、伝染病による死者が激減したために、多額の費用をかけて建設する必要がなかったということであろうか。綾瀬市での火葬化は次節で述べるように、昭和四十年（一九六五）代に入ってから急速に進む。つまり関東大震災後から戦後しばらくは、火葬が行われるのは伝染病死者であり、その数の減少が背景にあると考えられる。火葬窯を建設した当時「伝染病屍体ノミナラズ、普通葬儀ノ場合ニモ使用シ得ル事トセリ」とされた。しかし第一章第二節の表1で綾瀬市の火葬受容年代が昭和四十年半ばから五十年代にかけてとなっているように、『綾瀬市史8（下）　別編民俗』においても「昭和五十年代後半までは土葬が主流だった」［綾瀬市　二〇〇一　二二五］と記されている。小園地区だけではなく、綾瀬市域全体の傾向が記されたものだが、このことから一般の死者が綾瀬村の行政の意に反して容易に火葬を受け入れなかったことをも示唆することになる。

第五節　火葬の普及

前節まででみてきたように、綾瀬市では明治以降の火葬場建設は、あくまでも伝染病死者のためのものであり、一般化されたものではない。

現在の火葬炉を持つ火葬場は、綾瀬市に隣接する大和市には明治十九年（一八八六）に開設され、これは、昭和二十六年（一九五一）に大和町・渋谷町・綾瀬町の共同施設（昭和五十七年に大和斎場）となった。また、南接する藤沢市で昭和五年（一九三〇）に開設した火葬場は、戦前より市外の人も受け入れていた（『綾瀬市史8〈下〉別編民俗』［綾瀬市　二〇〇一　一二五］）。

したがって、綾瀬市で火葬が受け入れられる外的な条件は戦前から戦後にかけて整っていったということができよう。しかし、実際に火葬が行われたのは、先に表1で示したように、吉岡が昭和四十五年（一九七〇）、小園が昭和四十年代後半、深谷が昭和五十二年（一九七七）である。昭和になって再び外的条件が整ってもなお土葬が長らく続けられていたことがわかる。それは、火葬に対する抵抗が大きかったためであることが考えられ、近隣地区の火葬場が火葬を受け入れるような体制になってもなお火葬はなされなかっただけではなく、現在の綾瀬という市域内での受容年代がばらついていることは、火葬が一般化するに至り、それは一度に広まったのではなく、徐々に浸透していったということがわかる。

このような火葬の浸透の仕方は綾瀬市にかぎってみられるものではなく、多くの地区でみられる現象となっている。綾瀬市内のものではないが、興味深い統計が『長岡京市史　民俗編』にある。京都府長岡京市が行ったアンケートの結果によると、長岡京市内で火葬が行われるようになるのは、昭和三十年（一九五五）以降であるという［長岡京市史編さん委員会　一九九二　一五三］。ただし、このアンケートを行った対象者や人数、つまり母集団に対する記述がみられないので、あくまでも傾向である。そしてその後五年ごとの火葬と土葬の百分率が棒グラフで示されている（『長岡京市史　民俗編』［長岡京市史編さん委員会　一九九二　一五二］）。そのグラフから火葬の百分率を取り出したものが表8である。ただし『長岡京市史　民俗編』の本文中では、市内で火葬が行われるのは昭和三

表8　長岡京市における昭和30年以降の5年ごとの火葬率

年代	火葬率（単位％）
昭和30〜34年	8.5
35〜39年	23.8
40〜44年	45.8
45年〜	94.3

（『長岡京市史　民俗編』より作成）

十年以降としているが、アンケートによる棒グラフには昭和二十九年（一九五四）以前に二・五％が火葬となっている。昭和二十九年以前がどの程度前のものかわからない。しかしわずかながら火葬がなされていたことはわかる。しかし昭和三十年代に入り割合が急激に増えていっていることが表8からわかる。

　このアンケートの結果をみると、火葬の導入から一般化（ほぼ全体が受容）するのに長い期間かかっていることがわかる。その間は土葬と火葬とが併存していたということになる。とくに当初は、火葬を嫌い火葬にするのに、周囲の反対を押し切る必要があった例もあるとのことで（『長岡京市史　民俗編』［長岡京市史編さん委員会　一九九二　二五三］）、土葬から火葬への移行はここでは心情的な問題として捉えられる。火葬の受容の理由と抵抗については、すでに論じているので、ここで繰り返さないが、抵抗が薄らぐのに相当な時間を必要としたことがわかる。

　また、百分率の変化率に着目するならば、昭和三十年〜三十四年と三十五年〜三十九年の間が一五・三、三十五年〜三十九年と四十年〜四十四年との間が二二・〇、四十年〜四十四年と四十五年以降との間が四八・五となっており、年代を経るにしたがい変化率が急激に増加していることがわかる。つまり火葬の受容が加速度的に増加しているということになる。このことは、現在に近いほど火葬の受容が高くなってきていることを示しており、第一章でみた火葬の受容の時間的様相を具体的に示すものといえる。

　なお長岡京市では、火葬場は「かつてからすべて、京都市山科区上花山にある京都市中央斎場が利用されていた」［長岡京市史編さん委員会　一九九二　二五三］という。市内ではなく市外の火葬場が利用されていることに

表9　火葬の百分率（宮本常一作成の表を基にした）

	土葬の件数	火葬の件数	火葬の百分率
昭和21年	93	76	45.0%
22年	95	59	38.3%
23年	56	56	50.0%
24年	65	46	41.4%
25年	79	36	31.3%
26年	73	41	36.0%
27年	48	35	42.2%
計	509	349	40.7%

なる。ちなみに京都市が「京都市情報館」というホームページの中で京都市中央斎場について「花山火葬場の老朽化に伴い、全面的撤去後新築して昭和五十六年（一九八一）に開設した」（京都市情報館中央斎場、二〇〇九年四月一日）とある。すると長岡京市では中央斎場ができるまで、旧花山火葬場を利用していたと考えられよう。したがって近所に火葬場ができたために火葬が普及していった訳ではないということになる。この点については、『長岡京市史　民俗編』で「火葬が急速に普及した背景としては、周辺地域でも火葬が普及し、その影響を受けたということ以外に、新興住宅が多く建ち始めたことも、おおいに関連があるようである。たとえば友岡では、新興住宅が多く建ち始め、墓地周辺の人たちが土葬をいやがり、火葬することを勧めたことがきっかけとなって、以後火葬が急速に増えていったという」［長岡京市史編さん委員会　一九九二　二五三］と指摘している。長岡京市と京都市中央斎場（旧花山火葬場）の間にはかなりの距離がある。その意味では、火葬受容の設備的環境は整っていないことになる。しかし友岡での事例を見る限りにおいて、外的な圧力が強く働いたために、急激な増加となったのであり、これは高度経済成長期における都市部での人口の急増、つまり、その土地と無関係ないわゆる新住民の増加を背景とするものではないか。新住民はその地域の伝統的生活とは無縁であ

り、新住民の増加は伝統の維持よりも合理性の追求に向かうといえるのではないだろうか。さらに交通手段の発達が、火葬受容の急増を可能にした物理的要因の一つとして考えられる。

なお、宮本常一が『周防大島民俗誌』の中で、久賀町における火葬と土葬の数の年数別比較をしている［宮本一九九七　三二三］。表9は宮本の表をもとにして火葬の百分率をもとめたものである。

昭和二十一年（一九四六）から二十七年（一九五二）までの平均の火葬率は約四〇・七％となっているが、各年をみると、もっとも高い年が昭和二十三年（一九四八）で五〇・〇％、もっとも低い年が昭和二十五年（一九五〇）で約三一・三％であり、年を経て増加の傾向をみることはできず、だいたい一定したものとなっている。この資料から戦後しばらくは、まだ火葬が特殊葬法であったということが確認できる。

このように、地域によってはまだ戦後も旧来の理屈による葬法がとられており、久賀町のように、火葬と土葬が共時的に行われていた地域であっても、火葬がかならずしも年を追って土葬にとって変わることがなかったことが確認できよう。第一章で指摘したように、火葬の受容の年代については地域差が大きいものとなっている。それは地域的な事情（地理的および歴史的）によるものといえる。

第七章　火葬受容の形式

――火葬導入による葬送儀礼の変化――

土葬が行われてきた地区で、火葬が受容されるに至った経緯についてみてきた。では受け入れることになったとして、具体的にはどのような形で火葬が行われたのであろうか。

本章では、土葬が行われていた地区での火葬導入により、葬送儀礼がどのように変化したかについて概観する。埼玉県児玉郡神川町渡瀬《わたらせ》および岐阜県加茂郡白川町切井《きりい》の事例から、「変化」を検討する。どちらの地区も著者が調査し、儀礼の詳細についてはすでに報告しているので［林　一九九二・一九九三a・一九九三c・一九九四・一九九七］、ここでは儀礼の流れのフローチャートおよび各儀礼の概略を示し、土葬と火葬による儀礼的相違を検討することにより、火葬受容の在り方を捉えることにする。

第一節　渡瀬における土葬から火葬への形式的変化の様相

一　土葬と火葬の儀礼の差異

渡瀬は埼玉県北西部に位置し、群馬県多野郡鬼石町（現藤岡市）に隣接する。集落は群馬県との県境となる神流《かんな》川に沿った街道上に形成されている。渡瀬は街道に沿って、上宿・中宿・下宿・根際・輿・水上という地縁的な社会組織があるが、ここでは中宿での事例である。

まず渡瀬における土葬と火葬のそれぞれのフローチャートをここであらためて示す。葬送儀礼の詳細は「葬送儀礼の変容とその様式――埼玉県児玉郡神川町渡瀬の事例を中心として――」［林　一九九三ａ］を参照していただきたい。親戚の葬儀（平成四年・一九九二）および四十九日（平成五年・一九九三）に参列したときの記録が火葬のものであり、土葬についてはその際に聞き書きして得られた記録である。なお渡瀬上宿での旧来の葬送儀礼については田中正明も詳しく報告している［田中　一九八五］。

〈土葬による葬送儀礼の流れ〉

通夜―内葬―葬列―外葬―野辺の送り―埋葬―家―寺参り―忌中払い―お念仏

〈火葬による葬送儀礼の流れ〉

通夜―最後の別れ―火葬―内葬―葬列―外葬―埋葬―寺参り―忌中払い―お念仏

渡瀬では、葬儀に相当する部分が二回行われている。内葬《うちそう》と外葬《そとそう》である。内葬は葬家で親族と葬式の地縁的互助組織である隣保班（五人組をもとに形成されたといわれる葬式の地縁的互助組織）の代表が参列するもので、外葬は檀那寺（龍寶寺）の境内で一般会葬者のために行われるものである。そのために、渡瀬では、内葬と外葬とが異なる社会的な機能を持っているということができるものとなっている。渡瀬で火葬が行われるようになったのは、昭和三十年代ということであるが、平成四年（一九九二）の調査時でもまだ遺言により土葬が行われることがあるとい

渡瀬の葬列
内葬が終わり、寺院での外葬へ向かうところ。

渡瀬の葬列
左に見えるのは龍頭、その次の人が弓矢を持っている。またその後ろに続く女性は杖を持っている。

うことであった。しかし実際に土葬が行われるのは稀とのことであるが、それでも先にみたように、渡瀬でも土葬から火葬への完全な移行に、かなりの時間を要しているということになる。

上で示した二つの葬送儀礼のフローチャートを比較してみる。火葬を受け入れるにあたり、土葬時代に行われていた「野辺の送り」、「寺参り前に一度家に戻る」ことの二つが欠落していることがわかる。しかしこのことと火葬の導入との直接的な因果関係についてはわからない。明らかに火葬の導入の影響がみられるのは、「最後の別れ」と「焼くこと」が内葬の前に挿入されるという形でなされたことであり、全体的には大きな変化はみられないということになる。

なお田中の報告では内葬・外葬という二つの葬儀についての記述はない。「葬儀—野辺の送り—埋葬」という形になっている。著者の聞き書きでは、当地では埋葬後に墓地で四十九個の団子を食べることがかつては行われたという。これは「食い別れ」と考えることができるものでる。しかし田中の報告では埋葬時にこのようなことは記録されておらず、葬儀の読経の最中に、白米を入れたオハチに一本箸を添えてまわし、掌に取って食べた［田中　一九八五　二二］という。これが「食い別れ」に相当するものだろうか。しかし中宿では、埋葬後の「お念仏」のときに、重箱に白いご飯が入れられて参列者に回され、一本箸で手の甲に載せて食べるという。田中の報告にある葬儀のときに一本箸で掌に白米を載せて食べることを「食い別れ」とするならば、田中と著者の報告では異なる「食い別れ」がみられることになる。ところで「食い別れ」とは何であろうか。井之口章次は『日本の葬式』の中で、「死者と最後の別れをする時期は、いつを「最後」と考えるかでちがってくる。殯の終わった時期だったろうが、殯でよみがえる可能性は、早くから信じられなくなっている。したがって一番具体的な埋葬時に、ごく狭い近親者が、死者との永別の飲食をとるようになった。墓場でのひっぱり餅など餅分割の儀式はそのためのものであった」

［井之口　一九七七　一二五］と述べる。しかし、一方で、「「食い別れ」意識の見られる最初の機会は、入棺時」［井之口　一九七七　一二五］とし、かならずしも「食い別れ」の意識が一定していないことを、各地の事例をまじえて指摘している。田中と著者の調査地は同じ渡瀬にあたるが、それでもずれが見られる。田中と著者の調査地はすぐ近くである。このことは、井之口の指摘するように、「最後」というものの観念が狭い地域の中でも異なっていることを示している。本章では、この最後の食を「最後の別れ」の象徴的表現と位置付ける。すると土葬では、最後の別れが、田中の調査地区（上宿）では葬儀のとき、著者の調査地区（中宿）では埋葬後ということになり、そこに時間的差異が生まれることになる。しかし、後に述べるように、葬儀も埋葬も「送り」の状況の中でのことであり、別れが「送り」と結びついているといえよう。いずれにしても食を通した象徴的表現による「別れ」が行われるということが本章では重要である。ここでは土葬から火葬へ移行したときに儀礼がどのような変化をみせたかが問題となる。以下の変化の様相は著者の調査に基づくもので行う。

火葬による「最後の別れ」は土葬時に比べて具体的である。それは「対面」という形をとるためである。そのために火葬が一般化している現在の棺（寝棺）には顔の位置に小窓がついている。直接的「対面」が意識されている。しかし火葬時の「最後の別れ」は小窓からの別れではなく、蓋を開けて、生花により遺体を飾りつけることとなっている。小窓を通しての別れよりももっと具体的である。ここに土葬と火葬の違いの一つとして、「別れ」の仕方をあげることができよう。しかし当地では葬儀前に火葬される。火葬してしまったら、現実的対面は不可能となるので、火葬場へ出る直前に「最後の別れ」が行われることになる。

また土葬のときには、内葬後に「出棺」となるが、「火葬」では火葬場へ向かうときが「出棺」となる。このことは「出棺」が遺体を家から出すという意味において行われていることを示している。また出棺後に隣保班の人により祭壇が縮小された。完全に祭壇がなくなるわけではない。遺骨は再度家に戻り葬儀が行われるためである。かつては内葬後が出棺であり、このときに祭壇が縮小された。このときには、かつお節を撒いて外へ掃きだすという。忌を払うためとのことである。

二　土葬による葬送儀礼群の構成

ここで渡瀬での土葬による葬送儀礼がどのように構成されていたかについてみる。より具体的な変化を抽出するためである。

1　内葬と外葬

田中の報告には内葬外葬という形では報告されていない。上宿にはこのような習俗がないのか、中宿でも著者の調査対象が特殊であるのかはわからない。しかし著者の調査では葬儀が二回行われる。内葬と外葬と呼ばれるものである。ここでは両者の違いを概観する。

内葬が終わって外葬を行うために龍寶寺へ行くときに、野辺の送りと同じ形式をもつ葬列が組まれる。しかしこれは葬列であり野辺の送りではないという。野辺の送りはあくまでも葬儀が終わって墓地へ送るためのものであり、外葬が終わらなければ葬儀が完了したことにならないからということであった。このような認識は内葬と外葬が一つの「葬儀」という概念で捉えられていることを示すものである。

葬列は寺に着くと境内を三回半まわり、最後に境内の中央に設けられた半紙を踏み破って祭壇に向かう。その意味については忘れられてしまっているが、明らかに呪術的行為であり、これを経て外葬が行われることは、一連の儀礼が単に二重構造をとっているのではなく、段階的に意味の中で構成されているということができる。しかし内葬と外葬との質的な差異についての認識は得られなかった。本来は田中の報告のように一度であったのだろう。

しかし社会的な意味については明確である。内葬の参列者は親族を中心とするものであり、外葬の参列者は一般会葬者となっている。両者は会葬者の故人との関係に基づく社会的レベルを異にしているといえるのである。

外葬では親族も焼香し、親族が会葬する形もとっている。しかしその後に、親族は祭壇に向かって左右二列に整列し、焼香する一般会葬者に挨拶をする。また僧により、故人の生い立ちが読み上げられ、親族代表による挨拶も行われる。これらは一般会葬者を対象としてなされているものであり、外葬では親族は一般会葬者を迎える立場をとっているということができる。

葬儀において、親族と一般会葬者を区分する形は一般的な葬儀の形である。たとえば岐阜県加茂郡白川町切井での葬儀では、親族は家の中、一般会葬者は庭というように、故人との関係により参列する場所が区別されていた。焼香も親族は祭壇、一般会葬者は祭壇が設けられた部屋の縁側に置かれた焼香台で行った。親族は焼香がすむと、それまでは祭壇に向かって故人との血のつながりが濃い順に座っていたが、今度は縁側に向かって座りなおし、焼香する一般会葬者に挨拶する。切井ではこのように親族と一般会葬者の焼香は空間的には区分されるが、親族は自らの会葬と一般会葬者への挨拶とを同時に進行させているのであり、共時的である。また現在、セレモニーで行う葬儀にしても、親族席と一般会葬者の席は分けられている。このように葬儀では故人との関係において、区別化がなされているということができる。内容的には同じであるが、渡瀬では空間的にだけではなく、時間的にも区分されたものとなっているところに特徴がある。つまり故人との関係による葬儀への関与の仕方が、明確に区分されているということができよう。

葬儀は葬送儀礼の中でどのような意味を持つと考えられるであろうか。葬儀では会葬者は親族も一般も含めて、僧の読経を受け、焼香するだけである。そして、僧が死者に引導を渡す役目を負う。渡瀬の葬儀において、内葬で内引導、外葬で外引導を行うとの僧による解説があった。死者への引導渡しが僧から見る葬儀の第一の目的であるとするならば、葬儀は「宗教的な力による、死者の送り」を目的とするものと捉えることができる。しかしそれは宗教的、言い換えるならば、寺院的発想である。一般的認識とすれば「社会的意味における、死者の送り」であり、その「送り」に僧の、あるいは宗教の力を借りているということになるのではないか。「社会的意味における、死者の送り」という概念は重要である。ここでいう「社会的意味」とは、地域社会の中における「存在」ということである。したがって、「社会的意味における、死者の送り」とは、故人が属していた社会から故人を送り出すということになるが、葬儀の主体が現世社会にあるとすれば、それは「追い出す」と言い換えることができよう。

2　野辺の送り

現在では、内葬後の葬列が野辺の送りと同じ形式で行われている。葬列の順序は銘旗・先提灯・松火《たいまつ》・造花・龍頭・弓・金剛杖・親族・衆僧・導師・香箱・膳・位牌・遺影・棺・天蓋・墓標であり、銘旗には「弔原志な」と故人の名前が墨書されている。しかしこれはまだ葬儀が終わっていないので「野辺の送り」ではないと認識されていた。「野辺の送り」は外葬後に墓地へ向かう葬列のこととされている。

しかし、形式的に両者は同じということであり、本来的には一つの「野辺の送り」に、なんらかの理由により外葬が挿入、あるいは一つの葬儀の内葬と外葬への分化が生じることにより、分断されたということができる。そして、現在では、外葬後には葬列を組むこともなくなり、この葬式では、墓地まで車で移動した。分断された「野辺の送り」は出棺から外葬までに形式だけが残り、意味変化を生じたものと理解することができるかもしれない。現在確認できる葬列は、野辺の送りの残影として捉えることができる。

なお、内葬が終わって出棺するときに、昔は縁側にオケ（棺）がくぐるくらいの仮門を立てていたといい、葬列の出発に先立って魔除けの矢を放つ。現在では仮門は作らないが、出発前の魔除けの矢は、玄関先で左右に二本が放たれた。また葬列の最中に花籠を振っていたこともあるという。仮門は二本の竹に麻を結びつけたものであり、オケを出すときに、両端を人が手に持って立てたという。

ところで仮門の習俗については、井之口章次がその意義から五つに分類している。

1棺をふつうの出入り口から出さぬということ。
2仮門をくぐらせたあと、それをこわすことに意味がある場合。
3仮門をくぐる動作に意味を感じている場合。
4仮門の形や材料に意味ありとするもの。
5仏教の四方門の考えによる習俗。

この中で、1・2は帰ってこないようにするため、3は現世と他界を意識することから、つまり境界としての意識から、4は魔除けとして捉えている［井之口　一九七七　一二一〜一二二］。渡瀬では仮門は縁側に立て、棺だけをくぐらせる。この場合、井之口の分類では「3仮門をくぐる動作に意味を感じている場合」に相当するとみることができる。井之口の論にしたがうならば、仮門はここでは現世と他界との境界ということになり、その境界を通過することで故人を他界へ送ろうとする象徴的行為と考えられる。そして仮門が縁側に作られることは、縁側の空間的特性、つまり内と外という両性具有的性質によるものと考えられるが、そのことによって、家の内部に現世、外に他界が意識されることになろう。すると野辺の送りは他界空間への移動の形式ということになり、観念的に「送り」がなされているということができる。そして出棺後に仮門はこわされる。井之口が指摘する2に着目するならば、出た門はなく、戻ってこられないということが強く意識されていることになる。このことも単なる「送り」ではなく「追い出し」を想起させる。

葬列を組むときに、玄関先で男にはツエ、女にはハナが渡される。ともに一〇センチメートルくらいの竹の棒で、ツエは上半分に白い半紙が、ハナには赤や紫の色紙が巻かれている。これらは襟にさすもので、魔除けとして身につけるものである。野辺の送りに観念的な他界への移動の意味が認められていることから、このような呪術的な道具を魔除けとして身につけているといえる。

渡瀬での「野辺の送り」は仮門をくぐったり、魔除けの矢が放たれたり、また呪術的な葬列であったりすることから、観念的な移行を経て、埋葬地へ行くものであり、そのために実質的な送りの過程の観念化がより明確に捉えられるものとなっている。

3　埋葬

埋葬は実質的な死体処理の意味を持つ。しかし物理的な意味においてのみ埋葬が行われているわけではない。埋葬した場所に川からとってきた白い石を敷き詰め、さらに大きな石を置き、まわりを銘旗・先提灯・龍頭の竹で三方を厄除けとして囲み、またツエやハナを墓のまわりにさす。また土葬のときには僧が埋葬時に読経したが、火葬になってからは来なくなったという［林　一九九七　一六～一七］。

先に紹介したように埋葬後に、直径二・五センチメートルくらいの平たい団子を食べる。これは生きている者の無病息災のためといわれているが、先に紹介した埋葬後のお念仏と同様「食い別れ」の儀礼と考えられる。すると渡瀬中宿では二度の「食い別れ」が行われることになる。二つの儀礼が別個に取り入れられたのかどうかまで知ることはできないが、少なくとも二度行われることは、この世からの「別れ」が強く意識されるといえよう。

4　寺参り

寺参りは埋葬後に一度家に戻り、故人の着物をもって、あらためて寺へ行くというものである。寺へのお礼参りとして認識され、このときにお布施を渡す。それから、本堂で法要が行われる。寺参りには、葬儀の後に一度寺を出てからあらためて入らなくてはならないといわれている。葬儀の終了後にあらためて寺に参ることに意味が持たされている。このことは、この寺参りが、葬儀とは別の儀礼であることを表している。

5　忌中払い

渡瀬では葬儀に必要な道具を他家から借りると、削り節をつけて返すという。削り節は生臭であり、生臭をつけることにより、道具についたブク（忌）を払うと説明している。内葬後に祭壇を縮小するときや、葬儀のための料理を行った台所を片付けるときにも、生臭として削り節を撒き、掃き出すという。ブクを払うためである。このようにブクを払う手段として生臭が用いられている。

寺参りから帰ってくると忌中払いが行われる。このときに肉や魚が出され、ビールや酒が振舞われる。肉や魚は生臭であり、これにより葬式によって生じたブクを払おうとするものであることがわかる。

寺参りと忌中払いは土葬や火葬といった葬法とは無関係の儀礼といえる。内容的に葬法に関わらないためである。また通夜も火葬の前に行われていて、これも葬法の変化とは無関係に行われている。葬儀の後に行われるお念仏も同様である。

6　お念仏

葬儀の晩に親族や隣保班の人たちによって、念仏があげられる。祭壇に寺から借りた「十三仏」の掛軸が掛けられている。この掛軸は出棺後祭壇を縮小したときに掛けられる。祭壇を前に親族が座り、後ろに隣組の人が座る。音頭とりは近所の長老で鉦や太鼓を叩く。参加者が多ければ多いほどよいとされる。線香を何本か用意しておき、線香の数だけ念仏をあげるが、その回数は決まっていない。

また先に紹介したように、重箱に白いご飯を入れて参列者にまわし、一本箸で手の甲にとり食べる。念仏の回数ごとに、どんぶりからどんぶりへさかずきで水を移す。どんぶりには井戸水が汲んである。これは女の子の役目とされている。この水はふたのないやかんに入れて、初七日まで毎日墓に水をかける。終わると念仏玉（お菓子）が配られ、これでお念仏は終了し、皆引き上げる。

7　葬送儀礼の図式化

以上のことから、渡瀬での土葬という葬法に着目して葬送儀礼の流れを整理すると、
内葬―葬列―外葬―野辺の送り―埋葬

として捉えることができる。さらに、内葬と外葬は本来は一つの葬儀として、葬列が野辺の送りの残影として捉えられることから、葬送儀礼の本質的な流れは、

葬儀―野辺の送り―埋葬

という形で捉えられることになる。これに上で見た儀礼的な意味を重ね、埋葬時に僧が読経していることも考え合わせるならば、

社会的送り―観念的送り―実質的送り

という構成になっているということができる。

三　火葬の受容と葬送儀礼の変化

ここであらためて葬送儀礼のフローチャートを比較してみよう。渡瀬での火葬による葬送儀礼は、「最後の別れ―火葬―葬儀―野辺の送り―埋葬」という形により構成されていた。また出棺はあくまでも遺体を家から出す儀礼である。しかし葬儀のために遺骨は一度家に戻り、あらためて骨壺が家から墓地へ送り出されることから仮門は出棺時には作られなくなっている。家の者が遺体を火葬場に運び出すことを出棺といい、縁側から出され、庭を三度

まわる。さらに火葬場から戻ってきたときにも骨壺が庭をまわる［林　一九九七　一三二］。これらが大きな変化の様相として捉えることができるものである。本来は土葬の出棺時の儀礼をそのまま踏襲したものであるが、遺骨が家をまわる理由については「そういうもの」ということであった。しかし遺骨を家から出すときに（外葬に向かうときに）野辺の送りが行われるので、実質的には遺骨を運び出すことが出棺ということになろう。

フローチャートを比較するならば、火葬では土葬時に行われていた葬儀の前に「火葬」が挿入されただけと捉えられ、火葬の導入は従来の葬送儀礼にほとんど影響を与えていないということができる。ただし狭い意味で、火葬を「焼くこと」、土葬を「埋葬すること」と捉えるならば、形式的には「火葬→土葬」という複葬的形により、火葬による葬送儀礼が成立していることになり、火葬は「土葬」の複葬化という形で形式に大きな変化を与えずに「焼く」ことを包含したということができる。

ところで、火葬と土葬の葬法としての対置性は、死体処理という意味においてのものである。火葬での死体処理は「焼くこと」によりなされるものである。すると、儀礼を意味的に捉えるならば、火葬による儀礼群は、

実質的送り―社会的送り―象徴的送り

という構成をとることになる。このように捉えるならば、葬法変化により、社会的送りに実質的送りが先行し、従来の実質的な送りとして捉えられた埋葬は実質性が消失し、象徴的な意味をもつことになる。このことは、火葬になってからの埋骨に僧が来なくなったことからも理解される。ここに儀礼における意味変化を表すことになる。それでも埋骨に着目するならば、象徴性の中に実質性の意味が包含されるということはできる。このことに関して

は後に大きな意味をもつことになる。

第二節　切井における葬送儀礼の変化の様相

一　切井での土葬・火葬の形式

白川町切井は岐阜県中東部の山間部に位置し、東濃地方にあたる。切井は飛騨川支流の赤川上流の河岸段丘上に集落を形成する旧村落である。

切井では、聞き書きにより、土葬での様相が得られた後に、火葬による葬送儀礼を実見することになった。聞き書きによる調査時（平成二年〈一九九〇〉）にはすでに土葬は行われないということであった。実見は平成五年（一九九三）である。

ここでも先の渡瀬と同様に、土葬・火葬それぞれによる葬送儀礼の形についてフローチャートにして比較してみよう。切井においての土葬による葬送儀礼の流れを図式化すると次のようになる。

通夜—葬儀—野辺の送り—埋葬—膳—墓直し—三日祭—七日祭—四十九日

葬儀はブツの家（臨済宗妙心寺派龍気寺の檀家）では僧により、神道の家では神職により執り行われる。ここではブツの家による葬送儀礼で検討する。

当地は苗木藩領であり、徹底した廃仏毀釈が行われた。江戸時代はすべての家が臨済宗妙心寺派龍気寺の檀家であったが、神道に改宗させられ、龍気寺も村民の手により破壊されている。しばらくはすべての家が神葬祭であったという。しかしその後に龍気寺は再興され、約三分の一がブツに戻り現在に至っている。ブツに戻った家では龍気寺の僧が葬儀を行う。神道のままの家は従来のとおり神式で葬式があげられている。なお、神葬祭は、かつては行者により行われていたというが、現在では白川町三川在住の神職小池氏に頼んでいるということであるが、かつての「行者」がどのようなものかについては確認できなかった。調査時にはすでに小池氏によって執り行われ、「行者」のことを知る人はすでにおらず、「小池氏」という名前だけが伝承されていた。

葬儀は葬家で行われる。オクデ（奥出居）と呼ばれるもっともよい部屋の奥に祭壇が設けられる。切井本郷の佐伯攻氏（屋号水口《みなくち》）宅は土間表入口の左側にデイ（出居）が、その奥にオクデがあり、オクデには仏壇や神棚、床の間がある。葬儀において、親戚は祭壇の前に座り、一般会葬者は庭から焼香という形をとる。死者の妻は儀礼には参加しない。そのために平成五年（一九九三）の攻氏の父厚巳氏の葬儀の際には、著者が到着したときには、厚巳氏の妻は奥の部屋で親戚などの参列者と話をしていた。普段着である。

昔は野辺の送りでは、家を出る直前に門口を閉め、門口で藁火を焚き、その上で竹や木の棒で筵を叩いたという。棺は縁側から直接庭に出される。葬列を組み、墓まで行くが、途中で「六道の辻」と呼ばれる札をさしながら行く。

埋葬は僧の読経の中で、ノカタ（野方）と呼ばれる穴掘り役が行う。ノカタは葬式の地縁的互助組織であるツリハンの中で、葬家からもっとも遠い家の人が勤めることになっている。実際の埋葬はノカタが行うが、土は身内がかけることになっている。そのために「親類の一鍬」といって親類が一鍬の形だけの土かけをした後に「後をお願いします」と言ってノカタに代わる。埋葬がすむと墓標を立て、鎌をさし、杖・笠をすえる。また竹竿をなたで切り、井垣に組んで墓を囲む。墓直しは埋葬の翌日、親類が行う。

三日祭までは地縁的互助組織であるツリハンの人が関係する。四十九日には一臼餅を搗き、おひつのふたを敷いてなたで切る。そして親類や客に竹の箸で挟んで渡すが、このとき受け取る方も箸で挟んで受け取る。そのために、普段での相挟みは忌まれるとのことであった。

一方、平成五年（一九九三）に実見した切井での火葬による葬送儀礼について土葬と同じく流れを概観すると次のようになる。

通夜―火葬―葬儀―野辺の送り―埋葬―三日祭

実見部分の記録ゆえ、三日祭以降がどのように行われたかは残念ながら確認できなかった。

著者が到着したのは葬儀前であるが、このときには故人の妻以外の遺族はすでに火葬場に行っていた。したがって遺体を火葬場へ出す儀礼ついては確認できていない。葬式前に遺骨が戻ってきて祭壇に安置された。埋葬後に家に戻ると膳が出されたが、これは三日祭として行われた。かつては三日目の祭りとしての三日祭は葬送儀礼を行ったツリハンの苦労をねぎらうために親類がツリハンを招いたものであったが、現在ではこれが七日祭で行われるようになっているということである。

二　切井における土葬から火葬への変化

以上が、切井における土葬と火葬の大まかな流れである。二つを比較してわかるが、葬儀の前に火葬が挿入された以外は切井においても、儀礼全体の流れに大きな変化はみられない。両者の違いは、火葬の場合、葬儀は祭壇に遺体ではなく遺骨が壺に納められ、安置されていること。また野辺の送りが骨壺の送りとなっていることである。また葬儀前に火葬を行うので、遺族は葬儀前には斎場（家）にはいない。儀礼に参加しない故人の夫人も表には出てこないのである。したがって会葬者が着いても遺族が応対することはできず、著者に応対したのはツリハンの人たちであった。

祭壇の設けられた部屋（オクデ。奥出居）とそれに続くすべての部屋の間仕切りがはずされ、大きな一つの部屋となっているが、そこにテーブルが並べられ、その上にばら寿司などの昼食がツリハンの接待係の人たちにより用意される。到着した会葬者から順に食事がすすめられる。ツリハンの人たちが食事をまかなうのは土葬時代も変わらないが、そこに遺族の姿がみられないのは火葬になったためである。

土葬時には墓ではノカタが穴掘りを行い、骨壺が納められ墓標が立てられた。木の墓標は火葬になっても使われ、長男が担いで墓地まで行ったが、墓の装置などの設営は、すべてはノカタが行い、親戚一同は先に帰ってしまう。著者も最後まで見届けることはできなかった。そのために墓の装置の形については確認できなかった。

さて、切井での変化は、葬儀の前に火葬が行われるようになったということ以外に、葬制の移行を背景とする儀礼の形式変化は見出せない。ただし、火葬が葬儀の前に行われるので、出棺は骨壺ということになる。この骨壺が、台の上に置かれ、土葬時代と同様に担がれるのである。この事例からも、火葬の導入が、従来の土葬による形式に取り込まれた形で行われたといえる。

第三節　坂出市府中町西福寺の葬送儀礼の変化

一　近年的変化

本項では葬送儀礼の近年的変化についてみることにする。葬制変化だけが儀礼変化を引き起こしているわけではない。火葬が受容されてからの「儀礼」の変化の様相を捉えることにする。「変化」の方向を明確にするためである。ここでは香川県坂出市府中町西福寺西班での葬送儀礼を事例とする。

著者の実家であり、平成七年（一九九五）四月二十三日未明に祖父が他界し、その葬送儀礼の様子はすでに『民俗と内的「他者」』にまとめてある［林　一九九七］。そのときの詳細はそちらを参照していただきたい。平成十五年（二〇〇三）一月三日午前四時前、著者の祖母が他界した。どちらも著者が喪主を勤めたが、著者は東京に住んでいるために、当地のやり方については勝手がわからない。したがって、聞き書きしながらの葬儀執行ということになったが、そのために平成七年と平成十五年という八年間の違いが浮き彫りになった。また平成七年時に聞き書きで洩らしてしまったものもあり、そこで、本項であらためて、平成十五年時の葬儀次第を報告し両者の「変化」に視点を

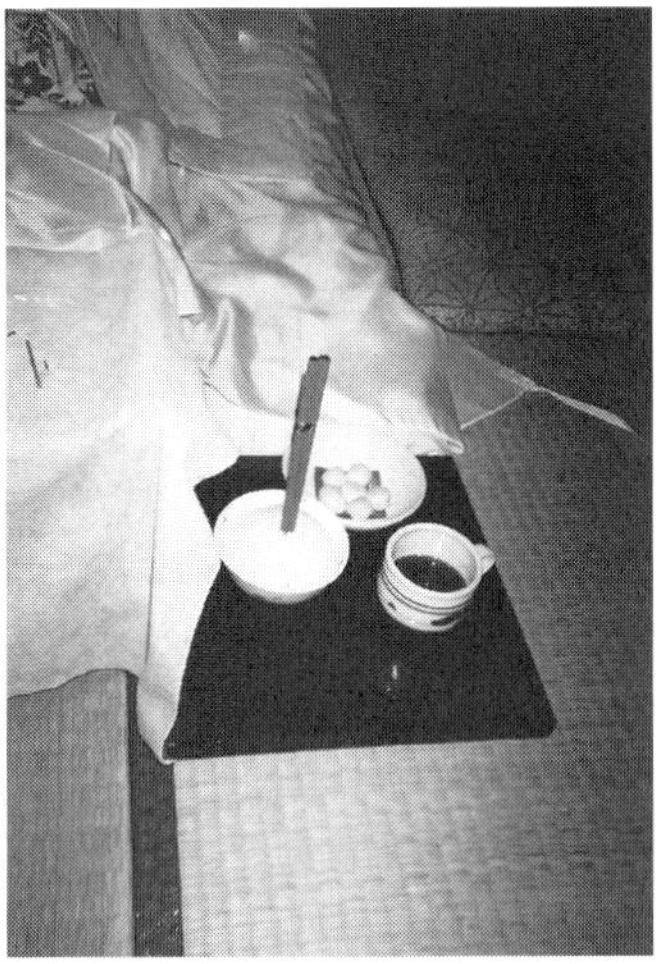

坂出市府中町西福寺
故人の好きだったコーヒーが枕飯とともに枕元に供えてある。

置き、その他を含めて確認することにしたい。

祖母が他界すると、すぐに著者は連絡を受けた。家に電話がかかってきたのは午前四時前である。朝六時十七分新横浜発の「のぞみ1号」で実家へかけつけた。自宅に着いたのは午前十一時前で、遺体は葬式を行う座敷にすでに寝かされ、枕飯、枕団子が供えられ、近所のおばあさんたちが横で思い出話を語り合っているところであった。男衆は庭の草刈をして、出棺の際の道作りを行っていた。

著者が到着してまもなく、同行《どうぎょう》の一人が火葬許可証を持ち市役所から戻ってきた。喪主である著者に「とても大事なものだからなくさんように」「火葬場へきちんと持って行くように」と言いつつ渡した。当時は当地での葬式は葬儀社が入らず、同行と呼ばれる地縁的互助組織によってすべてが行われた。したがって、家族の死はまず同行に知らされ、同行が中心になって、葬儀の準備が行われるのである。今回の葬儀では、喪主である著者は地元に住んでいないので、やり方に不安があったために、祖父の葬儀記録(フィールドノート)持参で臨んだ。なお同行は平成十五年現在著者の家を含め一六軒であるが、その八年前は一八軒であった。二軒の減少は年寄りが他界した家で、後を継いだ若い者が抜けたためということである。

どうしても檀那寺の都合がつかず、通夜は翌四日午後七時、葬儀は五日十時、出棺が十一時となった。檀那寺は多度津町にある真言宗の海岸寺で仲多度郡多度津町西白方にある。林家はもともと多度津に家があった。海岸寺は真言宗醍醐寺派で四国八十八カ所の別格二十霊場の十八番札所であり、檀家をもたない寺院であるといい、檀家は林家だけである。林家の代々の墓の一部は多度津町のマチ中にある臨済宗勝林寺にあり、八年前に他界した祖父の墓も勝林寺にある。なぜ林家一軒だけが海岸寺の檀家であるのか、我家にそのいきさつが伝わっていないだけではなく、海岸寺の住職もわからないとのことであった。檀那寺が海岸等、墓地は代々勝林寺にあることから、祖父、祖母ともに、真言宗と臨済宗という異なる宗派の二寺院の住職が関わる葬儀となった。主は海岸寺で、勝林寺は副的な立場となった。

通夜が翌日となったために、死亡当日は比較的静かであった。しかし、同行の葬儀責任者との打ち合わせや、親戚が駆けつけてきたり、葬家が注文したりするものがあったりで、落ち着くことはなかった。また、ひっきりなしに電話がかかってくる。人が尋ねてくる。食事中でもその応対に追われる。それでも、八年前のノートが役に立った。そのおかげで大体の流れはわかっていたので、細かいところで右往左往することはなかった。この日に、棺に敷くビニールシートと中に入れる茶葉が同行により用意され運び込まれた。通夜に来てくれた同行には砂糖一キログラムを引物として出さなければならない。祖父のときにならい、同行で個人スーパーを経営している人に注文する。昼、海岸寺の住職が枕経をあげに訪れる。そこで、葬儀の相談。八年前の祖父のときには地元の西福寺の住職が突然枕経をあげにやってきたが、今回は来なかった。ちなみに西福寺は浄土真宗であり、この寺院が字名ともなっているが、昔は著者の家の前がため池になる前に、そこにあったというが江戸時代には西福寺地区の東のはずれに移っている。そのために、家の前の池は庵池と呼ばれる。夜、坂出駅近くのスーパーに買い物。母の主催する短歌会から頼まれていた生花を注文。また、出棺の際の別れの杯に用いる酒、住職へのお布施のためののし袋や当日の食料を買い込んだ。

通夜の日は午前十一時に市役所の職員がやってきて、座敷に幕をはり、「南無大師遍照金剛」と書かれた掛軸を掛け、祭壇を組み立てた。また棺も

地縁的互助組織である同行による受付のテントはり。右端でそれを見ている人が葬家の人。

玄関に張られた忌中の幟

市役所から運んできた。平成七年には同行が運んできたが、当時はどのように入手したか確認していない。なお、前回同様、今回も同行が棺に敷くビニールシートを用意してくれたが、棺にはあらかじめビニールが張られており、同行が用意したシートは使わなかった。また棺の中に白着物、手甲・脚半、紙の六文銭が入っていた。祭壇を組み立てているところで、花屋が生花を持ってきた。また親戚の夜の食事も準備しなくてはならない。家から少し山をあがった所にある城山温泉に仕出しの電話注文をする。

さて、棺がきたが、納棺をどうするか。早いほうがよいと市役所の職員にいわれるが、まだ親戚は誰も到着しておらず、著者と両親の三人だけである。祖父のときには、病院から自分たちで家へ連れて帰ってきたが、今回は業者に頼んだので、布団ごと納棺すればよいようになっている。

祖父のときには、アラナワ（荒縄）と呼ばれる藁でなった縄が用意された。これをたすきにかけて納棺するといわれ、その通りにしたが、今回は、荒縄が届かず、納棺のタイミングに苦慮した。後に確認したが、現在では荒縄は作っていないということである。八年の間に消失していた。荒縄をたすきにかけて納棺することは、魔除けのためと説明されていた。ということは、「魔除け」という感覚が消失されていることを示している。前回その写真が撮れなかったので、今回はと思っていたが、残念ながら叶わなかった。布団に持ち手がついており、三人で納棺をする。茶葉を敷き詰め、早々と枕飯や枕団子を頭陀袋に入れた。

通夜の時間が遅かったため、昼間に弔問に訪れる人が何人かおり、その対応にも追われる。葬儀の昼食はオヒジと呼ばれる。これは同行が準備するものである。かつては、炊き出しを行ったが、現在では仕出しであり、同行一五軒（葬家である著者の家は除く）と親戚の数を聞かれ、合計の仕出しが注文された。注文先は城山温泉である。親戚は遠方に多く、どの程度の親戚が集まってくるかわからず、また祖父の時には多く余り、しばらく家族はそればかり食べていた思い出があったために少なめに数を出す。さらに会葬御礼の状とハンカチの個数をどうするか、社会的に活動していた祖父とは異なるので、少なめに数を出したところ、同行の方で、足りないと困るので、祖父のときと同じ数にして欲しいと言われる。ノートには三〇〇となっていた。

また花輪や生花が続々と送られてきた。花輪は「西福寺西班」からのもの、つまり同行からのものであり、他は多度津町文化財委員会からのものであった。他はすべて生花である。祭壇の奥の両端には樒一対が必要であるが、これは血の濃い者が出すという。祖父のときには著者が出したが、花屋に喪主は名前を出すものではないと言われ、父の名前で出した（著者は母方の実家の養子である）。他には孫一同および各親戚から一つずつである。親戚の中には電話であらかじめこちらに注文を頼む者もあり、その度に花屋に電話をかけた。

午後四時に同行が集まってきて、受付作りを行ったり、出棺の際に焚く線香の台となる竹を切りにいったり、と準備を整える。竹はそのまま使うのではなく、縦に割って逆さに立てるものということであった。これに線香を一束立てる。準備が終わると同行は一度皆引き上げる。

午後六時頃に親戚が続々とやってくる。また勝林寺の住職が到着。午後七時には同行が集まってきた。平成七年には僧なしで、同行だけでオカンキの形で通夜を行った。「おかんき講」は真言宗の門徒による講のことであり、著者の家が真言宗であることから、その形がとられた。著者の家が当地へ来たのは、昭和四十年（一九六五）代前半のことであり、同行としては新しい家である。通夜には僧は参加せず、同行の人たちだけで行われ、真言宗の家の人が中心に般若心経を唱えた。通夜には遺族・親戚は参加する必要はないとのことであった。ここでは通夜は遺族が故人を偲ぶ儀礼としてではなく、地縁的社会においての意味付けがなされていることになる。通夜は三十分程度で終わった。そのときには、喪主である著者もジャージのままでかまわず、また参列する必要もないといわれ、親戚一同、隣の部屋でわけもわからず終わるのをじっと待っていた。今回もそのつもりでいた。しかし、今回は海岸寺の住職が都合がつかないと同行に伝えると、「それは困る」、「僧がいなくては始まらない」と言われてしまい、あわてて勝林寺を頼んだ。著者も喪服に着替え、親戚も参加してのいわゆる通夜になった。ただし、同行は黒服を着ているわけではない。それでも平成七年（一九九五）時は昼の作業着のままであったが、今回は黒目の私服に着替えていた。

その間にも続々と生花や電報が届き、著者は一番後ろの玄関にすぐ出られるところに立ったまま通夜に参列した。通夜が終わると、同行には砂糖を一人ずつ手渡しでお礼をした。その後、残った親戚に食事を出し、思い出話に花を咲かせる。

翌日、朝九時には同行や親戚が集まってきた。また僧が三ヵ寺となり、やってきた。勝林寺は真言宗ではないために、真言のやり方はつらいということで、知り合いの真言寺院に応援を頼んだのである。

司会者に焼香の順番の表を渡す。昨晩参列者を考えて作った。これには振り仮名を振るよう言われる。また電報を司会者に渡した。

午前十時、司会者の挨拶により葬儀が始まる。電報は地元の衆議院議員と県会議員（いずれも自民党）からのものを読み上げ、他は名前だけであった。議員の弔電は読まなくてはならないそうである。他に市会議員からも来ていた。著者は誰にも連絡しなかったので、著者宛に来た電報は議員から来た三通だけである。林家および著者には縁もゆかりもない。

葬儀の後、最後の別れであり、同行の女性たちが、生花から花を摘み、親戚に渡し、親戚は次々に祖母を飾った。

納棺の後に出棺。座敷から直接庭に出した。親戚の男たちが担う。著者も担ぎ、霊柩車まで運んだ。その際に同行の女性たちによって別れの杯が用意される。棺を担いだ人が飲んだ。平成七年のときにはいきなり酒あるかと言われ、あわてたので、今回はあらかじめ用意していたが、今回は同行の方で一升瓶で買ってきて前日に運び込まれていた。なお別れの杯に用いた量は僅かであるが、残りは火葬場から戻ってきたときには瓶ごとなくなっており、どのようになったかはわからない。

喪主である著者は位牌をもつよう勝林寺の住職から言われ、祭壇から位牌を取り、祖母の一人娘である母が遺影を持った。会葬者および同行を前にして喪主の挨拶を行う。簡単に祖母の一生を振り返る。

出棺のときに辻々に線香を立てる。平成七年には確認できなかったが、今回は二ヵ所で焚かれているものを確認した。ただし、確認できたときにはすでに著者は霊柩車に乗り込んでいたので、その写真を撮ることができなかった。寺と親戚・祖母の友人はタクシーで向かう。タクシーは火葬場に行くであろう人の数を同行に伝え、手配してもらった。前回は手違いでタクシーが来ず、あわてた教訓が著者にも同行にもあり、念をいれて確認した。しかし、その後に火葬場へ同行する人数が見込みより多くなり、こちらが追加を手配する。出棺後、祖母が生前用いていた茶碗（枕飯を盛っていた）と枕団子を入れ

出棺時に線香をつきさしていた竹ざお

ていた皿を同行の女性が割る。出発後であったので具体的にはどうしたかよくわからないが、破片が飛び散らないように、ビニールにいれて割ったようである。残骸が残されていた。

火葬場は坂出市と宇多津町の境にある。家から約七キロメートルである。斎場でまず読経。その後火葬となった。喪主である著者が点火ボタンを押す。

灰よせが午後一時三十分ということで、一同待っていたタクシーにて帰宅。「霊柩車の運転手が祭壇などの請求書と領収書を持参する」と祭壇を組んだ市の職員に言われていた。その支払は同行が行う。また、霊柩車・タクシーの運転手には二千円程度包むという。これも同行が行う。海岸寺と勝林寺は火葬場から寺に戻ったが、そのときに灰よせが早いからシアゲ（初七日）は午後三時くらいにと決められ、家に一度帰ったときにその旨を同行に伝える。同行は午後六時頃から始めるのが普通と言ったが、寺の都合ということで押

出棺後に割られた茶碗
茶碗は同行の人の手によって割られる。

し切った。

家に戻ると、祭壇はきれいに片付けられ、仏壇の隣に小さな祭壇が作られていた。また玄関のまわりに塩がまかれている。これが壇払いということになろう。しかし「壇払い」という具体的な儀礼はない。

出棺前にオヒジが着いていた。同行はあらかじめ自分たちの人数分を取り、残りを運び入れた。このオヒジを火葬場から帰ってきた親戚・祖母の友人に振舞う。全員が灰よせまで残るとのことで、あらためてタクシーを手配。これは葬家が支払う。シアゲの時間が早くなったので、砂糖と折詰を早く持ってきてくれるよう交渉。

灰よせには骨壺を持参。骨壺と分骨用の壺は同行が用意。灰よせ後、親戚の半分や祖母の友人はタクシーでそのまま坂出駅へ向かい、残りが葬家へ。

午後三時からのシアゲに参列。

葬儀の日の晩にはシアゲが行われる。「葬儀までは同行が行うが、シアゲからはおたくでやらないかん」という。シアゲでは葬家から同行へ振舞がなされるのである。このときには折詰と酒（ビール）が渡される。これは現在の形であり、誰もその場で開ける人はいないと八年前に言われ、今回もその準備を行った。これも城山温泉である。するとオヒジとシアゲと同じ仕出しということになり、値段が同じものであれば、中身もまったく同じものになるおそれがある。そこで、城山温泉と交渉し、値段も変えるが、中身も変えてもらうことにした。さらに、オヒジには箱詰めの砂糖を同行には渡さなければならないと言われ、あわてて注文する。「ですぎたこと言うようやけど、この辺では、シアゲに砂糖を渡すもんや」と突然言われたのである。聞き書きとなった八年前のノートには通夜とシアゲの両方に「砂糖」とあったが、通夜の砂糖が急ぎ必要であったので、シアゲのことは完全に忘れていた。

シアゲの後、喪主である著者が同行に挨拶し、玄関先で砂糖・折詰を皆に手渡しして一連の儀礼は終了した。その後も親戚の一部は残ったが、著者は仕事の関係で、午後六時高松空港発の飛行機で東京に戻った。

会葬者の香典は同行が受付して、最後に家に渡される。祖父のときには、きちんと整理されていたが、今回はまとめてあるだけであり、その整理が大変であった。この八年の間に同行の仕事が簡略化され葬家の負担は大きくなったようである。

三月二十二日に四十九日の法要が海岸寺で、納骨が勝林寺で行われた。親戚にも声をかけず、家族だけで行った。土砂降りの雨の中での納骨となった。祖父のときには一周忌を待っての納骨であったが、祖母は四十九日での納骨とした。これは母の意向である。納骨の時期は葬家の意向や都合で決まる。

以上が平成十五年（二〇〇三）の葬送儀礼次第である。八年前と比較すると、大きくは変化していることはないが、細かいところで相違がみられるものとなっている。その傾向を捉えるならば、平成七年（一九九五）時に比べて平成十五年時の葬儀では簡略化の方向に向かっているということができるだけでなく、通夜に僧が必要とされ、葬儀の一般化が進んでいるということができる。簡略化は外因的要因によるものではなく、自発的な要因によるものといえる。簡略化は祭祀などの民俗の一般的傾向であり、府中町西福寺での葬送儀礼だけに当てはまるものではない。このような動きの背景には、近代化などによる旧習の因習的理解および認識からくる拒絶、また伝承者の減少によるものがあげられよう。年寄りが死ぬと「地縁的」組織から抜ける家があることは、「地縁的」組織の厳密な意味での「地縁」性の希薄化を意味し、「地縁」であることで伝承されてきた事柄が伝承されにくくなることは当然の帰結となる。さらに平成二十一年（二〇〇九）八月に帰省した折、父に同行内での最近の葬式の様子を尋ねたところ、最近は皆セレモニーホールで行っているとのことであった。朝日新聞の地方版に訃報欄があるが、それをみてもほとんどがセレモニーホールでの葬式となっていた。

二　火葬の受容と変化

坂出市府中町西福寺でも近年的に土葬から火葬へと移行したという。火葬が行われるようになった当時の聞き書きで、ある程度の様相が得られたので、火葬による儀礼の流れをフローチャートでみることにする。当地で火葬が行われるようになったのは、第一章第三節で紹介したように、五十年程前（平成十五年調査時）に、坂出市が土葬禁止の条例を出したためということであった（ただし実際に土葬禁止の条例は出されておらず、住民認識の問題であった)。ただし、当初は野焼きであった。現在は坂出市の西方、宇多津町近くの市営火葬場で火葬される。西福寺の実家での儀礼フローチャートは次のようである。

通夜—葬儀—火葬—灰よせ—シアゲ、一周忌(四十九日)後埋骨

「シアゲ」後の折詰は、本来は葬家が同行に対して、葬儀の取り仕切りに対しお礼するということと、精進落としとしての性格をもつものであり、儀礼そのものとは別の意味によるものである。「—《ダーシ》」ではなく「、」でつないだ部分は、時間的連続性を持たないことを示している。

土葬のときには、葬儀の後に埋葬したということであり、このフローチャートからも、土葬の儀礼に「火葬—灰よせ」が挿入された形になっていることがわかる。すると形式的には大きな変化はみられないということになる。しかし、この事例から、土葬と火葬との大きな違いを抽出することができる。それは「埋骨」の時間である。土葬では「埋骨」ではなく「埋葬」となり、「埋葬」が葬制の主であるために、葬儀の当日に行われることはいうまでもない。先に述べたように、「埋める」ことに主眼を置くならば、火葬は「火葬」と土葬の複葬的展開により成立していることになる。だからこそ「火葬」の導入による形式的変化がみられないといえた。しかし、「埋骨」は府中町西福寺の事例では葬儀の当日に行われていないのである。四十九日あるいは一周忌に「埋骨」される。このことは、火葬の導入が土葬の形式に包含される形で成立したといっても、そこに意識変化があったことが考えられる。

これを先のフローチャートで捉えるならば、

社会的送り─実質的送り、象徴的送り

となる。これから、「観念的送り」の欠落と、「象徴的送り」の時間的な大きな開きを見出すことができる。火葬の導入は基本的には土葬時代と変わらぬ形式で行われている。しかし、このように捉えると「観念的送り」が欠落しているといえる。その理由として、火葬場が遠く、葬列を組んではなく霊柩車による移動となるという現実的な問題が背景にあることが考えられるが、「観念」としての「送り」自体がそれほど強いものではなくなったとみることもできる。しかし、火葬には僧が同行し読経があった。このことは、火葬に実質性があることを示しているということになる。このことからも「社会的送り─実質的送り」という図式が考えられるのである。

第八章　火葬と埋葬の時間的関係

第一節　「火葬」と「葬儀」の時間的関係

火葬の語は葬法として全体的な意味と、実質的な死体処理の方法としての意味の両方に適用される。そのために火葬の語句を用いるとき、その語句が指し示す意味については、文脈からおしはかる以外になく、非常にまぎらわしい。そこで本章では、以後両者の意味を区別するために、土葬に対応する葬法として用いるときには火葬、埋葬に対応する実質的な死体処理、つまり焼く行為そのものを表すときには「火葬」と表記する。また一般に死後直後から終了までを葬式・葬儀というが、本章では「葬儀」とし、それは寺院による引導渡しの儀礼に限定して捉えるものとする。

本章で問題とするのは、「火葬」の時間的位相である。前に指摘したように土葬から火葬へ移行したときに、葬儀全体の流れには大きな変化は認められない。しかし、儀礼の時間的な流れを詳しくみるならば、「火葬」の時間的位相を異にする二つの火葬の方式がみられるのである。一つはすでにあげた事例でみるならば、渡瀬・切井のように葬儀の前に「火葬」を行う形式、一つは西福寺のように葬儀の後に「火葬」を行う形式が認められるのである。このように「火葬」の時間的位相の異なりはどのような背景によるものであろうか。ここで、国立歴史民俗博物館民俗部会による『死・葬送・墓制資料集成』（〔国立歴史民俗博物館民俗部会　一九九九（東日本編1・2）・二〇〇〇（西日本編3・4）〕国立歴史民俗博物館資料調査報告9・10）から、土葬から火葬に移行した地区における火葬の形式をまとめてみた。「はじめに」の「1、調査の目的」の項には、一九六〇年代（昭和三十～四十年代を含む）と一九九〇年代（平成元～十年を含む）の死をめぐる儀礼を比較することで、「変化の実際を具体的な事例」によって位置付けるものとし〔国立歴史民俗博物館民俗部会　一九九九（東日本編1）　一〕、各々の年代の具体的事例を詳細な調査票に書き込む形式となっている。まずこれをもとにして火葬受容における「火葬」の時間的位相を確認する。なお前章と同様ダーシでつなげず「、」とした部分は、一つの儀礼としての時間的連続性がないことを示している。

①宮城県牡鹿郡女川町出島
火葬―通夜―マイソウ（葬儀・納骨）

②岩手県宮古市西部
火葬―通夜―葬式―納骨

③山形県東置賜郡高畠町時沢
通夜―火葬―葬儀―埋葬

④福島県相馬市大坪
通夜―火葬―告別式―埋葬

⑤栃木県大田原市若草町
通夜―葬儀―火葬、三十五（四十九）日に納骨

⑥群馬県吾妻郡吾妻町大柚木天神
（火葬した日に埋葬）

⑦埼玉県所沢市北野海谷地区
通夜―葬儀―火葬―祭壇に遺骨安置

⑧千葉県松戸市紙敷中内薄浦地区
通夜―火葬―葬儀―納骨

⑨東京都日野市宮第六組
通夜―告別式―火葬―遺骨を寺へ持ち読経―埋葬

⑩神奈川県大和市深見
通夜―葬儀―火葬―初七日―埋葬

⑪長野県長野市安茂里小市　通夜―火葬―告別式、四十九日の法要後納骨
⑫新潟県上越市（旧桑取谷）　通夜―葬式―火葬、三十五日に納骨
⑬静岡県裾野市戸富沢　通夜―火葬―告別式―納骨
⑭愛知県春日井市宗法町宗法　通夜―葬儀―火葬、四十九日法要後納骨
⑮三重県鳥羽市松尾町　火葬―通夜―告別式―埋葬
⑯京都府亀岡市稗田野町太田　通夜―葬式―火葬、四十九日に納骨
⑰大阪府泉佐野市土丸　通夜―葬儀―火葬―納骨
⑱兵庫県三木市口吉川町　通夜―葬儀―火葬、四十九日に埋葬
⑲和歌山県西牟婁郡中辺路町近露　通夜―火葬―葬儀―埋葬
⑳鳥取県八頭郡智頭町中田　通夜―葬儀―火葬―納骨
㉑島根県能義郡広瀬町　火葬―トギ―葬儀―納骨
㉒同右　トギ―火葬―葬儀―納骨
㉓岡山県井原市大江町佐古　通夜―葬儀―火葬、三十五日(真宗)・四十九日(真言宗)に埋骨
㉔山口県長門市仙崎大日比　通夜―葬儀―火葬―納骨
㉕徳島県海部郡由岐町木岐奥地区　通夜―葬儀―火葬、四十九日後納骨
㉖香川県三豊郡詫間町大字生里字生里　通夜―葬儀―火葬、四十九日納骨
㉗愛媛県周桑郡丹原町田野上方筋違　通夜―葬儀―火葬―埋葬
㉘大分県東国東郡安岐町大字下山口字三郎丸　通夜―火葬―葬式、四十九日に納骨

ここであげた事例を類型的に捉え、「火葬」の位相を確認すると、

「火葬」―通夜―葬儀　四例（①・②・⑮・㉑）
通夜―「火葬」―葬儀　八例（③・④・⑧・⑪・⑬・⑲・㉒・㉘）
通夜―葬儀―「火葬」　一五例（⑤・⑦・⑨・⑩・⑫・⑭・⑯・⑰・⑱・⑳・㉓・㉔・㉕・㉖・㉗）

という三つの類型で捉えることができる。事例の中に「トギ」とあるが、これが通夜を指すことはいうまでもない。全部で二八例、内、群馬県吾妻郡吾妻町（現東吾妻町）大柚木天神⑥については、時間的な流れがよく読み取れなかったので、除いて捉えるならば、二七例中一五例が「通夜―葬儀―「火葬」」の形式となっている。これは、坂出市西福寺での形式と同じである。また、「通夜―「火葬」―葬儀」は渡瀬・切井と同じ形式であるが、八例で「通夜―葬儀―「火葬」」の形式の約半分の事例にとどまっている。しかし、「「火葬」―通夜―葬儀」を合わせるならば、一二例となり約四四・四％となる。これは両者がほとんど同数と考えてよい数字ではないか。「「火葬」―通夜―葬儀」と「通夜―「火葬」―葬儀」はどちらも葬儀前に「火葬」が行われるものとして捉えることができるためだけではなく、『市川家日記』で見たように、もともと死亡日に埋葬された記述が多くみられ「通夜」が形式化されていなかった可能性といえるためである。「火葬」と葬儀との時間的関係、つまり先後関係にのみ焦点を合わせるならば、火葬の受容に際し、「火葬」を葬儀前に行うか、葬儀後に行うかという選択はほぼ地域により半々であったということができそうである。また、田口松圃は秋田県大曲町の事例として『旅と伝説』に、「埋葬はだん〳〵減つていく、火葬後葬儀を行ふのもある」［田口　一九三三　四三］と報告し、葬儀前の火葬が昭和八年（一

九三三）には確認されていることがわかる。つまり「「火葬」―葬儀」の形式は土葬から火葬へと変化したときに選択された形式であり、火葬受容後に二次的な変化として成立したものではないといえよう。さらに、「行ふのもある」との記述をそのまま受け取るならば、一つの地域の中でも形式は一定していなかったということになる。

「序章」で紹介したように、福澤昭司は、松本市をおもな事例とし、また『死・葬送・墓制資料集成』を資料として、「火葬」の時間を表化することによって、多くの地区で「火葬」が葬儀の前に行われることを示し、葬儀の前に火葬が行われる理由として、「遺体としては生々しいものを多数の人目にさらすことを避けようとする意図が働いているように思われる。（中略）これは、遺体を未だ魂の宿るものとして愛惜の念をもってみるのではなく、そのまま置いておけば刻々と腐っていく魂のない脱け殻、穢れたもの、あるいは畏怖すべきものと感じている結果だと思われる」［福澤　二〇〇〇　六七］と述べている。福澤の見解では、葬儀の前に「火葬」されるのは、「人目にさらすことを避けようとする意図が働いている」ためということであり、それは遺体に対する死穢の観念を前提として捉えたものとなっている。つまり、「火葬」が葬儀の前に行われることは、遺体が穢れているとの認識に基づいて成立したものということである。この件に関しては著者との間に感情的ずれがある。

福澤のように考えるならば、葬儀は故人を送ることそのものに主眼が置かれているものではなく、送る側の論理にしたがったものということになる。すでに葬儀の性質として送る側、つまり生者の意識の投影が葬送儀礼であることを指摘しているが、土葬の場合には葬儀に遺体が存在し、土葬と火葬とが連続的であるならば、遺体に関する観念によるものでは、「火葬」を葬儀の前に行うことの説明は「けがれ」の観念からはできないのではないか。また「火葬」がかならずしも葬儀前とはかぎらないことがあげられる。「火葬」の時間的な位置付けの在り方に地域的なまとまりがみられるならば、福澤の意見もある程度は納得できるかもしれない。地域差として捉えられるためである。しかし、実際には広い範囲で確認でき、範囲を限定できるような地域的な性質として捉えることは難しい。

さらに、福澤の説である「遺体が穢れているから、葬儀前に火葬」の対偶命題をとってみると、「葬儀前に火葬しないのは、遺体が穢れていないから」ということになる。松本市では福澤の感覚が普通にあるのだろうが、福澤の説を一命題として、それが真であるならば、その対偶も真ということになり、約半数みられた地区では遺体は穢れていないから火葬を葬儀後に行うということになる。遺体に対する観念がこのように、穢れているとする地区と穢れを感じない地区とが混在することは考えにくいのではないか。著者は「火葬」が葬儀の前に行われる理由は別のところにあると考える。

第二節 「埋骨」の時間的位相

ところで、坂出市府中町西福寺の事例では、埋骨は葬儀の日からかなり経って行われていた。「埋葬」=「埋骨」に視点を置くとき、葬儀との時間的差異の関係から火葬と土葬とは大きく異なることになる。この「埋骨」の時間が問題である。

上であげた事例では、「火葬」と葬儀との時間的関係だけではなく、「埋骨」の時間も取り上げた。火葬は本質的には「火葬」により完結する葬法であるはずであるが、火葬の受容が土葬の形式を踏襲し「火葬」後に遺骨が埋骨されていることを考えると、土葬と複合的に火葬が成立しているということができることは第四章第一節で指摘している。そのために、「火葬」と「埋葬」との時間的関係が生じるが、それが一様ではないのである。とくに、埋骨の時間的位相に着目すると興味深いことがわかる。埋骨は葬儀後すぐに行われる、つまり葬儀当日に埋葬される場合と、三十五日あるいは四十九日の忌明けを待って行われる場合に分かれ、それは決して葬家の任意によるものではなく、社会的に制度化されたものといえそうである。我家では任意に時間を決めたが、それでも四十九日や一周忌という法要を目安にしている。このことは、埋葬がある形式にしたがって行われていることを示していると考えられ、すると、埋葬の時間をみることによって、別の角度から火葬を捉えることができるのではないか。具体的には、「火葬」「葬儀」「埋葬」のそれぞれの時間的関係を捉えるということである。

上でみた事例では、「「火葬」―通夜―葬儀」と「通夜―「火葬」―葬儀」とを合わせた「「火葬」―葬儀」形式と、「葬儀―「火葬」」形式が例数の上では拮抗していた。これに埋葬の時間を加味してみよう。

「「火葬」―葬儀」の形式において、埋葬が葬儀当日に行われるのは一〇例（①・②・③・④・⑧・⑬・⑮・⑲・㉑・㉒）、忌明けを待って行われるのは二例（⑪・㉘）である。「「火葬」―葬儀」の形式をとる渡瀬や切井でも葬儀当日に埋葬された。

一方、「葬儀―「火葬」」の形式において、埋葬が葬儀当日に行われるのは五例（⑨・⑰・⑳・㉔・㉗）、三十五日あるいは四十九日を待って行われるのは九例（⑤・⑦・⑫・⑭・⑯・⑱・㉓・㉕・㉖）となっている。先に指摘したように、三十五日あるいは四十九日は忌明けなどの葬送の時間的一区切りと見ることができる。この場合には、区切りを待って埋葬ということになる。なお⑩の神奈川県大和市深見では初七日後に埋葬と記述されているが、初七日は葬儀当日に行われ、埋葬との時間的関係は不明であるのでここでは考察から除いた。

このことから、二つの形式と埋葬の時間との間に相関性が見られることがわかる。「「火葬」―葬儀」の形式では、葬儀当日に埋葬される例が多く、逆に「葬儀―「火葬」」の形式では、三十五日あるいは四十九日を待って埋葬されることが多くなっているといえよう。なお、このような差異は何に起因するのであろうか。

『旅と伝説　第六十七号　誕生と葬礼号』にある報告にも、埋葬までの時間がわかるものがある。先に引用した宮澤清文による新潟県中魚沼郡の報告では一週間後に仏壇を取り払い、埋骨とあった［宮澤　一九三三　六二］。

ところで山田慎也によると、和歌山県東牟婁郡古座町（現串本町）では、通夜の終了後に火葬するのが通例となっているが、もし遺族の意向で葬儀後に火葬すると、埋葬が遅れたとして後々まで批判的に語られるという［山田　一九九五　三三〜三四］。古座では埋葬の時間を遵守するために「火葬」の時間が設定されているといえよう。葬送儀礼の中で、「葬儀―埋骨」の流れが重視されており、「埋葬」が「火葬」に優越していることになる。古座地区で火葬が行われるようになるのは昭和四十年代から五十年代のことという［山田　一九九五　三三］。山田の調査は平成四年（一九九二）から平成七年（一九九五）にかけて行われたものである［山田　一九九五　五一］。仮に昭和四十年（一九六五）から計算すると、火葬が受容されて三十年ということになる。それでもなお「火葬」に対して「埋葬」が優越することは、火葬の受容以前の形式である土葬の感覚が根強く残っているということができるのではないか。⑥の群馬県吾妻郡吾妻町大柚木天神は「葬儀」と「火葬」との時間的関係は読み取れなかったが、火葬した日に埋葬されるとあり、これも「埋葬」が「火葬」よりも優越する事例の一つとして捉えられよう。

山田による古座の報告は示唆的である。火葬へと葬法が移行しても、基本的には以前の形式を踏襲する形で行われ、観念変化を引き起こさなかった。「火葬」が死体処理の一方法として、「埋葬」に先立つ前段階的な形式として導入されたにすぎないことが考えられるためである。畑聰一郎は愛知県日間賀島の事例から、「対象が遺体であっても遺骨であっても埋葬しなければ葬式ではない。葬式から埋葬という過程は連続していなければならなかった。葬式は遺骨を埋骨するための見送りのための儀式となった」［畑　二〇〇二　一〇八］と述べる。そして「火葬後の葬儀とした理由は、第一に、死者を放置することへの違和感であり、遺体を一晩火葬場に保管することへの抵抗感である。第二は、葬式から埋葬まで一つの流れの中で進行させようとする強い意思である。死者は出来るだけ速やかに人々の見送りの中で埋葬する必要があるという心意が、通夜・葬式前の火葬を選択させたのである」［畑二〇〇二　一〇九］。畑の論は日間賀島での火葬の導入と、両墓制の崩壊を関連させてのものであるが「「火葬」―葬儀」の形式はかならずしも両墓制をとっているところで行われているものではなく、両墓制と火葬との普遍的な関連性を見出すことはできない。

すでに指摘しているように、土葬を前提とすることから、埋葬にこだわり、埋葬が実質的死体処理の方法であることから、葬儀の主儀礼であったために、火葬の導入においても、葬儀はそのままの観念によって執行されたということができるのではないか。畑の論にしたがうにしても、火葬における「埋骨」は象徴的送りではなく、実質的送りということになり、「火葬」は単なる遺体処理の方法ということになる。すると火葬においても土葬と同じようなフローチャートを描くことができるということになる。坂出市府中町西福寺では「葬式に順延なし」と言われ、野焼きのとき雨が降っても行っていたという。それだけ、葬式をあとに延ばすことを忌んだのである。この場合、「葬式」を順延しないということは土葬の時代から言われており、埋葬の時間的な早急性を表したものということができる。つまり埋葬という実質的送りをできるだけ急ぐという感情があったということになる。『市川家日記』でも、明治十七年（一八八四）に、死後二十四時間経たなければ、埋葬も火葬も禁止するという法令が出る前は、死が確認されたその日のうちに埋葬されていた。以前は埋葬＝葬送は早い方がよかったのではないか。

ここで考えなければならないことは、死と埋葬の時間的関係である。福澤の言葉を借りるならば、それこそ死のケガレから逃れるためということになるだろうが、だとしたら、通夜が行われるようになったとき、なぜ家族はケガレた遺体に添い寝するのだろうか。通夜の語句がない「父の終焉日記」でも一茶は亡くなった父親の遺体に添い寝していた［小林　一九九二　五三］。このように考えるならば、かならずしも、「ケガレ」に理由をもとめることに無理があるのではないかと考える。それは、「火葬」を葬儀前に行う理由にも通じるものである。確かに「死」はケガレを引き起こす重要な要因であることはいうまでもない。しかし火葬の受容において、根底にケガレ観を見出すことに無理があるということである。次に、着目したいのは「送り」という言葉である。魂呼ばいという儀礼がみられる。このことから魂の存在が観念されているように思える。つまり霊肉二元論である。その具体的な例は、第三章で『日本霊異記』で見ている。『日本霊異記』は仏教説話集であるために、内容は仏教的である。古代の火葬も仏教の影響がみられた。仏教伝来は五三八年（宣化天皇三年）であり、さらに江戸幕府による檀家制度により、現在では一般に深く浸み込んでいるといえるかもしれない。しかし魂は四十九日までは家の棟にいるという話が聞かれる程度であり、その後の様子については語られない。つまり、魂呼ばいという儀礼が、本質的な意味で霊肉二元論から行われているわけではないと考えるのである。行き先のない魂を考えるならば、霊肉二元論は、単に魂により人間を「存在」せしめるという観念以上のものではないということになる。つまり来世的観念はみられず、来世観が乏しいということができるのではないか。青木新門も『納棺夫日記　増補改訂版』の中で「死者がどこへ行ったかわからないから、思いつくまま手当たり次第手を合わせている」［青木　一九九六　八一］と述べる。青木は納棺夫として、自己省察を徹底して行った。それでも「どこまで行っても「我々はどこへ行くのか？」分からない」［青木　一九九六　八一］という。青木は富山で活動していたために、西洋の哲学書を読み漁っているが結局は真宗の教えの中に「自己」を見出そうとした。仏教をもってしても来世は不明ということだろう。

さて、「送り」という言葉に着目するとはどのようなことか。先に葬送儀礼のフローチャートを示し、「実質的送り」「観念的送り」「象徴的送り」という語句を使った。ここでの「送り」との語句は「野辺の送り」を意識したものである。フローチャートで示したように、何度も送っている。実際には「送り」という語句は「野辺の送り」にしか用いられない。「野辺」とは墓地のことである。すると「野辺の送り」は墓地への「送り」であり、葬列を組んで運ぶところから名付けられたとも考えられなくもない。しかし、ここではもっと厳密に「送り」を捉えたい。たとえば「虫送り」という行事がある。これは害虫を追い出すことを目的とするものである。葬送儀礼を詳細にみると、葬儀は引導渡しを行うことから、宗教的な意味での追い出しということになり、また土葬による埋葬や「火葬」は物理的に遺体を目前から消失させるために、やはり現在の社会からの追い出しと考えられる。青木新門の『納棺夫日記』が元になり、映画「おくりびと」が作られた（ただし、その内容から青木は『納棺夫日記』を原作とすることを拒んでいる。その理由として青木は自身のブログで「映画「おくりびと」は〈世渡る〉納棺師が描かれていた。即ちヨーロッパ近代思想の人間愛で終わっていた。私は著作権を放棄してでも「納棺夫日記」と「おくりびと」の間に一線を画すべきだと思った。妥協することの出来ない一線であった」［青木　二〇〇九］としている）。納棺夫（映画では納棺師）が「おくりびと」とされたことは、現世側から来世へ「送る」人という意味合いによるものだろう。葬送儀礼は「送る」ことを軸にして成り立っているといえよう。そのために概念化して用いているのである。そして遺体の処理は、その中でも「実質的送り」の部分に相当させることができた。死後すぐに魂呼ばいをすることは、「死」がすでに、観念的にも「存在」の移動を踏まえていると考えられるものである。だとするならば、遺体もそれにあわせてすぐに移動させる必要がある。それが「埋葬」という形をとったと考えられる。そして『市川家日記』でみたようにすみやかに埋葬されたのである。

それも本来は「捨てる」という行為であの世への移動を具現化していたのではないか。「捨てる」ということは、この世から放逐するということであり、「存在」の抹消である。それがいつの頃からか「捨てる」が「埋葬」に変わった。第一章第三節にみた埼玉県の「埋葬地ノコトニ弊習アリ因テ之ヲ論達ス」（明治六年・一八七三）の中でも、「適宜ノ地ニ一穴ヲ設ケ旧習ニテ（中略）投捨ル」とあり、またこれも先に紹介しているが、宮本常一によると河内国滝畑では、葬式を「捨てに行く」と表現しているとのことであった〔宮本　一九九三　二一八〕。そこに「埋葬」という儀礼が入り込んだことが考えられるならば、「埋葬」は「捨てる」ことを形式化したものということになる。土井卓治によると滋賀県中主町（現野洲市）木部の錦織寺本堂横の境内墓地では、墓地の入り口に一般信徒の納骨石塔があり、そこの穴から骨を入れると底を流れている水に順じ溶けていくようになっているという〔土井　一九九七　二六二〕。ここでは無墓制であろうか。遺骨を埋骨するという意識はみられず、水に流してしまっているのである。伝統的な火葬の事例（といっても民俗学的にはそれほど時間的に遡れないが）においても、遺骨に対する保存という姿勢はみられず、「捨てる」という意識がもとめられる。

宮本の事例の場合では、本山で供養をしてもらうという報告にはなっていない。そのために「埋葬」が死後すぐに行われたと考えられるのである。そして、「埋葬」が「実質的送り」ではなく、「象徴的送り」になり、「実質的送り」を「火葬」に譲ることになった。しかし「象徴的送り」は、従来の「実質的送り」を引きずることになる。土葬から火葬への変化が内発的観念の変化によってなされたものではないためである。そのために、「実質的送り」である「火葬」を行っても、なお、「送り」を行うことになる。それが埋骨ということであろう。「火葬」が「実質的送り」であるとするならば、葬儀は「火葬」だけで完結し、終了するはずである。一茶の「父の終焉日記」では翌日に骨拾いが行われているが、これは遺骨を集めることにより、その後の供養対象を明確化して手元に置くという意識が根底にあるのではないか。米原では遺骨は本山に納めるという。これは供養を寺院によって行うというものであり、いたって宗教的なものといえるが、骨壺に入りきらなかった遺骨はそのまま放置される。すると遺骨を集めるという行為は、「火葬」の本質からみれば、葬儀の一環としてではなく、その後の供養の一環として行われるということになる。しかし、すべて寺院にゆだねてしまうので、宗教性を排除して捉えるならば、「死者」を追想する実体はないことになる。米原はかつては無墓制であったことはすでに紹介している。無墓制がみられるのは真宗である。そして真宗は広く受け入れられた。宗教的な意味付けがなされたが、無墓に対する抵抗感が本来なかったためではないか。「捨てる」ものに宗教的意味付けが寺院（仏教側）からなされたのではないだろうか。道昭の遺骨を弟子たちが取り合ったときに、その遺骨は散逸した。また淳和天皇は散骨を遺言した。近代と古代とを直接結びつけることはできないが、「火葬」を葬儀の本質とする場合、「火葬―風葬」という形は非常に参考になる。第二章第一節第二項「古代の火葬の形式」において、「火葬―風葬」を複合的葬法と位置付けたが、この場合の「風葬」は「火葬」を完結させるための二次的なものと捉えることができる。しかし、土葬から火葬に変化した形式では、「火葬」で完結していない。それが象徴的なものであれ、以前の観念を引きずっているためであるといえた。葬儀としての「埋葬」も本来は「捨てる」というところから発展してくると考えられた。遺骨を「捨てる」必要があるのである。「捨てる」ということは、死んだから捨てるのであり、仮に「死」から「捨てる」までに時間的長さがあったとしても、観念としては、極めて連続性の高いものであるといえよう。このように考えるならば、火葬が導入されたとしても、死からすぐに「埋骨」にもっていきたいということになろう。「埋骨」が「捨てる」ことを形式化したものと考えられるためである。

このようなことは、葬儀の後に火葬する場合においても、当日、あるいは骨拾い後すぐに埋葬する例が少なくないことからも理解できるのではないか。『昼間家日記』では、「葬儀―「火葬」」の形式であり、葬儀当日ではないが、翌日の骨上げ後に、すぐに埋骨されていた。翌日になったのは、火力が弱く、「火葬」に時間がかかるためであり

（野焼きの場合はだいたい一晩中かかった）、物理的問題となる。

神奈川県藤沢市では、伝染病の場合、伝統的火葬であるが、火葬の場合はかならずトムライをすませ、その日のうちに埋骨したといい（『藤沢市史　第七巻　文化遺産・民俗編』［藤沢市史編さん委員会　一九八〇　七四五］）、また神奈川県中南部の大磯町でも、葬儀後に火葬場に行き、そのまま墓地へ向かう事例が報告されている（『大磯の民俗二』［大磯町　一九九八　一九一］）。大磯町立郷土資料館学芸員の佐川和裕氏に聞いた話によると、大磯町や隣接する平塚市での葬式では、葬儀後に火葬が行われることは一定しているが、埋葬はその日のうちであったり、初七日であったりと家によってまちまちであるという。このことは、火葬への移行当初は、土葬の形式を踏襲しただけであったので、埋骨が火葬に対して優越していたが、時間の流れの中で、優越性が薄くなっていることを表しているのではないか。やはり埋葬が葬儀の当日ではないが、東京都荒川区南千住では、現在では四十九日に納骨するが、かつては初七日に納骨していたといい、さらに当時は、納骨は早いほうがよいとされていたという（『南千住の民俗』［荒川区民俗調査団　一九九六　一六九］）。このように、埋葬を急ぐことは、やはり埋葬の感覚が強く意識されているためということができるのではないか。その理由が「移動＝捨てる＝埋葬」という連想によるものであると考えられる。

現在でこそ、火葬場の施設もよくなり「火葬」にそれほどの時間はかからなくなっている。平成七年（一九九五）には坂出市で四時間ほど、平成十五年（二〇〇三）では二時間半ほど、現在では東京では一時間ほどである。しかし、昔は「火葬」にかなりの時間を要した。そのために土葬の流れのままに、葬儀からすぐに埋葬しようとするならば、必然的に葬儀よりも前に「火葬」を終わらせておかなければならない。火葬が葬儀後に行われると、埋葬の時間も後ろにずれることは当然である。古座ではそのために、葬儀前の「火葬」がもとめられたのである。

また火葬になっても埋葬の意識が土葬時代と変わらないと考えられるような例も多くみられることからもわかる。渡瀬での実見ではすでに墓石はあったが、土葬時代と同じような装置をまわりに拵えた。神奈川県藤沢市西俣野・横浜市戸塚区俣野町・瀬谷区竹村町中屋敷では、火葬の導入後も骨壺をカロートなしに埋葬し、土葬時代に築かれていたままに土まんじゅうを築き、その上にシャバガキをたてる折衷型がみられるという（『境川流域の民俗』［神奈川県立博物館　一九八九　一二八］）。シャバガキとは土葬のときに造られた土まんじゅうの上に、古い墓石を置き、ハタなどの棒を折り曲げて刺したものの上部を束ねて荒縄で縛ったものである［神奈川県立博物館　一九八九　一二七］。著者は都合で参列できなかったが、渡瀬で参列した親戚の夫の墓の写真を見せてもらったところ、これと似たようなものだった。火葬でのことである。

長野県下高井郡野沢温泉村平林では、火葬の場合は七日目に墓へ骨を納めるが、骨を埋めた上は、盛り土をして土葬のときと同じ装置を設置するという（『長野県下高井郡野沢温泉村　平林民俗誌稿』［長野県史刊行会民俗編編集委員会　一九八二　二六～二七］）。これらの事例から、火葬においても埋葬が土葬と相同的に捉えられているということができる。

ところで、米原の事例でもみたように、とくに真宗地区では教義上の理由から伝統的に火葬が行われ、遺骨は本願寺などの寺院に納められ、また水に流す事例がみられた。すでに紹介したように、そのために無墓制の地区も確認された。これらの事例から、伝統的火葬では宗教性を排除して捉えるならば、遺骨にそれほどの意味がない場合が確認できたことはすでに指摘している。宗教的観念は死生観に大きな影響を与える。しかし同じ真宗で、無墓であったり埋骨したりする地区が混在し、かならずしも真宗という宗教性が真宗門徒の中で前面に出ていないことから、宗教的意味において本山へ納骨するといっても、それは真宗受容以前の観念の上に宗教性が被ったものと捉えられることも、すでに指摘していることである。

伝統的火葬は宗教的意味によって行われるものであるが、明治以降に受容された火葬は非宗教的理由が受容理由の中心であり、実質的な遺体処理方法として「火葬」が導入されたために、従来の伝統（＝土葬形式）を壊さずに行われたということになる。「埋葬」への比重が伝統的火葬と近代的火葬の差異として捉えることができるものとなっている。

米原でも、埋骨するまでは祭壇に安置する。坂出市府中町西福寺の事例でも一周忌・四十九日まで祭壇に安置した後に埋骨した。西福寺の場合、最終的に「埋骨」されているので土葬の形式といえるが、時間に着目するとき、伝統的火葬を取り込んだ形になっているということができる。つまり土葬を主とした火葬の形式によって成り立っているということである。埋骨するまでは、完全には葬送が終わっていないと感じると言うのである。

一方、伝統的火葬でも次のような事例がある。

〈事例10〉広島市（礒貝勇「廣島市及其附近」『旅と伝説　誕生と葬礼号』一三七～一三八）
真宗は火葬。
葬式の翌日はハイソー（灰葬）の日である。朝早く血の濃い者が二三人で焼場へ行つてお骨を拾ふ。これをコツヒロヒと称する。お骨を壺に入れてお寺に持つて行つて、お経をあげてお墓に収めるのである。

〈事例11〉長崎県島原地方（榊木敏「長崎縣島原地方」『旅と伝説　誕生と葬礼号』一六七）
真宗の家が火葬。

葬式の翌日「灰寄せ参り」と称して、近い人々だけが火葬場に行つて、白骨を竹と木の箸で拾つて、甕に入れ墓に持つて行つて埋める。

事例10と事例11は骨拾い後に埋葬している。伝統的火葬ながらすぐに埋骨する事例である。伝統的火葬だからといってすべてが、寺院に納められるわけではなく、上のような地区もみられる。火葬を主とした土葬の形式ということができよう。先に紹介した土井卓治による滋賀県中主町（現野洲市）木部の例でも明らかなように、遺骨をそのまま水に流してしまうという事例もある。伝統的に火葬を行ってきた地域では、宗教的意味（寺院の力）により、本山や近所の寺院に遺骨を納めることも行われていたが、土井の事例から、古代にみた、遺骨に意味を持たせない、つまり「火葬」の単独葬法が伝統的火葬によっても認められるということになる。

第九章　近代における火葬の受容
――まとめに代えて――

本章では本書のまとめとして、近代において、火葬がどのように受容されたか、その様相を総括する。

第一節　火葬と改葬

総括の前に、もう一つの問題について考える必要がある。火葬と改葬との関係である。改葬習俗は土葬され年月を経て白骨化した遺体を、「骨」として再処理する方法であり、処理対象だけに着目するならば、土葬と火葬とを組み合わせたような複合的な葬法として捉えることもできるが、改葬による「骨化」という事例から「火葬」との連関が想定される可能性があるためである。

小島瓔礼によると、東京都大田区調布鵜木町（現大田区鵜の木）の光明寺に改葬に伴う両墓制が確認できるという。改葬は死後三十三年目に行われ、埋葬箇所を掘り起こし、骨をさらって壺に入れて第二次墓地に埋めたという［小島　一九五七　三〇八］。最初に埋葬した場所が第一次墓地、改葬後に埋葬仕直した場所が第二次墓地ということになるが、二つの墓地の場所が異なることから、この事例では改葬と両墓制が結びついたものということができる。この事例では、改葬の際に、「骨」を壺に入れて埋葬仕直す点に着目したい。第一次埋葬は骨化のために行われ、第二次埋葬では埋骨となるためである。この事例では「骨化」が重視されているということができる。ただし平成十九年（二〇〇七）一月に訪れたときには、墓地がきれいに整備されており、報告にあるような区分は確認できなかった。どの墓石も「先祖代々の墓」になっていたのである。

さらに、第四章第二節でも紹介したが、中村亮雄によると、和歌山県西牟婁郡日置川町（現白浜町）の旧日置町では、土葬の場合はシタノトバに埋葬され、十三年忌にハカハギといって骨を掘り起こしてウワノトバに先祖と一緒に葬られるが、格式の高い人だけは土葬時代も火葬にされて直接ウワノトバに埋葬されたという［中村　一九五七　四］。この事例では、火葬が社会的に意味付けされているだけではなく、埋葬されて十三年忌を迎えた骨と焼骨とに同じ価値が認められるところが興味深い。さらに、日置町古屋・大古・田野井・口ケ谷・舟木では、改葬の際に骨を焼くことが中村によって報告されている［中村　一九五七　四］。たとえば大古では、埋墓をシンバカまたはサンマと呼び、詣墓をハカと呼ぶ。十三年忌を中心として「お骨あげ」といって掘り起こして「焼き」、壺に入れてハカに納めたとある［中村　一九五七　四］。また他の地区では第二次埋葬の前に焼くことが行われていたということは、第二次葬のための骨化の徹底と考えられる。中村の調査地区では、第二次葬は「骨」である必要があると考えられていたといえる。これらの事例では「骨化」は重要な意味を持つということができる。旧日置町の事例において、「格式の高い人」は土葬による骨化ではなく、人為的な骨化がなされるということは、すでにみてきた葬法の社会的特化と両墓制が結びついたものとみることができる。ところで小松清は「光明寺の墓地における墓制について」で、先の小島が紹介した光明寺だけではなく近隣地区での墓制を検討した結果、「墓石建立及び掘り返しの時点以降、遺骸（土葬骨）に対する意識は濃くないと解釈する」［小松　一九七九　四九］と指摘している。大田区鵜の木光明寺で確認された改葬習俗は、光明寺以外では鵜の木地区だけではなく、周辺地域でも確認できないということは、光明寺だけのいたって特殊な事例ということができる。「骨」に対する観念を背景に持つというよりは、光明寺での個別の事情によるものではないか。観念を背景とするならば、もう少し広い範囲で確認できるのではないだろうか。「骨」になることに重きを置く観念の存在を想定することには無理があると考える。

改葬において、土中での骨化を待たずに、「掘り起こし―火葬」する形式は、自然骨化が待てずに、途中で人工的に骨化を行っていることになる。八木透は、伊豆諸島南部地域と奄美諸島の沖永良部島の事例から、「死者の存在を「遺骨」を通して再確認し、同時に「死」という事実を再認識するための機会であった。またそれによって、死者をめぐる様々な人間関係を再編成し、調節する機能をも有していたことがわかった」［八木　一九九三　五五］と述べている。八木は、第一次埋葬後に白骨化した「遺骨」に意味を見出している。遺骨が「死」という現実を追認させる装置的役割を担うということである。しかし、ここで疑問が生じる。ではなぜ初めから火葬にしなかったのかというものである。中村の報告による日置町の場合は、社会的特化が背景にあるのではないかと指摘した。八木が述べるように、「骨」の状態が理想状態、あるいは「死」の確認があらためて必要だったのであろうか。掘り起こした骨を「骨」として、それまでとは異なる形で祭るならば理解できるが、また埋め戻しているのである。これは、八木が指摘するように、「骨」になったことを確認するために掘り起こすのか。すると「死」の確認を二度行うことになる。すでにみてきたように、伝統的葬送儀礼では、「死」の確認、即現世からの「送り」であった。「送って」しまったものをあらためて確認する必要があるのだろうか。新谷尚紀は八丈島末吉村（現八丈町）のシャリトリの事例から、「コツアゲを行うけれども、それは遺骨祭祀のための遺骨抽出ではないとはっきりしている」［新谷　一九九二　二五七］と述べる。確かに八木も遺骨祭祀を目的とするとは述べていない。遺骨祭祀と死の再確認とはまったく別の次元である。さらに新谷は「日本人の遺骨に対する観念を考える上で参考になろう」と述べ、「戦争犠牲者の場合や事件、事故の犠牲者の場合にも、身内人たちがその遺体や遺骨の回収にこだわり、それを強く望むのは、葬送儀礼の完了のためであって、その後の継続的な遺骨祭祀のためではないのではなかろうか」［新谷　一九九二　二五九］と指摘する。戦争や事故・事件の犠牲者の遺体を身内がもとめるという新谷の指摘は現代的なものである。『市川家日記』においても、明治十九年（一八八六）に入水自殺した人が、身元がわかったために仮に埋葬されていたのを掘り出し、明治二十年に引き取り、「葬礼」したと記述されている。明治半ばにおいて、「葬礼」のために「遺体」か「遺骨」が必要であったことを示す記述として記録からも捉えることができる。すると新谷が指摘するように、「遺体」および「遺骨」が「葬送儀礼の完了」のためという指摘はうなずけるものである。葬送儀礼において、「送る」ためには現実の遺体や遺骨が必要であることを示すものといえるが、これは明治半ばの出来事であり、新谷の指摘は現代的なものである。すると「送り」に遺体や遺骨が必要であったかどうかまで確認することは難しい。しかし「送り」を問題とするならば、改葬は順次的な「送り」を行っていることになる。再度埋葬するためである。すると八木が指摘する改葬による「死の確認」は、「死」の確認ではなく、「送り」の確認と捉えることができるのではないか。順次的「送り」として捉えられると考えられるのではないか。

では改葬が順次的な「送り」を目的とするとするならば、これが火葬受容に対し、どのような意味をもったのであろうか。埋葬から改葬までの時間で「遺体」は「遺骨化」する。改葬しなければ、遺体はそのまま「土化」する。この場合、改葬は「遺体」と「土化」の中間に「遺骨」を捉えることができるが、「遺骨」を骨壺に入れる場合、「遺骨」はそれ以上「土化」することはない。この場合は「遺骨」の状態を保つのであり、「遺骨」であることが重視されているということができよう。伝統的火葬において、「遺骨」を骨壺に入れて、本山に納める例はすでにいくつか紹介している。本山や寺院へ「遺骨」を納めることは、本山・寺院という宗教施設により、宗教的に祭祀を続けてもらうことを意味し、これは新谷が否定的に捉えている遺骨祭祀の意識が根底にあると考えられる。一方、骨壺に入れない場合には、「遺骨」を埋めなおすことは、「土化」の進行を意図するものと考えられる。この場合の改葬は「送り」の順次進行の確認とみることができることになる。つまり「送り」の最終目的が「土化」で表されるということである。しかし「送り」自体が観念的なものである。「土化」は現実的に「送り」がなされたことを再確認することになる。その意味からすれば、著者の「送り」の順次的確認と、八木の「死の確認」は同じような意味を意図しているといえる。しかし八木が掘り起こすことにより「死」を確認すると同時に「死者をめぐる様々な人間関係を再編成し、調節する機能をも有」すと指摘した［八木　一九九三　五五］ことは、ここでは死の確認を医学的にではなく、物理的に行うということであり、いずれにしても、「「死」＝現世からの消失」を確認する作業と新しい社会の構築を意図することにほかならない。つまり「死」の確認は、「現世からの放逐」を決定付けることを意味していると考えるならば、八木の指摘も現実性の問題となり、死者の現世からの追放の確認として捉えることができよう。

ところで中村の日置町の事例では土葬による「骨化」と「格式の高い人」の「火葬」が並立的になっている。この事例では、社会的特化という構図の中で先に捉えた。故人の「格式」は「埋葬」により高まり、最終的に現世の「格式」の高い人と同じになるとの観念があったとみることもできる。この場合においては、「現世」中心の社会的構造の中で改葬が行われていることになる。しかし、途中で「火葬」するということは、かならずしも「格式の向上」が「埋葬の年数」に相関するものではないことがわかる。途中であえて「火葬」するのである。ただ単に死後に高い格式になることを待ってはいないのである。するとここでの改葬は「送り」の順次的確認、あるいは「埋葬による高格式化」という観念を残したまま、何らかの理由で途中に「火葬」を受け入れたと考えられるのではないか。その理由については不明であるが、途中で「火葬」する観念が入り込んだとみるのが妥当と考える。そして土葬の観念のまま、「火葬」を受容したものとみることができるのである。「格式の高い人」は「順次的確認」はなされない。もともと「火葬」されているために「送り」は一度ですむといえる。ただし社会的特化に着目するならば、もともと現世での「格式」により埋葬する場所が決まっていた。しかし、「格式」が高いとされる人の数の方が、そうでない人よりもはるかに少ないと考えることができる。すると「シタノトバ」はすぐにいっぱいになってしまうという現実的問題もはらんでいるといえるのではないか。そこで、「埋葬」による時間が「格式」を押し上げるという観念が生まれ、改葬することになった。しかし埋葬の頻度が高ければ、墓地の範囲は限定的であるので、埋葬地が不足する。したがって改葬までの時間が十分にとれなくなった。そこで「火葬」を導入したことも考えられる。もともと社会的特化として「格式の高い人」の火葬が行われていたために、「遺骨化」促進のために改葬や「火葬」が行われるようになったことは考えられる。

伝統的火葬では、宗教的意味を持ち、教義にしたがい、完全に火葬を葬法としたものと、何らかの理由で火葬を受け入れたが、土葬の観念を引きずったものとがあると捉えることができることになる。

ところで第一章の火葬の受容理由の事例で紹介した和歌山県西牟婁郡白浜町朝来帰では、埋葬後七年目になるとコツアゲといって埋葬地点を掘り返し、骨をコツツボと呼ぶ穴に納める。これは、そうしないと埋葬墓地がいっぱいになってしまい、次の死者の埋葬のための余地がなくなってしまうためという［新谷　一九九一　一一八］。この事例をみるかぎり、改葬が「骨化」の確認のために行われているのではなく、埋葬地確保のために行われているということができる。なお最上孝敬も同地と考えられる地区の報告をしている。最上によると、和歌山県西牟婁郡東田村朝来帰（現上富田町）では、埋めて十三年以上経つと遺骨を掘り起こし、墓地の一端にある一坪くらいの骨壺に入れておき、骨壺にある程度の骨がたまると、すぐ下の砂浜へ持ち出して焼いてしまう。そして焼却後の灰は「波にひかれる」という［最上　一九五九　三四九］。最上は「朝来帰」を現在の上富田町とし、同じ「朝来帰」でありながら白浜町とする新谷とは町の場所が異なっている。「朝来帰《あさらぎ》」は現在は白浜町椿にあり、上富田町には「朝来《あっそ》」はあるが、「朝来帰」との地名は確認できない。『和歌山県の地名』によると、朝来村は海に面していないが、朝来帰村は西側が海に面し、半農半漁の村となっている。このことから、「朝来帰」は新谷の報告の白浜町が正しいといえる。最上による「東田村」は『和歌山県の地名』『角川日本地名大辞典　30　和歌山県』では確認できなかったが、明治二十二年（一八八九）市町村制施行および昭和二十八年（一九五三）町村合併促進法公付前の朝来帰が東富田村であることから、これは「東富田村」のことと考えられる。

いずれにしても新谷・最上の報告から、朝来帰では、掘り出された遺骨が最終的に焼かれていたことがわかる。「焼かれる」ことに着目するならば、「骨化」の促進が「焼く」ことの目的として捉えられるが、ここでは、個別に焼かれるのではなく、まとめられて焼くのであり、遺骨の個性は認められない。さらに、焼かれた骨が保存されるのではなく、「波にひかれる」のである。すると、骨化促進は「骨」の意味化ではなく、骨にすることによって、消滅をはかったものとみることができる。散骨の例からもわかるように、火葬骨はもろくその処分は容易である。このことを考えるならば、朝来帰で確認された改葬の習俗は、新谷の報告にあるように、あくまでも「埋葬地確保」を目的としたものと考えられ、「送り」の確認というものではないということができる。ただし、この場合は、火葬の受容はまったく現実的な問題であり、伝統的火葬であるが、次節に指摘する「近代型火葬」に分類できることになる。

それでも洗骨を背景とした「骨化」を目的とした火葬受容の事例がないわけではない。尾崎彩子によると、沖縄県国頭郡大宜味村字喜如嘉では、近年になって洗骨から火葬へと葬法が変化したが、その背景に死体処理量の増加があるという。以前は十分に白骨化した状態で洗骨していたが、死体処理の増加に伴い、死後一年前後で洗骨する必要が生じたため、骨が完全に白骨化しておらず、洗骨を義務付けられていた女性たちから火葬場建設の要望が出されたという［尾崎　一九九六］。当初は批判的な意見も多かったが、「火葬は遺体を焼くことにより「きれいな骨」にするものであり、本来行われていた洗骨で実現されていた「きれいな骨」を、火葬することにより再び実現した」［尾崎　一九九六　七九］といい、「火葬は洗骨の時間的短縮であり、喜如嘉の人々にとって重要な点は「きれいな骨」「白い骨」であるといえる」［尾崎　一九九六　七九］と指摘している。尾崎の報告から、喜如嘉では「骨」化の意識から火葬が受容されたことがわかる。ここでの関心は「白い骨」「きれいな骨」がもとめられていたということであり、「火葬」の受容がこのような「骨」が得られるとの意識の基でなされたことである。洗骨は骨を「きれいにする」ことを目的として行われてきたものであり、「きれいな骨」が得られるという結果によっての火葬受容であるといえる。それでも、「骨」化の促進は、死体処理量の増加を背景として必要になったものであり、はじめから「骨」化の意識が認められるものではない。どちらかというと、完全に白骨化されていない状態での洗骨への嫌悪と忌避の意識を背景とした、火葬の受容のための合理的解釈に基づくものといえる。この事例はいたって特殊なものとして捉えることができる。

明治以降の火葬の受容は、「骨化」あるいは「土化」を意図して行われたものではない。すると伝統的火葬と明治以降の火葬との間に観念的連続性をもとめることはできないということになる。したがって火葬の受容背景に改葬・洗骨の習俗をもとめることはできないということができる。

第二節　近世型火葬と近代型火葬

第一章で述べてきたように、「近世」および「近代」を民俗学的に定義することが容易ではない。本書では今まで単に、物理的な時間区分の用語として便宜的に用いてきた。本節では、「時代」と葬法とを結びつけて捉える試みをなす。

伝統的に火葬が行われてきたとする地区では、火葬が行われる背景に、宗教の存在をもとめることができた。とくに真宗に顕著にみられ、同一集落内で複数の宗旨の家が混在する場合にも、真宗の家では他家が土葬であっても火葬を行い、また滋賀県坂田郡米原町（現米原市）米原のように、集落全体が真宗である地区では、集落の葬法として火葬が行われていた。ここでの「伝統的」との語句は現在の方法が、明らかに過去から同じ形で継承されているものについて用いている。したがって用語の曖昧性は免れないことは承知である。

森田登代子が紹介する一八世紀末・一九世紀初めの記録である京都の「岡田家不祝儀文書」から、一九世紀初めには「本山」によって形式化された葬法が一般に浸透していたことがわかる［森田　二〇〇〇］。もちろんここでいう「一般」とは真宗門徒という意味においてである。一茶の「父の終焉日記」からも真宗と火葬との結びつきをみることができた。また近世資料としての「諸国風俗問状答」から、江戸時代には他宗派の人々にも真宗では火葬という認識が定着していたことがわかる。ただし、香川県仲多度郡多度津町奥白方の事例でみたように、真宗ではなく真言宗の家が火葬にするとの地区もみられ、広く知られていたとはいえ、かならずしも真宗だから火葬とは言い切れず、またその裏命題も成り立たないことがわかるが、概ね真宗では火葬が行われていたことは確かである。

そして、これらの火葬は宗教的背景をもとにして行われていたということができる。そして現在確認できる「伝統的」に行われてきた火葬と、近世資料から確認できる火葬とは背景が同じであることから、「伝統」は少なくとも近世にはその端をもとめることができそうである。

火葬が宗教的意味によって行われることは、その後の遺骨も宗教的意味の中で扱われることになる。本山への納骨である。真宗の場合は本願寺や近所の真宗寺院、真言宗の場合は高野山へ納めるとする。著者の家でも祖父母の遺骨は分骨し、高野山へ納める手はずになっている。そのために、遺骨の埋葬の意義は相対的に低くなる。とくに真宗の場合には無墓制の例も確認されており、墓を造り埋骨することに意味が見出されていない地区も見受けられるのである。また、現在では墓が造られているが、かつては墓がなかったという米原では、話者が本山に納めるから本当は墓は必要ないと述べ、現在でも墓に対する意識の比重の低さが窺える。

墓を造ったにしても、遺骨そのものに対しての執着も大きくはない。遺骨を流してしまう事例についてはすでに紹介しているが、山口県大島での様相を宮本常一が報告している。拾った骨の大半は寺の境内にある地蔵菩薩像の台座の下にある空洞に落とし、残りの骨を墓に埋める。また京都の知恩院へ持って行き参る［宮本　一九三三　一四六］という。この場合は遺骨はほとんど遺棄されてしまうのである。

第二章第四節「伝統的火葬の形式」でも紹介しているように、本山に納骨するものの、堀哲により「イッケ」の石塔や、松尾あずさにより各家の墓にも納骨するという事例が報告されている［堀　一九七八、松尾　一九九八］。しかし火葬においては「火葬」そのものが「実質的送り」であると考えられることから伝統的火葬において、家の「墓」が造られるのは比較的新しい形態ではないか。「イッケ」の石塔や各家の墓とされているものがどのような形態のものか報告されていないのでわからないが、市川秀之は、大阪狭山市では「一七五〇年代には四人の名を彫ったもの」「一七六〇年代には一基に一一名の名の書いたもの」「一七七〇年代には三三名の戒名を刻み込んだもの」が見られる［市川　二〇〇二　一九］と報告し、「これらは過去帳や古い墓標などからその家の過去の死者を調べてそれを刻んだものと考えられ、直接建立者が接したことのない、概念的な、総体としての先祖観の表出に限りなく近いものといえる」［市川　二〇〇二　一九］と指摘する。堀や松尾が報告した「イッケ」の石塔や各家の墓というのもこれと類似したものであろうか。家の墓というと、現在では「先祖代々の墓」「〇〇家の墓」と刻まれているものを思い浮かべるが、市川の作成した墓石種類の表をみると、大阪狭山市では一八七〇年代から急激に増加し［市川　二〇〇二　六］ていることがわかる。すると先の「イッケ」の墓や各家の墓も聞き書きによるものであることを考えるならば、すでにこのような形態をとっていたことも推察される。本書の趣旨は、墓標・墓石の成立や先祖観の問題にないが、市川の報告を見る限り、少なくとも大阪狭山市では江戸時代中期に「先祖」意識の表出がみられ、それが明治になって「先祖代々の墓」という形で顕現されたと考えることができる。しかし「墓」が造られるということ自体、火葬においては「送り」の本質とは無関係であるだけではなく、「埋骨」を前提とするものである。これは第八章でみてきたように、とくに近代では葬送儀礼の前提として土葬の観念がみられることがわかるが、それが江戸時代にはすでに表れていたことになる。ただしすべての遺骨を埋骨するものではないので、火葬と土葬の中間的なものということができるかもしれない。

すると、近世の火葬の特徴をあげるると、

・宗教的背景をもつ

・そのために本山など寺院で祀られる

・そして埋骨に対しての意識が低い

ということになろう。このような火葬を、近世に遡って捉えることができることから「近世型火葬」と呼ぶことにする。つまり近世型火葬においては、「火葬」による「実質的送り」が重視されているということになる。

一方、近世以来土葬であったが、近代になり火葬を受容した地区での、受容理由をみると、近世型火葬とは異なり、宗教的な意味によって新たに受容した例はみられない。まずここに大きな違いをみることができる。具体的な理由は第一章で検討しているが、法的規制・墓地が狭くなる・衛生的問題・土葬に対する因習的観念とその嫌悪があげられた。これらの動機はいたって現実的であるか、過去的生活の否定的意識に基づくものということができる。このような動機による火葬の受容は、時期的に捉えると近代以降が顕著であることから、これを「近代型火葬」と呼ぶことにする。「近代型火葬」はそれまで土葬であった地区において、合理的な考えを背景にして受け入れられた、土葬に変わる葬法ということになる。森謙二は、『墓と葬送の現在』の中で、「伝統的な社会から近代への移行のなかでの葬法の変化を「土葬から火葬へ」と表現することは、前近代の火葬の習俗を見逃している点において妥当ではないかもしれない。しかし、近代日本の火葬は、特殊な意味を持つように思える。つまり近代において急速な火葬が進み、いわば葬法の近代化として「土葬から火葬へ」の展開が位置づけられるかのような概観を示す」[森　二〇〇〇　一七五]と述べ、近代と火葬とを結びつけて考えている。便宜的に明治以降を捉えるならばこれは妥当な意見だが、著者が提示した「近世型火葬」「近代型火葬」は分析概念であり、いずれも時代区分としての近世および近代の火葬という意味で用いるものではないし、「近代」とは何かという問題が解決されていないことはすでに述べている。そのために近世においても、たとえば墓地が狭くなったことを理由として火葬を受容した場合には、それは「近代型火葬」として捉えられることになり、逆に、近代以降において、近世以来の伝統にしたがって火葬が行われている場合には、それは「近世型火葬」として捉えるということである。

先に「近世型火葬」の特徴をあげたが、ここで「近代型火葬」の特徴を捉えてみると、

・西洋的合理主義に基づく
・国家の行政的指導に基づく
・埋葬地不足という現実的問題に基づく
・時代遅れ感覚

ということになろう。明治新政府は西洋合理主義的思想に基づいた国づくりをめざした。その思想は国民の衛生観念というものが中心であった。その理由としては、国土面積の問題や、都市への急激な人口集中というものがあげられるかもしれない。「近世型火葬」と「近代型火葬」の大きく違うところは、「火葬」が信仰的・観念的問題として行われるのではなく、行政による指導や、墓地不足という現実的問題、そして「近代化」への憧憬として行われているところにある。

もう少し詳細にみるために、ここで「近世型」での火葬と土葬の違いを検証してみよう。土葬は「社会的送り―観念的送り―実質的送り」という手順で行われている。一方の火葬は、「実質的送り―社会的送り―象徴的送り」というフローチャートを描くことができた。前者は「埋葬」することに比重が置かれ、後者は「火葬」に比重が置かれる。加賀紫水が愛知県起町の事例として、「火葬場にて葬禮の式をなす」〔加賀　一九三三　一〇一〕とあり、

「火葬」が「実質的送り」になっていることは明らかである。このことは葬法の違いということで当然の帰結であるが、興味深いのは、火葬の場合、「火葬」後に骨拾いをしないところもあり、また、骨拾いして遺骨を遺棄する、本山など寺院に納骨する、墓地に埋骨するなどさまざまなヴァリエーションがみられる。しかし骨を遺棄することは、遺骨に対して何もしないということであり、本山に納骨することは先祖供養との関係で捉えられるものである。したがって、葬法そのものを考えるときに、火葬後の遺棄と本山への納骨はあまり意味をなさない。本山への納骨は供養を目的とするためである。いずれにしても本書では「火葬」=「焼くこと」に大きな意味があるといえる。

次に「土葬」と「火葬」との間にどのような観念の別が見出せるのであろうか。埋葬して土に返すことと、火葬して遺骨をそのままにしておくことと（宗教的意味における納骨は別にして）、変わりはないのではないか。納骨する場合でもすべての骨を納骨するのではなく、一部だけである。残りは遺棄されるのである。ここに生まれかわりの観念を持ち込むとするならば、両者の考え方はまったく異なることになる。「埋葬」は現世的、「火葬」は来世的ということになるためである。しかし、生まれかわりの意識が認められたのは一部地域であり、『日本霊異記』でも見られたが、土葬地区だからといってかならずしも生まれかわりを意識していたものではなく、八木透の報告にあるように、骨をすべて拾わないと生まれかわれないとの観念を持つ地区もある［八木　一九九九　一二一］。すると一部だけ納骨して、残りを放置するということは、生まれかわりという観念をもたないということになるであろう。

また近世において、「来世」はどのように捉えられていたであろうか。しかしこれが明確ではない。すでにみてきているように、「死」の確認からすぐに「送り」が行われ、それは現世からの放逐を意味しているように考えられる。「来世」とはあくまでも「現世」の否定語として捉えられるのであり、具体的なイメージがあるものではないのではないか。

そのために、「土葬」であれ、「火葬」であれ、現世的な意味に基づいて行われているだけであって、来世観の違いはないということになる。本来的にもっていないのだから、葬法の違いが来世観や死生観の違いを表出することはあり得ないであろう。したがって、近代において、葛藤はみられたが、上からの押し付けであっても火葬が受容されたということができるのではないか。火葬受容に対する葛藤は、「生まれかわれない」「伝染病と勘ぐられる」「神との関係」「葬式組への気兼ね」というものが中心であり、「火に対する恐怖」という「火」に関する直接的なものであっても、現世側の人間の感情移入によるものであり、どれも現世的なものであるのである。

「近世型」の火葬は親鸞の教えによるものを教団が指導していくことにより実施されるが、とくに特別な観念があるためではなく、指導によりという外的要因が大きい。多度津町奥白方では真宗が土葬を行っており、このことは、すべて真宗の人が独自の観念に基づいて火葬を行っているとは言い難い。したがって、両者に大きな違いは見当たらない。だからこそ、並立が可能であったと考えられる。そして、それが、抵抗がありながらも「近代型」への移行を可能にした大きな背景であると考える。

「近代型火葬」が定着した背景として、大きく二つのことが考えられる。一つは行政的問題であり、トップダウンによるものである。そしてそれを可能にしたのが、「民主化」である。「民主化」というと戦後の意識というイメージが強いが、明治政府は四民平等政策を打ち出している。そのために階級は消滅している。ただし華族・士族・平民という形は残り、厳密には「民主化」とはいえないが、それでも相互の断絶は江戸時代よりは小さくなった。火葬受容の葛藤の中に、火葬が社会的特化をしていたために生じる感情がみられた。その差が小さくなったことは、社会的特化の垣根が低くなったということになろう。そして戦後には憲法で「民主化」がうたわれ、本来の意味の

「民主化」が行われる。ただしこれも国民の内発的欲求によるものではないので、どこまで「民主化」と呼んでよいのかいささか疑念がないでもないが、この憲法とこの憲法に基づく教育により、平等意識は高まりをみせる。葬送儀礼ではないが、渡瀬では草分けと呼ばれる家によって宮座制による祭りが行われていた。参列できるのは草分けと呼ばれる特定の家筋だけであり、その準備に関してはその他の家の者が行っていた。しかし戦後になり平等意識の高まりの中で、祭りの不平等性という不満が強まることで、祭りそのものが廃止されるというケースもみられるのである［林　一九九三ａ］。

火葬の受容速度は戦後加速度的に進行する。火葬受容の抵抗の一つに社会的意味付け、つまり特化というものがあったが、戦後の民主主義による平等意識により、この特化の意識は薄められたと十分に考えられる。そのために、火葬であっても、特別な家という社会的意味を失っていることによる受容がみられるのではないか。

では、形式としての土葬から火葬の変化はどのように捉えることができるであろうか。すでに埼玉県児玉郡神川町渡瀬、岐阜県加茂郡白川町切井での、土葬（聞き書き）と火葬（実見）の違いをみている。その差異はほとんどないに等しいものであった。しかも葬儀の前に火葬を行う地区が全国に多くみられ、「火葬」そのものが「葬」を行うものではないということが理解された。「火葬―葬儀」という順列は、火葬が単に、死体処理の方法と化しているものとみることができるものである。そして、ここで重要なのは、「火葬―葬儀」という順列をとる地域では多くが、葬儀のあとに「埋骨」がすぐに行われているのである。このことは、「近代型火葬」の受容の大きなポイントとしてみることができるものである。すでに「近代型火葬」は内面的動機によるものではないことを示している。政治的な圧力や実際に墓地が狭くなったりということが火葬受容の理由であった。受け入れる下地があったことについてはすでに述べているが、いざ取り入れるとなるときに問題となるのは、「焼く」ことにどのような意味付けをなすかということである。「葬儀―火葬」という順列であれば、「火葬」が「葬」の中心であり、「焼く」ことにより故人を送るということになるだろう。しかし「葬儀―火葬」と「火葬―葬儀」という順列が同じく認められ、しかも前者の場合のほとんどがすぐに「埋骨」され、「近代的火葬」では「火葬」優越型と「埋葬」優越型に類別できることになる。前者でも「埋骨」を急ぐ事例がみられることから、「火葬」優越型に類別できても、土葬の感覚をもっていると捉えることができる。

以上のことを考えるならば、「近代型火葬」は、大きくは「土葬」の形式の一部に組み込まれたものといえる。「近代型火葬」のフローチャートは「実質的送り―観念的送り―象徴的送り」「実質的送り―観念的送り、象徴的送り」あるいは「観念的送り―実質的送り、象徴的送り」となる。ここでの「観念的送り」は葬儀をさす。葬儀は僧による引導渡しが行われるものであるが、「火葬」に着目すると、「観念的送り」として捉えられるものとなる。土葬の場合「実質的送り」が最後になるので、それに至るさまざまな儀礼を通して、死者を送り出すことになるが、「火葬」は本来は無墓制が認められるように、そのものが「実質的送り」である。すると「実質的送り」のあとにさまざまな「送り」が付加されているような形としてみることができる。しかし、これは土葬においても、もとは「実質的送り」（＝捨てる）だけであったことに対し、宗教的・社会的意味を付加することで、儀礼群が成立したと考えられるように、もともと土葬であった地区で火葬を受容した場合においては、従来の儀礼群を無視することはできなかった。それは内発的・信仰的問題として受け入れたためではないことによると考えられる。そこで、「実質的送り」が最後にならないフローチャートが出来上がった。しかも、土葬の慣例により、「埋葬」にこだわる地域では、「火葬」の受容後も「埋骨」にこだわり、実質性を内包した「象徴的送り」として埋骨が行われるようになったと考えられるのである。

ただし、明らかに「近代」での動きとして捉えられるが、尾崎彩子の報告による洗骨を背景とした火葬の受容の理由は合理的解釈であり、その意味では「近代型火葬」とすることができるが、その合理性は「白い骨」「きれいな骨」にするというものであり、「遺骨」への執着がみられるものとなっている。その意味ではこの事例も「近世型火葬」と捉えることができる、特殊な事例ではあるが、「近世型火葬」と「近代型火葬」が分析概念として提示されたための類型であるといえる。

第三節　近代型火葬の歴史的展開

ところで森謙二は伝統社会と近代の葬送儀礼の意味をもとめている。伝統社会では、「葬式は死者を「あの世」に送る儀礼」と位置付け、近代社会では「死者と生者の「別れ」の儀礼」と位置付ける［森　二〇〇〇　一八七］。森の論点からすれば、前近代から近代への変化として、時間軸にしたがった「死者の送り→死者との別れ」との図式で捉えることができることになる。たしかに伝統的葬送儀礼では、「死」の確認からすぐに現世から送り出すことが行われ、それが葬送儀礼の中心であった。しかし近代の火葬においては「実質的送り」の前に「別れ」が象徴的にではなく行われており、「別れ」に主眼をおくとき、近代火葬の意味としては、森の指摘のとおりということになる。しかし『市川家日記』や『東京風俗志』から、森が想定していると思われる「近代」、つまり明治になっても儀礼的変化はそれほど大きいものとはいえなかった。国による法的介入が「近代」を意味付けるとしても、それは「死」の確認から「埋葬」までの時間が延びたにすぎない。本質的には儀礼変化はみられないのである。したがって、「近世」と「近代」という形での変化として捉えるのは拙速にすぎないか。さらに「別れ」に視点を置くとしても、それは現世での「別れ」であり、やはり現世から送り出すという感覚が根底にあるのではないか。伝統的土葬でも「別れ」は「食い別れ」という形で象徴的に行われるのである。したがって、「別れ」は「送り」の一儀礼ということになる。ただし森は対面による「別れ」を想定していると考えられる。これは現在の火葬では普通に行われる。現時点で捉えることができることは、対面による実質的「別れの儀礼」は、現在へと時間を経るにしたがい、葬送儀礼に対する観念が変化し、「送り」にさまざまな意識が形式として付加される形で行われるようになったものと考えられるのではなかろうか。そこには江戸幕府による人々と寺院との関係性の強化という政治的意図の先行も考えられよう。そして「近代型火葬」におけるさらなる観念変化を想定することができることになる。

火葬受容当初の火葬において、対面式の別れがあったかどうか確認ができない。もし土葬地区での火葬の受容において、対面式の「別れ」があるとすれば、それは「近世型火葬」でも行われてきたことを取り入れたものと考えることができる。明治以降の火葬受容の根底に、「火葬」という部分に着目するならば、観念の違いはあるとしても、当初は「野焼き」であったこと、そして土葬時代であっても社会的特化による火葬が行われていたことから、「近世型火葬」の形式を援用したことが考えられるのである。一茶の「父の終焉日記」の「野辺送り」として、「廿二日　ちかしき人はよりつどひ、うれたき屍は棺に納て、（中略）父によわき歩みを見せじと、むりにいさみて別れけり」（傍点著者）［小林　一九九二　五五～五六］とある。一茶の父は野辺の送りの後に火葬される。ここで一茶が「別れ」という言葉を用いた場所が問題である。「野辺の送り」が「別れ」となっているのであり、納棺後すぐに「野辺の送り」に出発しているのである。火葬前に「対面の別れ」を行ったとの記述はない。現代の火葬では、通夜の前に納棺してしまう。したがって、「実質的送り」までには時間が十分にある。明治十七年（一八八四）十月の太政官布達第二十五号により、「死」の確認から二十四時間を経なければ埋葬も火葬もできなくなった。そのために「通夜」が一般化していくと考えるが、「納棺」は葬儀の意図とは関係なく、遺体を隠す役割を持つ。隠された遺体が二十四時間以上、家にあることになる。そのために、故人への追慕の念から、出棺前に「別れ」が行われるようになったのではないか。すると次に問題となるのは、故人に対する「追慕の念」である。勝田至が「院政期や鎌倉時代にかけては、死者を土葬や火葬にせず、地上にそのまま置く葬法がかなり普通であった」［勝田　二〇〇三　二一］と指摘する中世や、遺体を「捨てる」としていた地域において、死者に対し、どの程度「追慕の念」が認められるかわからない。山折哲雄は「霊魂の浄化――遺骨崇拝の源流――」の中で、「土葬も火葬も、亡霊の復活を阻止するための遺骸処理という観念を本来的に含んでいた」［山折　一九八六　三二五］と指摘する。山折の指摘は古代・中世資料から導かれたものである。すると「追慕の念」は後次的に生じた観念変化に基づくものということができるであろう。「放置」「捨てる」が「現世からの追放」という観念が背景にあるとしても、そのことと「追慕の念」とは次元が異なるものである。前者は物理的物体およびそれが持つ「魂」のような概念の問題であるのに対し、後者は生きている者の感情的問題であるためである。一茶は「生き残る　我にかゝるや　草の露」という句を詠み、「なやみ給ふ顔は目をはなれず、よび給ふ声は耳の底にのこりて、まどろめば夢に見え、さむれば俤に立添ふ。（中略）行く水ふたゝびかへらず、石にか（へ）らず、八千度くゆともかひなき事にしあれど、たのみとおもふゆかりも皆かれ果て、しらぬ国へひとり放夕れしごとく、便なき孤の一茶（が）心（の）内、思はかられて哀れなりき」（（　）は岩波書店版の通り）［小林　一九九二　五九～六〇］と書き、初七日のときに「父ありて　明ぼの見たし　青田原」と詠んでいる［小林　一九九二　六一］。一茶は「総領と生れながら、いかなるすく世の縁にしあればや、親につき添ひ仕へ奉らん事叶はず」［小林　一九九二　五五］と、実家を飛び出したことを悔いている。そのために父親への「追慕の念」がそれだけ強かったのだろうか。それにしても、江戸時代には、このように死者、とくに身内の「死」に対し、「追慕」する感情が認められる。すると、棺に隠されて一晩以上置かれていた遺体に対し、出棺の際にもう一度「別れ」を告げたいと思う感情はごく自然のものであるといえよう。「父の終焉日記」を見るかぎり、死者との別れは象徴的に行われ、それが文芸化され、誇張されているにしても、野辺の送りが「別れ」となっているのである。したがって、森によれば伝統社会では、「葬式は死者を「あの世」に送る儀礼」と位置付け、近代社会では「死者と生者の「別れ」の儀礼」と位置付けている〔森　二〇〇〇　一八七〕。果たしてそうであるのかという疑念が残る。伝統社会では、「死者を「あの世」に送る儀礼」であることは「あの世」が何かという問題を別にして、本書でもみてきたとおりである。しかし「近代社会」においてもそれは変わらないのではないか。ただ、時代とともに「別れ」という比重が大きくなっていったのではないだろうか。近代化により、葬儀の性質がいきなり変化したとは思えない。本書でも、従来の土葬に「火葬」が取り込まれていることを指摘している。つまり、観念的には葬送儀礼に大きな変化はみられないということである。したがって、近代になったから、いきなり葬送儀礼が「送る目的」から「別れを目的とする」ようになったとは言いきれないと考える。とくに現在では、葬儀が「告別式」と呼ばれ、また「お別れの会」などが開かれるようになっている。このことは、葬儀が「別れ」を目的としていることがわかる。しかしそれは現代的展開であり、「別れ」の比重が重くなってきたのは近年的変化ではないか。一茶は父親を追慕したが、前に紹介したように阿南透は「遺影」が葬儀の重要な役割を果たすことになった〔阿南　一九八八　八六〕ことを指摘している。「遺影」の登場はかなり後のことであり、「追慕」が「遺影」という故人の生前を目の当たりにさせることができるようになったということで、「別れ」の比重も増した要因と考えることができるのではないだろうか。平成二十年（二〇〇八）八月二日に漫画家赤塚不二夫が亡くなり、七日に告別式が行われた。このときタモリ（本名の森田一義として）が弔辞を読み上げているところがテレビで放映された。その弔辞の結びが「私もあなたの数多くの作品の一つです」であったことが印象に残っている。タモリが後に、白紙の弔辞であったことを明かしたが、遺影に向かって、語りかけるように別れの弁を述べていた。白紙の弔辞が「読める」ということは、タモリの才能の問題としてだけではなく、遺影があったからこそできたのではないか。

また「近代型火葬」では「埋骨」が一般化している。すべてを「埋骨」しないまでも、無墓制であったという米原では「先祖代々の墓」が、墓地を埋め尽くしている。さらに現在では墓地不足でロッカー式墓地を持つ寺院も出現した。「近代的火葬」の特徴としては、「埋骨」は「火葬」の「実質的送り」に対する「象徴的送り」として捉えることができた。しかし土葬観念の優越性から、「象徴性」とはいっても「実質性」を包含しているのであり、両者をまったく切り離して捉えることはできない。墓が重視されるようになったことは、「墓」の持つ意味を考える必要があるであろう。土葬においても本来は「墓」は簡単な装置か、木の墓標であり、朽ちてしまうものである。そのために、世代交代が進むと、先祖がどこに埋められているのかわからなくなる。また下総国の百姓による明治二年（一八六九）の「建議」では、穴に投げ入れることが記されていた。穴に投げ入れるということは、「送り」後は個別の観念が認められないということであり、それは先祖供養というものに対する意識の低さを表している。先祖供養意識の低さは「建議」からもわかる。固定的な「墓」はもろい砂岩によるものの方が多いようであるが、しかしそれでもある程度の世代までは持つだろう。少なくとも江戸時代の銘を持つ墓石が現在でも確認できる。「墓石」の登場は先祖供養との関連で捉えるべきものであり、それは本書の趣旨から離れるので、これ以上追究することはしないが、「近代型火葬」において、受容初期と現代とはその様相がかなり変わってきているということはできそうである。「埋骨」が以前よりも重視されるようになったと考えられるためである。

図1　火葬受容概念図

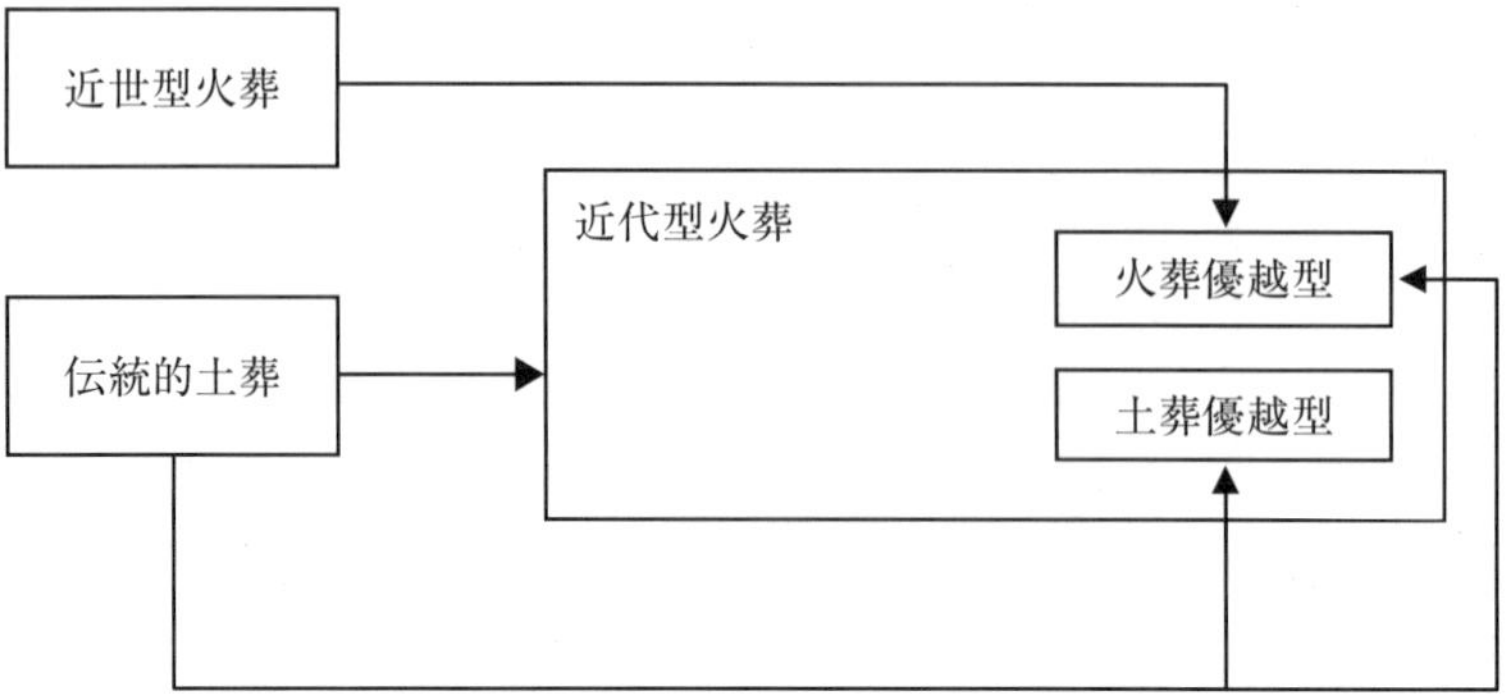

図1は「近世型火葬」と「近代型火葬」の変遷を模式的に表したものである。まず近世において、「近世型火葬」と「伝統的土葬」とが並立的にあった。「土葬」は昭和末期まで確認できるので、あえて「近世型」とはしなかった。この中で「近世型火葬」は宗教的観念に基づいて行われてきたために、近代と呼ばれる時代になっても、行われ続けた。本文中ではそれを「伝統的火葬」として捉えたが、「伝統的土葬」が明治期以降に火葬を受容するにあたり、「近世型火葬」とは意味がまったく異なるために「近代型火葬」へ移行したと捉えたが、「近代型火葬」には「火葬優越型」と「土葬優越型」とがあるとした。「優越」ということであり、どちらも「埋骨」が行われることが念頭に置かれている。火葬においても「埋骨」に重点が置かれているものについては、「土葬優越型」、「火葬」に重点が置かれているものについては、「火葬優越型」として捉えている。「伝統的土葬」をみると、どちらかが優越していることになる。また「近世型火葬」は「近代型火葬」の「火葬優越型」へ収束するように捉えたが、それはかならずしも信仰的要素がなくなったということではなく、火葬場が整備され、「近代的」な形での火葬が行われるようになったことと、米原の事例でも紹介したように、もともとは無墓制であったが、近年になり「先

祖代々の墓」が建立されるようになって、本山へ納骨するものとは別に、墓に遺骨を納めるようになったためである。

おわりに

前章までで、来世観と死生観との区別をせずに検討してきた。しかし両者は異なる観念である。そこで最後になるが、死生観が葬法とどのように結びついているのかみていくことにする。「はじめに」で述べたように、葬法の変化が死生観の変化として表れている可能性をみることが本書の動機であるためである。「来世観」とは、死後の世界観であり、死後どのような場所に行くか、そこでどのような生活があるのかというものであるが、「死生観」は「死」を通して、つまり来世という世界を通して、現在の「生」をどのように捉えるかということになる。

すでにみてきたように、「来世観」は非常に曖昧なものであった。土葬であれ、火葬であれ、そこに具体的な像をもとめることはできなかった。「来世」とは、「現世」の否定形以外の何物でもなく、具体的な観念としてはもとめられなかった。そのために「来世」と相対化した上での「生」というものを見出すことはできない。しかし、葬送儀礼を詳細に見ていくと、「死者」を現世から追放する「送り」だけではなく、「生者」に対する儀礼も見られる。このような儀礼としては、「耳ふさぎ」と呼ばれる儀礼がもっとも知られているだろう。白井一二によると、愛知県豊橋地方では「自分の家から見える家で、自分と同年のものが死んだ時は「耳ふさぎ」といって米粉をねつて耳の形を作り耳にあてて、「ネジカチネジカチネジカチ」と三度稱へて喰べる(南設楽)。自分と同年の人が死ぬと餅を耳にあてる（豊橋）」［臼井　一九三三　一〇〇］という事例が『旅と伝説　誕生と葬礼号』に紹介されている。ちなみに豊橋地方の儀礼では火葬として報告されている。近世型火葬である。井之口章次の『日本の葬式』によると、「耳ふさぎ」には多くのヴァリエーションがあり、「耳ふさぎ」の風俗は、「少なくとも六百年以上」行われていたという。その時代的根拠として、『看聞御記』など一五世紀の日記から公家や武家の日記にみられることをあげている［井之口　一九七七　五九］。井之口はさまざまなヴァリエーションを取り上げているが、「耳ふさぎ」の項では、「人はつねに不死をねがい、また死後の安住を念じている」［井之口　一九七七　五〇］といい、そのためのまじないとして取り上げている。「死後の安住」という一文から、井之口は日本人の来世の具象的観念を認めている。彼は仏教的な「地獄極楽は広まっているのだが、習俗の中に天上他界観がはっきり残留している」と指摘し、具体的には「死後三十三年または四十九年たって、完全にけがれをはらい落とした霊は、祖霊となって天にのぼるのだが、その祖霊は、天にいていつも子孫の幸福を見まもっている。そして定期的に、または人のまねきに応じて臨時にも人里にあらわれるのである」［井之口　一九七七　一七一］という。井之口がいう来世は「天」であり、そこで我々を見守るとする。阿南透も「現在ではどうやら火葬による肉体の消滅をもって死への移行が完了し、故人は煙とともに「天国（極楽ではなく）へ行った」と考えられているようである」［阿南　一九八八　八六］と述べている。井之口や阿南が指摘する故人が「天」にいるとの考えがあることを示す事例が平成二十一年（二〇〇九）にあった。平成二十一年七月五日、国立競技場で、石原裕次郎の二十三回忌法要が営まれた。裕次郎の墓地がある曹洞宗関東総本山の総持寺（横浜市鶴見区）を模した寺院を建て、総持寺の本尊を遷したという。法要の様子はテレビ放映された。法要のために寺院を建立し、しかもそれが一日限りという問題については寺院の在り方としての検討を要するが、ここでの本題とずれるのでその問題は後日検討するとして、ここで問題にしたいのは、最後に挨拶に立った石原プロモーションの社長渡哲也が、つめかけた観衆に向かって、「天にいる石原裕次郎に向かって、皆で「裕ちゃーん」と呼びかけよう」と言い、渡の音頭で三回「裕ちゃーん」と呼びかけ、観衆もそれに応えたのである。石原裕次郎は「天」にいるとされた。しかし、これまで出てきた「天」とはどのような空間なのであろうか。その具体的空間イメージはない。

岐阜県加茂郡白川町では、人は死んで百年経つと「氏神」になるといって、各家では「氏神」と刻まれた石塔を建て祀っている。しかし、何らかの理由で転居した場合、氏神は連れていかず、後から入ってきた人が祀るものだということであった。氏神＝先祖神とはかならずしも言い切れない。「氏神」に対する観念に、「先祖」がみられるが、実際には土地神的性格が強く認められるのである。一方、柳田国男は、日本的なものにこだわりを持つが、「死してもこの国の中に、霊は留まつて遠くへは行かぬと思つ」ていたこと、「顕幽二界の交通が繁く」あること、「生人の今はの時の念願が、死後には必ず達成するものと思つて居たこと」［柳田　一九七五　一六九］をあげている。柳田は「来世」を「幽」と表現し、霊は死んだ後もこの国に留まり、遠くには行かないとしているが、そのために死後に念願が叶うということになろう。柳田も「来世」を明確に表現できていないことになる。そして興味深いことは、「子孫の為に色々の計画を立てたのみか、更に三たび生れ代わつて、同じ事業を続けられる」と思っていた［柳田　一九七五　一六九］とあり、来世と現世との違いというよりも、来世は現世の中にある、あるいは来世は現世の鏡のようなものとして捉えていたようである。すると、人間は「死」に恐怖感を覚えさせられることになる。死後の世界が明確ではないためであり、「死」は現世からの「送り」により、現世の否定形的な観念に追いやられてしまうためである。そこで「耳ふさぎ」のようなことが行われた。このようなことは「耳ふさぎ」だけではない。加藤嘉一によると、栃木県芳賀郡地方では「年内に二回葬式を出した時は三度出るといつて代理に藁人形を埋める」〔加藤　一九三三　六七〕という。同様の話が神奈川県綾瀬市深谷でも聞かれる。明治三十二年（一八九九）生まれの話者によると、「一年に葬式が二つあると、藁人形を作り、埋葬のときに一緒に埋めたという話しを聞いている。二度あることは三度あるということを藁人形で防ぐことを考えてのことというが、明治時代でもまれなことであったという」〔綾瀬市秘書課市史編集係　一九九四　二六四〕。綾瀬市はすでにみてきているように、戦後まで土葬であった。この習俗も「耳ふさぎ」と同様に「死」を忌避するというものである。

「耳ふさぎ」や「二度葬式があると藁人形を埋める」ことについては、常光徹も言及する。常光は『親指と霊柩車』の中で、「『同時に同じ』という差異を失った時空を、忌むべきある種の危険があったのではないだろうか」〔常光　二〇〇〇　一三〕と指摘する。そのために「耳ふさぎ」は「一定の条件のもとに同時性が引き起こす危険性（忌）と響きあっている」〔常光　二〇〇〇　三一〕という。「二度葬式があると藁人形を埋める」ことについては、「一軒の家のなかで一年の内に二人の人間の死を恐れるのは」「一つ屋根の下で二人の人間が同時に孕んだ状態を忌む相孕みと表裏の関係にある」〔常光　二〇〇〇　三三〕という。さらに「その危機は残された家族に向かい、新たな死という形で決着をみようとするのである」〔常光　二〇〇〇　三二〕と指摘する。そのために、それを避けようとの意思の働きによるものと考えることができる。いずれにしても、生者の「死」への恐怖とその回避が根底にあるものといえるであろう。常光は「忌」という語句を「危険性」と相同的に扱っている。人が死ぬと、葬家や親族に「忌」がかかることは広く言われていることであり、「忌」は非常に危険な状態である。そのために「服」が設けられていた。現在では両者は混同して用いられているように思えるが、小浜市下根来の八幡神社の祭祀組織の頂点にたつ神役は寺院に参ることができないとされている。とくにトップの一和尚は葬儀にも参加できない。下根来ではムラ寺として見昌寺があるが、葬式はこの寺が関わるためである。かなり厳格であったという。この事例は「神」が「死の忌」を嫌うためと説明できるが、神に忌がかかると、危険なことになるとの認識があったことは、葬家で現在でも神棚を封印することからもわかる。下根来では、葬列が神社の前を通るときには、鳥居の前に二人の男が立って筵を持つ。これは神に目隠しをするためという。「忌」は「死」との連関で危険な状態であるということができる。先の呪術はそれを避けるための方策として捉えることができる。常光は「忌」の生起を「同時性」という理論的枠組みの中で捉えた。その先にあるのは「危険な状態」であり、その極限は「死」ということになると。それだけ人は「死」を恐れていたということになる。人は「死」に直面して、そこから生じる「忌」から逃れようとしているといえ、このことは「現世」に対する執着ということができる。なお静岡県天竜市石神では、一年に二度の葬式を出すと、ツチンボ（藁を叩く木製の道具）に紐をつけ、野辺の送りのときに引っ張って歩いたという。これ以上の不幸を断ち切るためといわれている［林　一九九〇b］。藁人形を埋めることは、「二度あることは三度ある」という言葉を擬態として表したものということができるが、石神での事例は、連鎖の断ち切りという形をとっている。いずれにしても根底にある観念は同じであるということはできる。

一方、葬列に花籠が出ることがある。岐阜県加茂郡白川町切井では、六十歳以上の人が亡くなると「花籠」を出したという。これは長寿にあやかるためとのことである。「耳ふさぎ」や「藁人形」とは異なり、身を守ることや死の連続を防ぐという意味は現在では確認できないが、長寿の人だけに出されるということは、現世に対する執着というものを表しているといえよう。このような「現世」への執着は、「来世観」の不明瞭さからきていると考えることができるのではないか。

以上のような事例は土葬・火葬に関係なく行われている。このことは死生観が土葬・火葬とは無関係であることを示している。ただしいずれの事例も「伝統的」葬法に基づくものであり、「近代型」においてはどのようになるであろうか。

明治になり「近代型火葬」が導入された。しかしだからといって、すんなりと火葬が受容されたわけではなかった。そこにはさまざまな葛藤がみられた。その葛藤は純粋に火に対する恐怖心からくるもの、あるいは葬法が社会的に意味付けられているために生じる抵抗感などによるものであった。そのために火葬の導入が即その地区全体の動きとして捉えることはできない。はじめて何らかの理由で導入されて、完全火葬化に至るまでにかなりの期間を要しているのである。しかしこの葛藤も「伝統的」な問題を中心とするものであり、「近代型火葬」の受容は合理的考えによるものであった。「耳ふさぎ」も「花籠」も合理性はない。それをやったからといって、「死」を免れたり、長寿になったりという因果関係はもとめられないのは当然である。合理的思考が強まるとこのような、呪術的儀礼は消失する。すると「現代型葬式」（現代ではほとんどが火葬であるので、「現代型葬式」と捉える）においては、「送る」ことが実質的以上に象徴的になり、「別れ」が強調されるようになる。先に引用したように森謙二が近代社会の葬儀では、「死者と生者の「別れ」の儀礼」が中心〔森　二〇〇〇　一八七〕と指摘したことはこの点にあるだろう。ただしそれが「近代」であるからというものではなく、先にも述べたように、「現代的」様相として捉えられるものではないか。その一つの例が「遺

平成5年、岐阜県加茂郡白川町切井の葬儀での花籠。

影」の普及である。阿南透は「写真のフォークロア」の中で、葬儀そのものではないが、葬列の中に遺影が登場するのははっきりとしないとしながらも、「一九六二―四年に全国規模で行った調査を集計した『日本民俗地図』では、遺影が登場する葬列は、東京都、埼玉県、山梨県、滋賀県に各一例のわずか四例」〔阿南　一九八八　八三〕という。すでに指摘しているように『日本民俗地図』は古形をもとめるための調査であり、新しい習俗としての遺影については記録されなかった可能性もある。少なくとも幕末から明治にかけての『市川家日記』、明治から大正にかけての『昼間家日記』、また明治半ばの東京の様相を描いた平出鏗二郎の『東京風俗志』(下)の「葬祭」の項に、遺影は出てこない。かなり細かく葬儀の様相を描写しているが、遺影についての記述はない。写真というものが日本に伝来するのは幕末であるので、それが一般に広まるのはずっと後のことであることは想像に難くない。それが葬式に「遺影」という形で持ち込まれたのは、さらに後のことであろう。また阿南は「葬式という死の儀礼の場でありながら、生き生きとした写真を飾って生前のよすがをしのぶというのは、いかにも「死の不在」が指摘される現代社会らしい」〔阿南　一九八八　八二〕と述べる。阿南のいう「死の不在」に対する根拠が示されていないので彼の論文から推測するしかないが、現代の葬儀において「遺影」が主役となり、その「遺影」が故人の「生前のよすがをしのぶもの」であるために、故人の生前の姿がよくわかるものが必要とされ、「遺影」により「死」が隠されているということであろうか。確かに現在の葬儀では「遺影」は重要な役割を果たす。著者の祖父母の葬儀でも、通夜の後、遺影を見ながら親族が生前のよすがをしのんでいた。しかし明確に「死」は意識されていた。「死を隠す」ということは、「死を意識させない」ということであろう。だからといって決して「死が不在」なのではなく、また「死」が演出により隠されているのでもなく、遺影を含め、「死」は演出されており、「送る」ことの実質性が隠されているということではないか。そしてこのことは森が指摘するように「別れ」が葬儀の中で重要な儀礼となっていることからも明らかである。「現代型葬式」においては、故人との実質的な「別れ」の強調と「送り」の象徴化によって葬儀が行われているといえる。「送り」を象徴化することで、実質性を低下させる。このことは「死」の受け入れ拒否というものではない。「送る」先、つまり「来世」観へのさらなる認識低下によるものである。もともと「来世」観は明確ではなかった。しかし後に読売新聞のアンケートでみるように、死んだ人の魂が「消滅する」との回答が一八%もみられるのである。すると「火葬」は実質的遺体処理であり、そこに伝統的火葬では「送る」観念が認められたが、あくまでも遺体処理という物理的問題となっているということができるだろう。このように捉えるとすれば「死の不在」という言葉にも納得がいくものとなる。「死」は物理的問題ではなく、観念的問題も孕んでいるためである。しかし本当に現在では「死の不在」がいえるのか。

「はじめに」で紹介したような音楽葬や「別れの会」という形式が生まれるのは、前者は伝統的な「非現世」への移行を故人の趣味により彩るものであるとともに、「遺影」と同じく、故人をしのぶ役割を果たす。そこに「送り」の象徴化が見られるが、かえって「死」を意識させる。「生」の演出が逆に「死」への意識を強めるということである。平成二十年（二〇〇八）、高校の社会科の同僚が亡くなった。まだ五十歳代であったが、著者は多くの面倒をみてもらっていた。癌であり数年の闘病生活の末のことであった。途中一時期学校に復帰したが、結局「生」きることは叶わなかった。彼はテニス部の顧問であり、自らもテニスを好んでいた。告別式には祭壇のまわりにテニスの道具や、普段着ていたジャケットが飾られた。これがかえって「死」を意識させることとなったが、そう感じたのは著者だけであろうか。ただ小さなセレモニーホールに千人ほどの教え子が会葬したために、じっくりと「別れ」や「しのぶ」ことをするだけの余裕はなかった。葬儀社の人たちだけでは会葬者の整理ができず、社会科の教員は総出で手伝いである。この事例にしても、音楽葬にしても、「遺影」も「死者との別れ」を演出するものといえる。その演出が死を隠すのではなく、逆に「死」を顕在化させることになる。家族・親族以外が実際に遺体と対面することはなくなった。しかも近年では親族による「密葬」後に友人知人たちによる「別れの会」が開かれることが稀ではなくなっている。このことは先に指摘したように「送り」そのものが象徴的になっている上に、「死」が社会から切り離され、隠されているということになろう。そこで対外的には象徴的に「死」を演出する必要が生じ、その象徴的「死」を実質性に転換させるために「別れ」が行われることになるのではないか。伝統的葬儀では、地縁的葬式の互助組織が葬儀を運営する事例が多く、葬儀そのものが社会的意味における実質的な「別れ」となっているのである。ただし厳密には「別れ」が象徴性をもっていたことはすでに述べてきている。近代型葬儀での「別れ」は本来的に実質性をもつものであった。家族・親族は現在でも「別れ」を実質的に行う。「別れ」は「死」の確認を伴うものである。対社会的には「死」が隠されているために、「現代型葬儀」においては、「死」の象徴性から実質性への転換作業が必要になっているといえるのではないか。「死の不在」は対社会的問題となっているのである。「死」を実質性に転換することにより、「別れ」ができることになる。

すると現代においては、死生観というものは、さらに不明瞭になっているということである。ただ「別れ」を告げ、「非現世」世界へ「送る」だけであり、「送る」ことが社会によってではなく、あくまでも家族・親族によって行われるために、社会的な意味において「死の不在」が生じるというよりも「死」の意味が対内的・対外的に分化されているといえるかもしれない。ここで興味深いことがある。「喪中欠礼」である。親族に不幸があった場合には、年賀状を出さず、あらかじめ「喪中欠礼」を出す。郵便制度が日本に導入されたのは、明治四年（一八七一）のことであり、全国一律に郵便網を敷き、官営事業としたことで、年賀状は近代化により成立した文化ということができる。親族の死は「忌」を生起させ、遺族は「忌」という危険な状態に陥る。そしてこの「忌」は伝染性を持つ。そのために「忌中」の紙が玄関に貼られたり、忌が明けるまで神社にお参りできなかったりする。「忌」は親族の場合は、時間が消滅させる。四十九日が一つの目途であろう。しかし渡瀬では三十五日に短縮される傾向にあるという。このことは、「忌」に対する観念が薄まったことと、現実的に長い間「服」していられないということであった。しかし「喪中欠礼」はその一年以内での不幸を起因とするものである。「忌」は親族の場合は「血縁」ということで無条件に起こるが、地縁的葬式の互助組織が葬式の手伝いを行う場合、接触により伝染する。そのために忌中払いが行われ、意識的に忌を払う。静岡県天竜市石神では、埋葬後の夕食の後に「板敷ばらい」が行われる。このときまでは台所に親族が立つことは許されないが、「板敷ばらい」で初めて親族が料理を作る。そしてクミ（地縁的葬式の互助組織）の者に振舞う。これが精進落としとなるということであった［林　一九九〇b］。「接触感染」すると考えられているということは、「忌」がかかっている人との接触は避けるのが賢明であろう。しかし「喪中欠礼」は、わざわざ「忌」がかかっていることを知らせ、「忌」がかかっている方からかかっていない人へ手紙を出す形をとることになる。これでは「忌」をまきちらしていることと同じではないか。そもそも「喪中欠礼」とは何か。自分の身内に不幸があったことを相手に知らせ、年賀状を失礼する旨を報告する手紙である。著者でも相当する人物は多いが、「年賀状」だけでつながっている相手がある。年賀状は互いの存在確認を目的とするものと捉えることもできる。すると、「忌」なので年賀状は出せないが、自分の存在確認は相手にしておくということが目的ということになる。では、なぜ年賀状は出せないのか。それに対しては、「その年に不幸があったから」との回答が得られるだろう。すると「忌」に対する意識は強いということになる。それにもかかわらず、「喪中欠礼」を出して、「忌」を相手に伝染させるか。ここで「忌」の捉え方の変化というものがみられるのではないか。渡瀬では、忌が複合的に捉えられている。四十九日（三十五日）とするものと、一年とするものである。前者は「ブク」と呼ばれ、この期間において「神」との接触は厳しく制限される。ミヤの行事など地縁的組織で行われる行事への参加は認められない。これは対外的な規制と考えることができる。一方、一年間の忌は、「ブク」が明けてしまえば、対外的な規制は解除されるが、この期間中は家の中の祭り、たとえばウジガミ（屋敷神）の祭りや正月を迎えることができないとされている。つまり対内的規制がなされるということである〔林　一九九四〕。伝統的葬送儀礼の調査であるが、この「忌」の観念は平成四年（一九九二）に調査したときのものであり、当時の観念と考えられる。すると、「喪中欠礼」も対内的規制に基づく観念であり、それを出すことにより、他者へ「忌」が伝染するという意識はないということになる。ただし対内的問題として年賀状は失礼するのであり、対外的には「忌」は消失しているということになる〔林　一九九四〕。この考えからすれば、年賀状を出すという行為は相手に対するというものよりも、自分の問題ということになろう。そのために近年では、「喪中欠礼」を出すことで、「不幸」を相手に押し付けたくないとの意思から、年賀状を出す人もいないわけではない。そこには「忌」という感覚ではなく、「不幸」に伴う感情を相手に与えないという配慮がみられることになる。

以上のことから、「近代型葬儀」における死生観というものは、「伝統的葬儀」の「忌」の観念を持ちながらも、それが対外的・対内的という社会に対する関係性の問題に帰されていることがわかる。そしてこれは「生」が「死」から乖離した状態になっているということを表しているのではないだろうか。

しかし伝統的葬儀からも死生観は「生」を中心とした現世的なものであった。しかし「非現世」に対応した「現世」における「生」の問題は儀礼から読み取ることはできた。それが現代では「生者」がさらに「死」と引き離されることで、「現在」することの意味が「死」を介在としてではなく、「現実の生活」を中心とした社会的関係性の中で成立していると考えることができるのではないか。

ところで読売新聞社が「日本人の死生観」と題した興味深いアンケートを行い、その結果を『YOMIURI ON-LINE』の平成二十年（二〇〇八）五月二十九日付で報道した。それによると五月十七・十八日に、「日本人の宗教信仰に関するアンケート」を行ったもので、その結果、「何か宗教を信じている人は26%、信じていない人が72%」という結果であったという。意識の上では無神論者が圧倒的に多いということになるだろう。しかし「宗派など特定しない幅広い意識としての宗教心」に関してのアンケートでは、「日本人は宗教心が薄いと思う人が45%、薄いと思わない人が49%」との結果が得られたという。この二つの割合の差はどこにあるのだろうか。設問の仕方にあるのではないか。日本人にとって「宗教心」とは、特定の、たとえばキリスト教とか真宗とか教団に属しているという人が持つ意識という感覚が強いのではないか。しかし、上で紹介したアンケートの結果をみるかぎり、このような特定の教団に属さなくても、何らかの「信仰心」のようなものを持つ人は、半数近くいるということを示している。さらにこのアンケートでは、「先祖を敬う気持ちを持っている人は94%に達し、「自然の中に人間の力を超えた何かを感じることがある」という人も56%と多数を占めた」とある。先祖とは何かというものは本書の趣旨ではないが、先祖を敬う気持ちは先祖供養へ感情的に進むことが考えられる。墓石がその役割の一つを果たしているといえるかもしれない。また後者の「人間の力を超えた何かを感じる」は、アニミズム的要素といえるかもしれない。しかしすでに述べてきたように、「現世」のみに執着し、「現世」のみを信じているということではなさそうである。さらに「死んだ人の魂については「生まれ変わる」が30%で最も多く。「別の世界に行く」24%、「消滅する」18%」となっている。死後の魂の行方について、「別の世界」との答えがあることに興味がわく。「別の世界」とはどのような世界であろうか。具体像がないからこそ「現世とは別の世界」ということであり、本書で「送る」先が「現世」を否定した世界（「非現世」）という結論に符合するだけではなく、「消滅する」との答えは、完全に

「現世」中心主義であり、両者を合わせると、四二%になるのである。このアンケートは平成二十年に行われたものであり、現代的な結果を表しているということができるが、「人間の力を超えた何か」を感じながらも、「現世」に執着する姿がみえ、「人間の力を超えた何か」もあくまでも「人間」のいる「現世」での存在あるいは事象と捉えることができるかもしれない。一方で生まれかわるとした人も三〇%認められ、本書で火葬の葛藤の中で示した事例に即した回答の多さは、現代においても「現世」的連鎖を希求していると捉えることができるのではないか。ただしこのアンケート調査は、調査対象が具体的に示されていないだけではなく、母数も記されていないために、数字的にどこまで信頼できるかという問題がついてくる。内閣の支持率が新聞社により大きく異なることがあるのも母体と度数の関係にあると考えられ、その点は考慮が必要であろう。しかし、ここでの数値そのものの厳密性は統計学的には実証されないが、傾向として捉えるには十分ではないか。

平成二十年に「千の風になって」という歌が流行った。これは「私のお墓の前で泣かないでください、そこに私はいません」という歌詞である。この歌はもともと日本のものではないが、流行るということは、そこに日本人の他界観が隠されているのではないかと思わせる。本書では、葬法の変化が他界観の変化と結びついている可能性を念頭においていた。「千の風になって」ではないが、実際に故人はどこにいるのかという問題は解決されていない。盆には墓からやってくると考えられるが、墓から迎えて川に流すこともあった［林　二〇〇一b］、また位牌は故人を具象化したものである。さらに、人は死ぬと山へ行くとも言われている。そして年忌があけると「先祖」「氏神」という一くくりの存在となる。「来世」を考えた時、我々は何を想像するだろうか。熱心な浄土系の仏教徒は極楽浄土を、クリスチャンは天国を想像するかもしれない。しかし、一般には、「来世」という言葉以上のものがみられないのが現実である。確かに山中他界観や海中（上）他界観の存在は民俗学的にも多くの先学が取り上げている。しかし空間的具体性に欠くことと、「先祖」がいる場所が不特定であることを考えるならば、「来世」は「現世」の否定語として用いられているだけであり、「現世」のものではないという観念以上のものではないということになる。「千の風になって」は新井満が訳詩しているが、故人は風や光や星になって我々を見守っている、だから墓には「いません。そこには眠っていません」ということになる。このような具体的な他界（我々と別の世界）で、ちゃんと生活しているから心配しないで、という内容ではなく、あくまでも遺された我々に対する愛情を表現するだけの内容だ。明確な他界空間としての観念的実像を持たない我々にとって、とても受け入れやすい歌であるといえる。このことが先の読売新聞のアンケートからも理解できるものとなっている。

本書は佛教大学大学院に提出した博士論文に補筆・加筆したものであり、佛教大学研究叢書として選出された。本書をなすにあたり、神奈川県綾瀬市小園の栗原和子さんから史料を快く提供していただいた。また、綾瀬市秘書課市史編集係（現生涯生活課市史編集担当）の多大なる協力もいただいている。さらに、佛教大学教授で主査を引き受けてくださった八木透先生、また副査の原田敬一先生、鈴木文子先生から貴重なご意見をいただいているほか、國學院大学教授倉石忠彦先生や蒲池勢至先生からもご指導を得ている。そして法藏館の編集担当をしてくださった田中夕子さんには校正の度に多大な迷惑をかけてしまった。ここに記し感謝の意を表します。

引用文献

青木新門　一九九六　『納棺夫日記　増補改訂版』文藝春秋。
　二〇〇九　三月一日「ブログ」H：￥青木新門：htm
赤田光男　一九八〇　『祭儀習俗の研究』弘文堂。
朝岡康二　一九九九　「民俗学的な資料としての「モノ」とその記憶」国立歴史民俗博物館編『歴博大学院セミナー　民俗学の資料論』吉川弘文館。
浅香勝輔　一九九三　「火葬場の歴史と変容」葬送文化研究会『葬送文化論』古今書院。
浅香勝輔・八木澤壮一　一九八三　『火葬場』大明館。
新しい葬儀を考える会　一九九七　『自分らしいサヨナラをする方法』ごま書房。
阿南透　一九八八　「写真のフォークロア――近代の民俗――」『日本民俗学』一七五。
綾瀬市　一九九二　『綾瀬市史2　資料編　近世』
　一九九六　『綾瀬村誌』綾瀬市史資料叢書4。
　一九九九　『綾瀬村事務報告書』綾瀬市史資料叢書5。
　二〇〇一　『綾瀬市史8（下）　別編民俗』
綾瀬市秘書課市史編集係　一九九三　『吉岡の民族』綾瀬市民俗調査報告書2、綾瀬市。

一九九四　『深谷の民俗』綾瀬市民俗調査報告書3、綾瀬市。
一九九六　『寺尾の民俗』綾瀬市民俗調査報告書5、綾瀬市。
一九九七　『小園の民俗』綾瀬市民俗調査報告書6、綾瀬市。
荒川区民俗調査団　一九九六　『南千住の民俗』荒川区民俗調査報告書四、東京都荒川区教育委員会。
有賀恭一　一九三三　「長野縣諏訪湖畔地方」『旅と伝説　第六十七号　誕生と葬礼号』（一九七八『旅と伝説』第十二巻、岩崎美術社）。
礒貝勇　一九三三　「廣島市及其附近」『旅と伝説　第六十七号　誕生と葬礼号』（一九七八『旅と伝説』第十二巻、岩崎美術社）。
市川秀之　二〇〇二　「先祖代々の墓の成立」『日本民俗学』二三〇。
出雲路修校注　一九九六　『日本霊異記』新日本古典文学大系三〇、岩波書店。
板倉宏　一九六五　『注釈刑法（4）各則（2）』団藤重光編、有斐閣。
市川庄右衛門　一九七一　「市川家日記」『日本庶民生活史料集成　第十二巻　世相二』三一書房。
井上章一　一九九〇　『霊柩車の誕生　新版』朝日新聞社。
井上治代　一九九三　『いま葬儀・お墓がかわる』WACシニアシリーズ6、三省堂。
井之口章次　一九七五　「文献資料と民俗資料」野口武徳・宮田登・福田アジオ編『現代民俗学』Ⅱ、三一書房。
一九七七　『日本の葬式』筑摩書房。
井花伊左衛門　一九三三　「滋賀縣高島郡西庄村」『旅と伝説　第六十七号　誕生と葬礼号』（一九七八『旅と伝

今村勝彦　一九三三　「岡山市外今村地方　附大阪府三島郡春日村」『旅と伝説　第六十七号　誕生と葬礼説』第十二巻、岩崎美術社）。
岩崎孝一・樺田直樹　一九九三　「火葬場のデザイン」葬送文化研究会『葬送文化論』古今書院。
岩田重則　一九九八　「民俗学と近代」『日本民俗学』二一五（第四十九回日本民俗学会年会シンポジウム「近代と民俗」より）。
岩野笙子　一九九九　「湯沢の葬送習俗」『昔風と当世風――新潟県北蒲原郡笹神村湯沢・勝屋地区合同調査特集――』七六。
岩本通弥　一九九八　「「民俗」を対象とするから民俗学なのか――民俗学は「近代」を扱えなくなってしまったのか――」『日本民俗学』二一五（第四十九回日本民俗学会年会シンポジウム「近代と民俗」より）。
上杉妙子　二〇〇一　『位牌分け――長野県佐久地方における祖先祭祀の変動――』第一書房。
青梅市教育委員会　一九八七　『人生儀礼緊急調査報告書』青梅市郷土博物館。
大磯町　一九九三　『国府の民俗㈠――虫窪・黒岩・西久保地区――』大磯町史民俗調査報告書1。
一九九四　『国府の民俗㈡――月京・生沢・寺坂地区――』大磯町史民俗調査報告書2。
一九九八　『大磯の民俗㈡――大磯・東町・高麗地区――』大磯町史民俗調査報告書5。
大田区史編さん委員会　一九八三　『大田区史（資料編）民俗』東京都大田区。
大藤ゆき　一九七七　『鎌倉の民俗』かまくら春秋社。

大三輪龍彦　一九八五　『鎌倉の考古学』ニュー・サイエンス社。
小川直之　一九九〇　「神奈川県内の日記史料の所在」『農耕習俗と農具――昼間家日記を中心に――』神奈川県民俗調査報告書十八、神奈川県立博物館。
一九九三　「伝承・フィールド・地域」井之口章次編『日本民俗学フィールドからの照射』雄山閣。
一九九八　「明治改暦と年中行事――太陽暦受容の諸相――」『近代庶民生活の展開――くにの政策と民俗――』三一書房。
小川村教育委員会　一九七三　『北信濃　小川村　桐山の民俗』
尾崎彩子　一九九六　「洗骨から火葬への移行にみられる死生観――沖縄県国頭郡大宜味村喜如嘉の事例より――」『日本民俗学』二〇七。
大森志郎　一九七五　「歴史学と民俗学」野口武徳・宮田登・福武アジオ編『現代日本民俗学』Ⅱ、三一書房。
加賀紫水　一九三三　「愛知縣起町」『旅と伝説　第六十七号　誕生と葬礼号』（一九七八『旅と伝説』第十二巻、岩崎美術社）。
勝田至　二〇〇三　『死者たちの中世』吉川弘文館。
加藤嘉一　一九三三　「栃木縣芳賀郡地方」『旅と伝説　第六十七号　誕生と葬礼号』（一九七八『旅と伝説』第十二巻、岩崎美術社）。
加藤正春　二〇〇一　「焼骨と火葬――南西諸島における火葬葬法の受容と複葬体系――」『日本民俗学』二

二八。
神奈川県立公文書館　二〇〇一　「墓地規制左ノ通相定候条此旨布達候事」県立公文書館マイクロフィルム。
神奈川県立博物館　一九八二　『県西部の民俗（Ⅱ）――小田原市・南足柄市――』神奈川県民俗調査報告書一〇。
一九八三　『県西部の民俗（Ⅲ）――小田原市――』神奈川県民俗調査報告書一一。
一九八五　『足柄の民俗（Ⅱ）――足柄上郡松田町――』神奈川県民俗調査報告書一三。
一九八六　『足柄の民俗（Ⅲ）――足柄上郡山北町――』神奈川県民俗調査報告書一四。
一九八九　『境川流域の民俗』神奈川県民俗調査報告書一七。
一九九〇　『農耕習俗と農具――昼間家日記を中心に――』神奈川県民俗調査報告書十八。
蒲池勢至　一九九七　「真宗の葬送儀礼」『講座　蓮如』第三巻、平凡社。
二〇〇一　『真宗民俗の再発見』法藏館。
神島二郎　一九七五　「民俗学の方法論的基礎」野口武徳・宮田登・福武アジオ編『現代日本民俗学』Ⅱ、三一書房。
河岡武春　一九七一　「市川家日記解題」『日本庶民生活史料集成　第十二巻　世相二』三一書房。
貴志正造訳注　一九七六　『全譯　吾妻鏡』第二巻　新人物往来社。
一九七七　『全譯　吾妻鏡』第三巻　新人物往来社。
一九七七　『全譯　吾妻鏡』第四巻　新人物往来社。
紀田順一郎　二〇〇〇　「解説　蘇る明治の世相風俗」『東京風俗志』（下）筑摩書房。

京都市情報館　二〇〇九　「中央斎場」http://www.city.kyoto.lg.jp/hokenfukushi/page/0000003911.hmtl
京都町触研究会　一九八四　『京都町触集成』第三巻　岩波書店。
　一九八五　『京都町触集成』第八巻　岩波書店。
　一九八七　『京都町触集成』第十三巻　岩波書店。
倉石忠彦　一九九〇　「都市における伝承と調査」『国立歴史民俗博物館研究報告』二七。
黒板勝美・国史大系編修會　一九八三　『新訂　増補続日本紀　前篇』吉川弘文館。
黒板勝美・国史大系編修會　一九八六　『新訂　増補続日本紀　後篇』吉川弘文館。
国学院大学民俗学研究会　一九七二年度　『民俗採訪　香川県三豊郡詫間町　三重県鈴鹿市旧椿村・庄内村』
国分寺市史編さん委員会　一九八三　『国分寺市史料集（Ⅲ）寺社・信仰・文芸関係文書』国分寺市。
国分寺市教育委員会市史編さん室　一九九七　『国分寺市の民俗六――戸倉新田・内藤新田・中藤新田の民俗――』。
国立歴史民俗博物館民俗部会　一九九九　『死・葬送・墓制資料集成　東日本編1・2』国立歴史民俗博物館資料調査報告書9。
　二〇〇〇　『死・葬送・墓制資料集成　西日本編3・4』国立歴史民俗博物館資料調査報告書10。
小島瓔礼　一九五七　「骨を埋めかえる墓」『民俗』二五。
小林一茶　一九九二　「父の終焉日記」『父の終焉日記・おらが春　他一篇』岩波書店。
小林一男　一九六三　「若狭新庄の葬送習俗」『若越郷土研究』一八―五。
小松清　一九七九　「光明寺の墓地における墓制について」大田区史編さん室『史誌』一一。

雑賀貞次郎　一九三三　「和歌山縣田辺町地方」『旅と伝説　第六十七号　誕生と葬礼号』（一九七八『旅と伝説』第十二巻、岩崎美術社）。
斎藤月岑　一九六四　江戸双書刊行会編『武江年表』『江戸双書十二』名著刊行会。
榊木敏　一九三三　「長崎縣島原地方」『旅と伝説　第六十七号　誕生と葬礼号』（一九七八『旅と伝説』第十二巻、岩崎美術社）。
鯖田豊之　一九九〇　『火葬の文化』新潮社。
塩入伸一　一九八八　「葬法の変遷——特に火葬の受容を中心として——」『仏教民俗大系4　祖先祭祀と墳墓』名著出版。
塩尻市誌編集委員会　一九九三　『塩尻市誌　第四巻　民俗文化財史・資料等』
白井一二　一九三三　「愛知縣豊橋地方」『旅と伝説　第六十七号　誕生と葬礼号』（一九七八『旅と伝説』第十二巻、岩崎美術社）。
新谷尚紀　一九八六ａ　「両墓制について」『長野県民俗の会』九。
一九八六ｂ　『生と死の文化史』木耳社。
一九八六ｃ　「両墓制と改葬についての覚書」『民俗と歴史』一八。
一九九二　『日本人の葬儀』紀伊国屋書店。
一九九三　「両墓制について」『日本歴史民俗論集6　家と村の儀礼』吉川弘文館。
鈴木牧之　一九六九　「北越雪譜」竹内利美・原田伴彦・平山敏治郎編『日本庶民生活史料集成　第九巻　風俗』三一書房。

鈴木良明　一九九〇　「「昼間家日記」の概要――解題にかえて――」『農耕習俗と農具――昼間家日記を中心に――』神奈川県民俗調査報告書十八、神奈川県立博物館。
鷲見金三郎　一九二〇　『現行　警視庁東京府令規全集　第三綴』帝国地方行政学会。（＊なお奥付で、著者は鷲見金三郎となっているが、見開きでは帝国地方行政学会編輯局編纂となっている。）
生活衛生法規研究会　一九九九　『逐条解説　墓地、埋葬等に関する法律』第一法規出版。
関沢まゆみ　一九八八　「「村の年齢」をさずける者――近江における長老と『座人帳』――」『日本民俗学』一七四。
一九九七　「宮座における年齢秩序と老いの意味の変化――奈良坂の老中の分析から――」『日本民俗学』二一一。
世田谷区民俗調査団　一九七九　『せたがやの民俗』世田谷区教育委員会。
葬送の自由をすすめる会　一九九四　『〔増補改訂版〕〈墓〉からの自由』評論社。
葬送文化研究会　一九九三　『葬送文化論』古今書院。
平龍生・佐東京子　一九九五　『超葬儀「私流」34人の死への旅立ち』太田出版。
田口松圃　一九三三　「秋田縣大曲町」『旅と伝説　第六十七号　誕生と葬礼号』（一九七八『旅と伝説』第十二巻、岩崎美術社）。
田口洋美　二〇〇〇　「生業伝承における近代――軍部の毛皮収集と狩猟の変容をとおして――」『講座　日本の民俗学10　民俗研究の課題』雄山閣。
高田陽介　二〇〇〇　「三昧聖――畿内惣墓地帯の集団――」高埜利彦編『民間に生きる宗教者』吉川弘文

館。
高取正男　一九八二　「地蔵菩薩と民間信仰」『高取正男著作集1　宗教民俗学』法藏館。
高取正男　一九八三　「貴族の信仰生活」『高取正男著作集2　民俗の日本史』法藏館。
滝沢博　一九八三　「『市川家日記』にみる「庭場」――村の中の小さな共同体について――」『多摩のあゆみ』三三。
竹内利美　一九六九　「北越雪譜　解題」竹内利美・原田伴彦・平山敏治郎編『日本庶民生活史料集成　第九巻　風俗』三一書房。
竹内利美・谷川健一編　一九七九　「府県史料」『日本庶民生活史料集成　第二十一巻　村落共同体』三一書房。
竹内利美・原田伴彦・平山敏治郎　一九六九　「諸国風俗問状答」『日本庶民生活史料集成　第九巻　風俗』三一書房。
竹野町史編纂委員会　一九九一　『竹野町史　民俗・文化財・資料編』竹野町。
多度津町誌編集委員会　一九九〇　『多度津町誌――本誌――』多度津町。
田中正明　一九八五　「埼玉県神川村渡瀬の通過儀礼」『常民文化研究』九。
谷川健一　一九七九　「府県史料解題」武内利美・谷川健一編『日本庶民生活史料集成　第二十一巻　村落共同体』三一書房。
千葉徳爾　一九七六　「地域研究と民俗学」和歌森太郎編『日本民俗学講座　5　民俗学の方法』朝倉書店。
調布市史編集委員会　一九八八　『調布市史〈民俗編〉』調布市。
千代延尚壽　一九三三　「島根縣波子町付近」『旅と伝説　第六十七号　誕生と葬礼号』(一九七八『旅と伝説』

第十二巻、岩崎美術社）。
常光徹　二〇〇〇『親指と霊柩車――まじないの民俗――』財団法人歴史民俗博物館振興会。
寺石正路　一九三三「高知市附近」『旅と伝説　第六十七号　誕生と葬礼号』（一九七八『旅と伝説』第十二巻、岩崎美術社）。
東京学芸大学地理学会30周年記念出版専門委員会　一九八二『東京百科事典』国土地理学会。
東京都　一九六四『東京市史稿　市街篇　第五十五』。
一九六五『東京市史稿　市街篇　第五十七』。
一九六九『東京市史編　市街篇　第六十一』。
一九八三『東京市史稿　市街篇　第七十四』。
東京都教育庁生涯学習部文化課　一九九一『東京の民俗　7』。
東京都田無市　一九七五『田無のむかし話』市長室広報課。
東京百年史編集委員会　一九七二『東京百年史　第三巻』東京都。
土井卓治　一九九七『葬法と墓の民俗』岩田書院。
鳥取県教育委員会社会教育課　一九六六『鳥取の民俗』鳥取県文化財調査報告書6、鳥取県教育委員会。
豊岡村史編さん委員会　一九九三『豊岡村史　資料編Ⅲ　考古・民俗』静岡県磐田郡豊岡村。
富永健一　一九九〇『日本の近代化と社会変動――テュービンゲン講義――』講談社。
中市謙三　一九三三「青森縣野邊地地方」『旅と伝説　第六十七号　誕生と葬礼号』（一九七八『旅と伝説』第十二巻、岩崎美術社）。

永井秀夫　一九九五　「北から見た日本の近代化」『日本民俗学』一九四。
長岡京市史編さん委員会　一九九二　『長岡京市史　民俗編』長岡京市役所。
長野県　一九九一　『長野県史　民俗編　第五巻　総説Ⅰ　概説』長野県史刊行会。
長野県史刊行会民俗編編集委員会　一九八二　『長野県下高井郡野沢温泉村　平林民俗誌稿』
中村亮雄　一九五七　「日置川町の両墓制」『民俗』二六。
中山泰昌編著　一九三四　「明治編年史収載新聞目録」『新聞集成　明治編年史』第一巻、財政経済学会。
一九三四　『新聞集成　明治編年史』第一巻、財政経済学会。
一九三四　『新聞集成　明治編年史』第二巻、財政経済学会。
一九三四　『新聞集成　明治編年史』第五巻、財政経済学会。
一九三四　『新聞集成　明治編年史』第六巻、財政経済学会。
一九三四　『新聞集成　明治編年史』第七巻、財政経済学会。
一九三四　『新聞集成　明治編年史』第九巻、財政経済学会。
波平恵美子　一九八八　「異常死者の葬法と習俗」藤井正雄編『仏教民俗学大系　4　祖先祭祀と葬墓』名著出版。
芳賀登　一九七〇　『葬儀の歴史』雄山閣。
橋本鉄男　一九九三　「ムシロヅケノ溜——真宗門徒火葬習俗覚書」峰岸純夫・福田アジオ編『家と村の儀礼』吉川弘文館。
長谷川匡俊　二〇〇二　『宗教福祉論』医歯薬出版。

畑聰一郎　二〇〇二　「葬儀と葬制の変化――愛知県日間賀島における両墓制の崩壊・火葬の受容――」『日本民俗学』二三二。

林英一　一九九〇ａ　「祭祀の時間的変異の一方向――奥沢神社大蛇お練り行事を中心に――」『信濃』四二―一。

一九九〇ｂ　「静岡県天竜市石神の葬送習俗」『昔風と当世風』五二。

一九九一　「都市の中の小さな祭り」『長野県民俗の会通信』一〇三。

一九九二　「岐阜県加茂郡白川町切井の葬送儀礼」『昔風と当世風』五七。

一九九三ａ　「葬送儀礼の変容とその様式――埼玉県児玉郡神川町渡瀬の事例を中心として――」『長野県民俗の会』一六。

一九九三ｂ　「地縁的祭祀の様態３――福井県小浜市下根来の事例から――」『近畿民俗』一三四。

一九九三ｃ　「切井の葬送儀礼追補」『昔風と当世風』六〇。

一九九四　「死の忌の複合的構成」『近畿民俗』一三六・一三七。

一九九六　「世代階梯と講集団」編集（財）千葉県史料研究財団、千葉県史編さん基礎資料３『千葉県地域民俗調査報告書』一、千葉県。

一九九七　『民俗と内的「他者」――祭祀組織と非組織の間――』岩田書院。

二〇〇一ａ　「民俗における「地域」の形成の様相――地域福祉研究の前提研究として――」『近畿民俗』一六二・一六三。

二〇〇一ｂ　『近世の民俗的世界――濃州山間農家の年中行事と生活――』岩田書院。

二〇〇五　「盆の火をまたぐこと覚書」『近畿民俗』一七一・一七二。
二〇〇八　「「民俗」とは何か――その「存在」をあらためて問う試み――」『近畿民俗』一七五・一七六合併号。
平出鏗二郎　二〇〇九　「ジェンダーを民俗学的視点から捉える試み」『佛教大学大学院紀要』三七。
福澤昭司　二〇〇〇　『東京風俗志』（下）筑摩書房。
一九九二　「支配の原型――改暦への視点――」『日本民俗学』一九一。
二〇〇〇　「土葬から火葬へ――火葬にする時期をめぐって――」『信濃』五二―一一。
藤井正雄　二〇〇〇　『死と骨の習俗』双葉社。
藤沢市史編さん委員会　一九八〇　『藤沢市史　第七巻　文化遺産・民俗編』藤沢市役所。
古家信平　一九九九　「民俗の変容と創造」『長野県民俗の会会報』二二（一九九八年度シンポジウム講演より）。
文化庁　一九六九　『日本民俗地図Ⅰ　解説書』国土地理協会。
一九八〇　『日本民俗地図Ⅶ（葬制・墓制）解説書』国土地理協会。
保谷市史編さん委員会　一九八三　『上保谷の民俗　資料報告』保谷市役所。
堀一郎　一九五一　『民間信仰』岩波書店。
堀江俊一　一九九一　「明治末期から大正初期の「近代的家族像」――婦人雑誌からみた「山の手生活」の研究――」『日本民俗学』一八六。
堀哲　一九七八　『三重の文化伝承』伊勢民俗学会。

前田俊一郎　二〇〇一　「両墓制の再検討――近代に成立した両墓制をめぐって――」『日本民俗学』二二五。
松尾あずさ　一九九八　「口能登の死後供養と墓制――石川県羽咋郡富来町酒見――」『昔風と当世風』七五。
宮古市教育委員会　一九九四　『宮古市史（民俗編）』宮古市。
宮澤清文　一九三三　「新潟縣中魚沼郡」『旅と伝説　第六十七号　誕生と葬礼号』（一九七八『旅と伝説』第十二巻、岩崎美術社）。
宮本袈裟雄　一九九八　「民俗の変貌と変化について」『長野県民俗の会会報』二一（一九九七年度記念講演より）。
宮本常一　一九三三　「山口縣大島」『旅と伝説　第六十七号　誕生と葬礼号』（一九七八『旅と伝説』第十二巻、岩崎美術社）。
一九七三　『民衆の文化』宮本常一著作集一三、未来社。
一九九三　「河内国滝畑左近熊太翁旧事談」宮本常一著作集三七、未来社。
一九九七　『周防大島民俗誌』宮本常一著作集四〇、未来社。
武蔵野市史編集委員会　一九六八　『武蔵野市史　続資料編一』武蔵野市役所。
武蔵村山市史編さん委員会　二〇〇〇　『武蔵村山市史　民俗編』武蔵村山市。
村上興匡　一九九〇　「大正期東京における葬送儀礼の変化と近代化」『宗教研究』六四―一。
最上孝敬　一九五五　「両墓制の分布について――神奈川県と両墓制――」『民俗』一三。
一九五九　「死後の祭りおよび墓制」『日本民俗学大系　第四巻　社会と民俗Ⅱ』平凡社。
森謙二　二〇〇〇　『墓と葬送の現在――先祖祭祀から葬送の自由へ――』東京堂出版。

森田登代子　二〇〇〇　「近世京都の葬儀風俗――「岡田家不祝儀文書」にみる生活文化――」『宗教民俗研究』一〇。
八木三二　一九三三　「熊本縣宮地町地方」『旅と伝説　第六十七号　誕生と葬礼号』（一九七八『旅と伝説』第十二巻、岩崎美術社）。
八木透　一九九三　「改葬習俗と祖霊祭祀」神谷幸夫・斉藤卓志編『葬送儀礼と祖霊観』東海民俗叢書1。
　一九九九　「佐久島の村落組織と死者祭祀」愛知県史編さん専門委員会民俗部会『愛知県史民俗調査報告書2　西屋・佐久島』愛知県総務部県史編さん室。
八木澤壯一　一九九三　「序論」葬送文化研究会『葬送文化論』古今書院。
八木橋伸浩　二〇〇〇　「土佐・宇和島境界域海村の民俗変化――高知県宿毛市沖の島町鵜来島・沖の島の事例から――」玉川学園女子短期大学紀要『論叢』二五。
柳田国男　一九六三　「葬制の沿革について」『定本柳田國男集　第十五巻』筑摩書房。
　一九七五　『先祖の話』筑摩書房。
　一九九〇　「女性生活史」『柳田國男全集　28』筑摩書房。
矢羽勝幸　一九九二　「解説」『一茶　父の終焉日記・おらが春他一編』岩波文庫。
山折哲雄　一九八六　「霊魂の浄化――遺骨崇拝の源流――」『日本民俗文化大系　第十二巻　現代と民俗――伝統の変容と再生――』小学館。
山田慎也　一九九五　「葬制の変化と地域社会――和歌山県東牟婁郡古座町の事例を通して――」『日本民俗学』二〇三。

横田傳松　一九三三　「愛媛縣喜多川郡蔵川」『旅と伝説　第六十七号　誕生と葬礼号』（一九七八『旅と伝説』第十二巻、岩崎美術社）。

YOMIURI ONLINE　二〇〇八　五月二十九日　「日本人の死生観」http://www.yomiuri.co/jp/

ヨルン・ボクホベン　二〇〇五　『葬儀と仏壇　先祖祭祀の民俗学的研究』岩田書院。

和歌森太郎　一九六九　『歴史研究と民俗学』弘文堂。

その他の資料

『新編武蔵風土記稿』三多摩編第四巻　内務省地理局出版、一八八四。

『改訂　増補国史大系第三巻　日本後紀・続日本後紀・日本文徳天皇実録』吉川弘文館、一九六六。

『全国寺院名鑑――北海道・東北・関東篇――』全日本仏教会・寺院名鑑刊行会編纂、全国寺院名鑑刊行会、一九七五。

『和歌山県の地名』日本歴史地名大系第三一巻、平凡社、一九八三。

『角川日本地名大辞典　30　和歌山県』角川書店、一九八五。

全国歴史教育研究協議会『日本史B　用語集』山川出版社、二〇〇四。

初出一覧

第七章第一節　「葬送儀礼の変容とその様式――埼玉県児玉郡神川町渡瀬の事例を中心として――」『長野県民俗の会』一六、一九九三年、より一部分。

第八章

日本民俗学会第五十七回年会（二〇〇五年）に「近代火葬の受容――「火葬」と埋葬の関係――」と題して発表したものを土台として加筆したもの。

◎著者略歴◎

林　英一（はやし・えいいち）

1958年大阪府生
國學院大學文学部哲学科卒業
佛教大学大学院にて博士（文学）取得
民俗学専攻
獨協大学国際教養学部，白梅学園高等学校地歴・公民科非常勤講師

〔主要著書〕
『地蔵盆――受容と展開の様式』（初芝文庫，1997）
『民俗と内的「他者」――祭祀組織と非組織の間――』（岩田書院，1997）
『近世の民俗的世界――濃州山間農家の年中行事と生活――』（岩田書院，2001）

〔主要論文〕
「地域の一般的通称と地域概念――東京下町・山の手を中心に――」（『近畿民俗』128，近畿民俗学会，1992）
「ジェンダーを民俗学的視点から捉える試み」（『佛教大学大学院紀要　文学研究科篇』37，2009）
「明治時代以降における西洋音楽の受容の様相――民俗学視点からのアプローチ――」『日本民俗音楽研究』34（日本民俗音楽学会，2009）

佛教大学研究叢書 9

近代《きんだい》火葬《かそう》の民俗学《みんぞくがく》

2010（平成22）年3月20日発行

定価：本体7,500円（税別）

著　者　林　英一
発行者　佛教大学長　山極伸之
発行所　佛教大学
〒603-8301　京都市北区紫野北花ノ坊町96
電話 075-491-2141（代表）
制　作
発　売　株式会社　法　藏　館
〒600-8153　京都市下京区正面通烏丸東入
電話 075-343-0030（編集）
075-343-5656（営業）

印　刷
製　本　亜細亜印刷株式会社

 ISBN978-4-8318-6233-4　C3021

『佛教大学研究叢書』の刊行にあたって

二十一世紀をむかえ、高等教育をめぐる課題は様々な様相を呈してきています。科学技術の急速な発展は、社会のグローバル化、情報化を著しく促進し、日本全体が知的基盤の確立に大きく動き出しています。高等教育機関である大学も、その使命を明確に社会に発信していくことが重要な課題となってきています。

本学では、こうした状況や課題に対処すべく、先に「佛教大学学術振興資金」を制度化し、教育研究の内容・成果を公表する体制を整備してきました。その一部はすでに大学院、学部の研究紀要の発行などに実を結び、また、通信教育課程においては鷹陵文化叢書、教育学叢書、社会福祉学叢書等を逐次刊行し、研究業績のみならず教育内容の公開にまで踏み出しています。今回の『佛教大学研究叢書』の刊行はこの制度化によるもう一つの成果であり、今後の本学の研究を支える根幹として位置づけられるものと確信しております。

研究者の多年にわたる研究の成果は、研究者個人の功績であることは勿論ですが、同時に、本学の貴重な知的財産としてこれを蓄積し、活用していく必要があります。したがって、それはまた特定の研究領域にのみ還元されるものでもありません。社会への発信が「知」の連鎖反応を呼び起こし、延いては冒頭にも述べた二十一世紀の知的基盤社会を豊かに発展させることに、大きく貢献するはずです。本学の『佛教大学研究叢書』がその貢献の柱になることを、切に願ってやみません。

二〇〇七年三月

佛教大学長　福原隆善